▲蔣介石夫人陳潔如女士在廣州寄贈給上海的母親。照片右上角寫「母親大人惠存」，左下角寫「小女潔如敬贈」，此為陳潔如唯一的親筆遺墨。

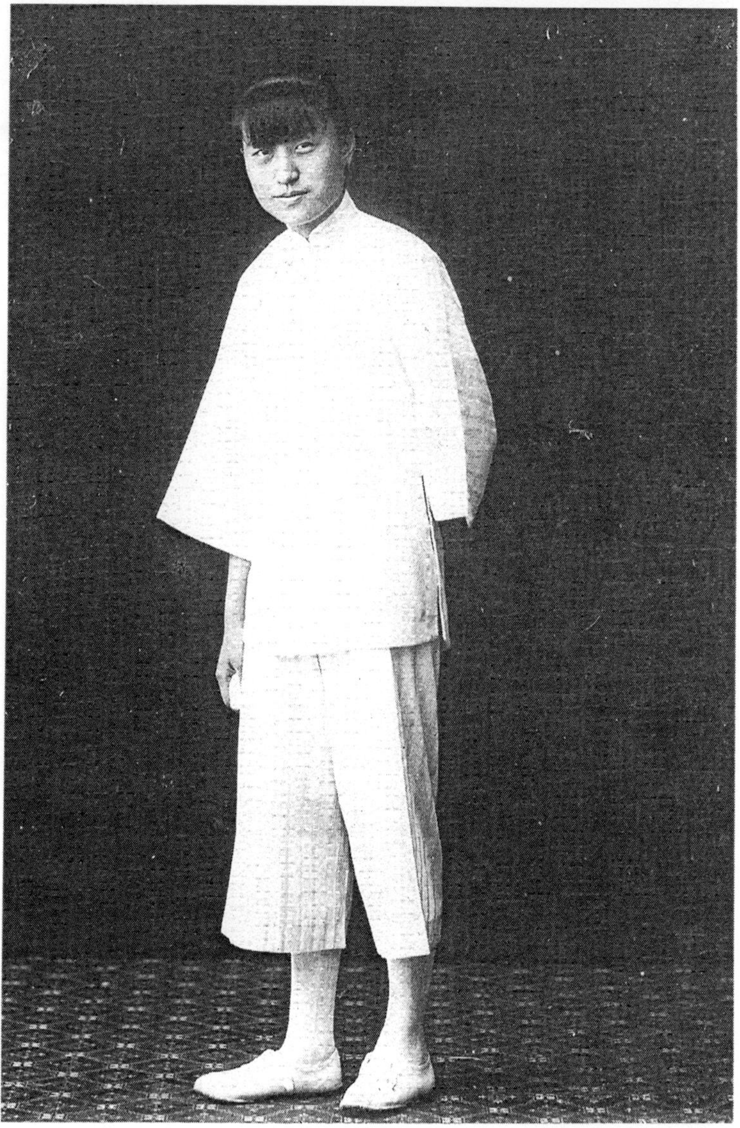

▲一九二二年，陳潔如與蔣介石結婚之第二年在上海所攝單人照。

▲一九二三年三月，蔣介石夫人陳潔如女士攝於上海家中。

▲陳潔如（右）與朱逸民女士的合影。

▲張靜江之夫人朱逸民（右）與蔣介石夫人陳潔如(中)為總角之交，關係密切。

▲一九二五年，蔣介石夫人陳潔如（左）與廖仲愷夫人何香凝攝於廣州。

▲一九二五年，蔣介石夫人陳潔如女士與俄國顧問鮑羅廷夫人芳妮合影。

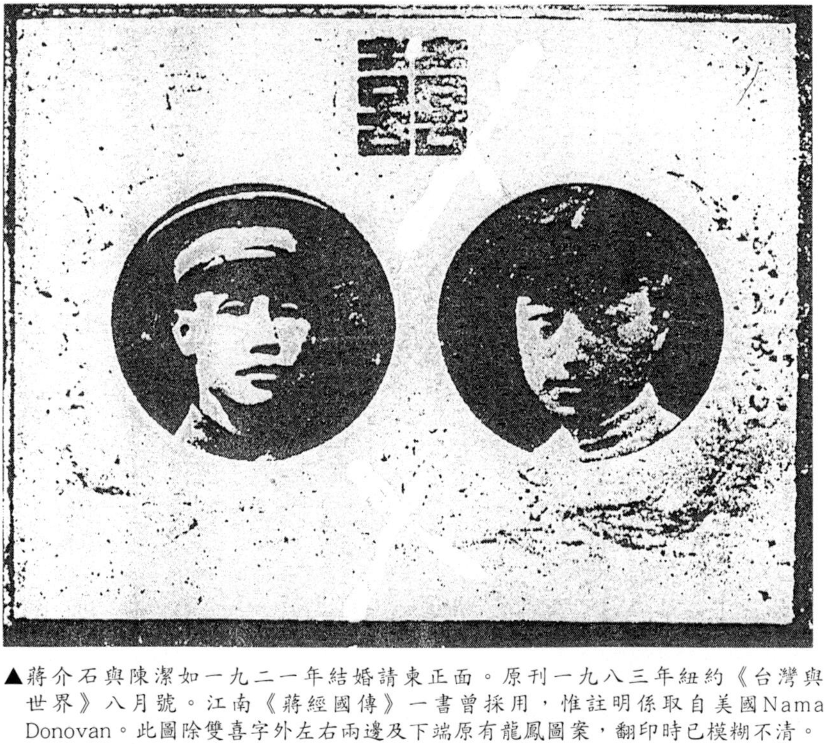

▲蔣介石與陳潔如一九二一年結婚請柬正面。原刊一九八三年紐約《台灣與世界》八月號。江南《蔣經國傳》一書曾採用，惟註明係取自美國Nama Donovan。此圖除雙喜字外左右兩邊及下端原有龍鳳圖案，翻印時已模糊不清。

▲一九二六年七月，蔣介石出師北伐與送行者攝於廣州車站。左起：鮑羅廷、顧孟餘、鮑羅廷夫人、何香凝、陳潔如、張靜江（中坐者）、加倫將軍、蔣介石、譚延闓、吳稚暉、李福林、宋子文、李濟琛、雷鑄寰、白崇禧。張靜江身邊的小孩是蔣緯國。蔣介石對此照片極為重視，曾向陳潔如說：「請妳拿這張照片去加印二十份，等收到我的電報後就帶到韶關來。這張照片對我們革命工作將具有很重要的歷史意義，所以務必將底片留在自己手上。」

◀與前圖為同時同地攝的另一張照片。蔣介石與陳潔如中間已非加倫將軍。蔣前幼童蔣緯國位置稍有移動。

▲一九二七年，陳潔如（右一）赴美前夕，與母親、姐姐、弟弟合影留念。陳母懷中的女孩，係蔣介石與陳潔如領養的女兒蔣瑤光。

▲一九二七年，蔣介石夫人陳潔如女士攝於美國「傑克遜總統號」輪船甲板上。

▲陳潔如（左一）一行在檀香山總督府，與總督范林丁合影。右一為張靜江長女張倩英、右二為五女張蕊英。

▲一九二七年夏，陳潔如在蔣介石逼迫下，由張靜江的兩個女兒陪同下赴美留學。此為九月初，陳潔如一行承「傑克遜總統號」輪船抵達檀香山時，在船上受到當地國民黨人的歡迎，並接受各報記者的採訪。

▲陳潔如一行在檀香山總督府門前與總督范林丁暨歡迎者合影留念。

▲一九二七年九月，陳潔如等抵達檀香山時，當地國民黨人舉行歡迎大會。橫幅上寫：「中國國民黨檀山忠實同志歡迎蔣夫人大會」。

MRS. CHIANG KAI-SHEK, wife of the former Chinese generalissimo, who arrived yesterday on her way to Europe. She denied reports that she and her husband are quitting China.

▲蔣介石夫人陳潔如女士一九二七年九月八日抵達舊金山時之神情。

GENERAL'S WIFE HERE

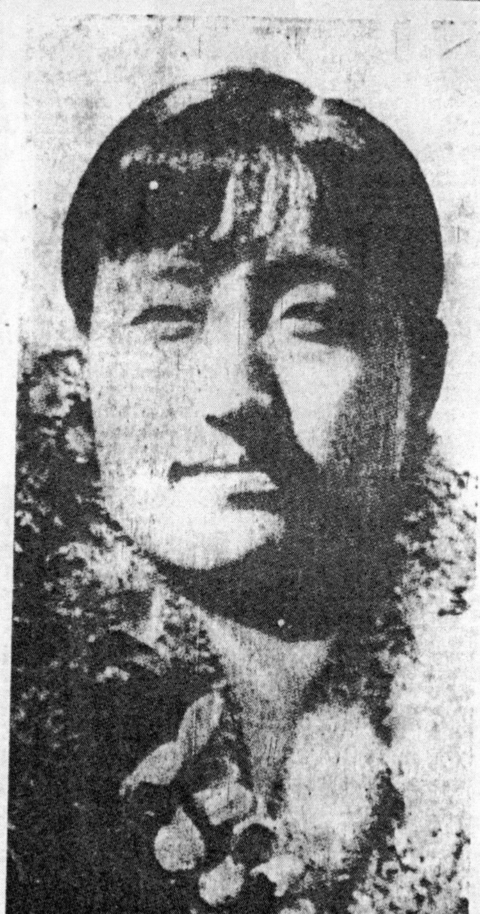

Mrs. Chiang Kai-Shek, wife of the recently retired Chinese Nationalist commander, who arrived today on the President Jackson en route to the mainland.—Star-Bulletin photo.

▲一九二七年九月二日，《火奴魯魯明星公報》所刊蔣介石夫人陳潔如女士抵達夏威夷之頭條新聞簡要說明：「最近退職之中國國民軍總司令蔣介石夫人，今日承傑克遜總統號輪船赴美大陸途中抵此。」

▲一九三二年，陳潔如女士（右）在美國寓所前與同學合影。

▲陳潔如女士得周恩來批准由上海移居香港，一九六二年在香港所攝，時年約五十六歲。

陳潔如回憶錄

蔣介石陳潔如的婚姻故事

陳潔如 著

私情的感念和職業的道義

——《陳潔如回憶錄》全譯本代序

唐德剛

當陳潔如女士的回憶錄在《傳記文學》分章連載之時，劉紹唐先生曾一再辱書下問，並要我為即將出版的全譯本，寫篇序文。我稍作思考，便承擔下來了。

寫序固然是老友之囑，未便方命。但我個人亦另有若干情結，想藉此一表。心頭第一件事，便是本書作者當年曾試圖與我接觸，希望把她的可悲的身世，委託我用中英雙語記錄下來，作為信史。我雖無緣承擔此職，但回想起前輩老人對後學之器重，個人也難免於感念之情。今藉序文對作者聊表哀思，應該也是人情之常。

再者，就為這項沒有實際接觸的接觸，曾引起外界廣泛的誤傳，而這一誤傳也給與我嚴重的困擾；迺至在心頭時時掛著一些過敏性的恐怖。如今真相大白，我也有必要向當前讀者和後世史家；尤其是陳女士的至親好友，甚至國共兩黨的當軸和史官，有個明白的交代。以釋群疑。

至於本書的內容，正如劉紹唐先生所言，是個「歷史的黑盒子」，和一般客運航機中的黑盒子一樣，它蘊藏著很多外界不知的第一手史料。但是本書似非作者親筆。它是經由執筆人「藝增」（藝術加工）過的。執筆人所著重的是它的「藝術價值」、「新聞價值」或「歷史價值」，則其取材的選擇和落筆的輕重之間，就有很大的出入了。

還有，執筆人對當事人所說的故事的歷史背景，是否清楚？或清楚到何種程度？這對本書的內容和歷史價值，都會發生關鍵性的作用。為此紹唐兄也要我試從我的職業角度，來發表點私人的意見。庶幾抛磚引玉，也好讓當前讀者和後世史家，接下去作其更深入、更公正的討論。——紹唐這點建議，在我的職業上，也是義不容辭的。

其外更重要的一點便是，本書作者陳潔如女士原是一位家世清白、個性忠厚，僅有小學程度，與寡母相依為命的寒門少女。她沒有力量能保護自己或安排自己的命運。年方二十便慘遭婚變。被迫在萬里外欲投河尋死。可說悽慘之極，而近五、六十年來，官書媒體、街談巷說，甚至她以前的至親好友，都對她橫加誣衊。把她說成連妓女也不如的壞女人。把一個無辜而善良的棄婦，糟蹋至此，則天道何存？上帝何在呢？

我們寫歷史的人，如果還留有半點良心，對這位歷史人物，生前雖未能代為仗義執言，死後替她稍為明冤白謗，也是最起碼的職業道德分內之事。否則讀聖賢書，所為何事呢？

基於上述諸端的考慮，筆者也就不揣淺薄，對這本後世必傳的史書，向各界讀者，略抒管見，以就正於高明。

宋子文陳潔如不恥下問

先交代一下，當年陳潔如女士試圖與筆者接觸的經過。

那是六〇年代的前期，也就是在陳女士剛自大陸遷居香港不久的時候。此時筆者在哥倫比亞大學，已由「東亞研究所中國口述歷史學部」的研究員，奉調為中國近代史助教授，兼作哥大圖書館「中文部主任」（Chinese Curator）。既管書又教書，工作十分繁重。關於口述歷史前職，雖尚未完全擺脫，新的口述訪問，就無法承擔了。但是校外人士，由於不知我生活和工作的實際情況，凡與口述工作有關的事務，有時還繼續試圖與我接觸，希望我能替他們幫忙。

在我的記憶中，當時最突出的例子，要算是宋子文先生了。以宋氏在中國近代史中的地位，他自始就應該是哥大敦請的對象。他的名字之所以被剔除，實在言之痛心。筆者曾有另篇紀其事，在此不再重複。但是遲至六〇年代，宋先生還透過顧維鈞先生，一再向我致意，說他也想撰寫回憶錄，希望我能幫助他。當顧先生迭次向我詢問時，我每次都是滿口答應的。可是我個人畢竟是個幾乎有兩個全時工作的忙人，哪能抽出時間，來作偌大的分外工作呢？口惠而實不至，從職業的角度作思考，我未能襄贊宋先生，實在是終身引為遺憾的。

在眾多直接或間接向我作試探性的詢問者之中，陳潔如女士也是難忘的一位。由陳女士差遣來訪問我的是一位美國出版界的商人。在他親自來訪之前，我們已通過電話。在電話中他只說，有一位中國女作家指定要我為她的口述自傳稿，整理成書；並由這出版商的公司，用英文出版發行。我問他這位女作家姓啥名誰呢？他吞吞吐吐，神秘兮兮，許久才說出是陳潔如女士來。不幸「陳潔如」（Ch'en Chieh-ju）三個字，都不是不諳華語的外國人所能正確發音的。他嘰咕了半天，我才聽出Jean或Jennie這個洋名字。這一類不著邊際的諮詢電話，那時太多了。我又是個忙人。放下聽筒，也就忘了一半了。可是後來我的助理小姐卻報告說，他又打來數次電話，堅決要求一

「約會時間」（appointment）。他有「最機密」（most confidential）的要事，有求於我。後來他按時來了，我看了他帶來的少許文件，才大吃一驚。原來這神秘「女作家」竟是陳潔如女士。Jean是她在哥大師範學院讀書時的洋名字。

虎頭蛇尾的出版計畫

「陳潔如」是當年國府和國民黨，高度保密的名字。但是她對一個以中國近代史為專業的研究人員，像我的老師郭廷以教授和我自己，則沒啥神秘之可言。我們討論過她；寫書時提過她。手頭也保存著與她有關的零星史料，而且是蔣公「親率三千子弟兵」，出師「東征」時期，黨內發行的第一手史料，有些則是在美國唐人街舊書攤上發現的。

可是那次來見我的出版商對此則一無所知。他雖儘量保密，說得神秘兮兮的，但他究竟是個外行，對他業務的本質，根本未弄清楚。因此經過我的補充說明之後，他才抱頭大叫說：「難怪陳女士要找你呢！」他又說如果我願意和他合作的話，他的公司以及陳女士都可聽從我的設計。陳女士想見見我，他公司也可代為安排。

我問他陳女士有無文件，可以讓我瀏覽一下呢？

他說文件很多。如果我有意和他公司簽個「合約」，他們可把全部文件移交與我。

我還是告訴他，先讓我看看文件再說。我工作很忙，不能率爾答應簽什麼「合約」。

後來他又來訪問過一兩次。他的建議和我的答覆，仍前後如一。再往後，他的電話就少了。

似乎虎頭蛇尾，無疾而終。但是這位洋商人對我還算有禮貌，他電請我的助理（一位臺大外文系畢業的小姐）轉告我說，這項出版計畫是「暫時停止」（suspended）了。他和原作者「都謝謝唐教授」。

老實說，我收到他的「留言」，我夫婦都如釋重負。否則陳女士如堅持要我做下去，老伴認為我這個「不會說不的人」，真不知如何處理呢？與其替陳潔如女士作工，為什麼不接受宋子文先生的邀請呢？——宋先生比陳女士在中國近代史上，不知道要重要多少倍。何況宋氏還有整箱整箱的公私文件，像顧維鈞文件一樣，可以交給我們保存呢。——「顧維鈞文件」（V.K. Wellington Koo Papers）共三十七箱是我點驗接管的。現藏哥倫比亞大學圖書館「顧維鈞室」。「宋子文文件」（T.V. Soong Papers）後由其家屬捐存史丹福大學，現藏「胡佛圖書館」。

陳稿失蹤的謠言

就在這洋書商與我交往的末期，我也隱約聽到些小道消息，得知陳女士確有些文件在紐約，但已被「聯合國中文科」拿去了。那時聯合國的中文科科長是賴璉（景瑚）先生。

賴先生是國民黨主政大陸時代的「中常委」，是陳立夫先生的ＣＣ系之中的幾大金剛之一。ＣＣ系當年在國內雖然權傾一時，但是內無宰輔、外無封疆，在國府高官中算是操守最廉潔的一群。所以一旦在國內政爭鎩羽，逃來紐約作政治難民，他們的生活都十分清苦。賴家更可說是貧困不堪。可是賴氏忽然時來運轉，得機進入「聯合國」這個國際大衙門作主管——位尊錢多事少，環球旅遊都乘頭等飛機；回到枝頭作鳳凰，立刻又顯赫起來了。

賴公年老退休之後，曾向國內友好說，他出任聯合國中文科長是「考取的」。那是他為減少政敵嫉忌而簡化了的說法。其實他在聯合國中是「D」字級的高級官員。D字是Directorate（主管級）的簡化字母。主管級官員是聘任職，例由相關會員國推薦，是用不著考試的。考試只適用於較低的「P」字級的「專業人員」（Professionals）——今日還是如此。賴璉之出任聯合國主管級要職，是當時聯合國中，華裔副秘書長胡世澤，承蔣老總統之命，鼎力推薦的。（這一副秘書長最高職位，在中共取代國府之後，一位沙坪壩出身的中央大學校友謝啟美，也曾擔任過。只是謝君的高薪要上繳北京，不像胡世澤當年可以裝入自己荷包也。所以謝君是前些年我們中大旅美校友中，官最大、錢最少的一位——他每月只能私用二百元。為此，我們在吳大姐健雄領導之下的中大校友，都為他摩拳擦掌，憤憤不平。今日聯合國的中文科長，便是前些年我們的謝同學薦派的。——歷史就是歷史，故筆者旁及之。）

聯合國內中文專業，在那時的留美華裔和流亡政要看來，都是「金飯碗」。「主管級」職位那更是金飯碗加紅頂花翎了。但主管級職位雖然不用考，可是「割喉競爭」（cut-throat competition）之激烈，聽來仍是毛骨悚然。他們那些科長候補人，縱是黨內人士，就足足能裝滿一輛「麵包車」，而且個個都各有來頭。大使、博士、將軍等頭銜一籮筐。到競選白熱化時，大家甚至上洋書、告洋狀，要求「比學位」、「考英文」……不一而足。只差點沒有向聯合國抬棺材。——真是當年李宗仁在大陸上競選副總統的歷史重演。

賴璉既然和李宗仁一樣，是這場黨內競選的勝利者，他也就變成眾矢之的，大道消息和小道消息集中的對象。終其任，他也沒有太多的隱私權可以保留。——在這真假皆有、善惡並俱的社區傳聞之中，陳稿的失蹤，與賴氏的運作因爾也是時隱時現的。

筆者那時在哥大工作，管了一座世界聞名的中文圖書館。其中有期刊數百種，圖書三十萬冊。因為地居要衝，平時來看書訪友的華裔知識分子真是戶限為穿。消息迫人，我要躲避也是躲避不了的。有關陳稿的故事，人家姑妄言之，我也就姑妄聽之。總認為那只是「蔣氏家事」、宮闈內情，不值得我輩深入也。客有問者，我每舉明初「靖難之變」時，一位安徽老和尚的話，「那是朱氏家事，足下何必多管？」方孝孺為此竟弄得「十族同誅」，豈不小題大做？

此時我如好管閒事，原可直接請教賴公，以詢其詳。甚至可以直接向陳立夫先生打電話。立公一直視內子與我為晚輩，平時都是愛護備至的。但我覺得事不干己。而且此事牽涉蔣公隱私，十分敏感。我輩不必亂作「包打聽」也。——又有誰知道？這項「陳稿失蹤」的謠言，流傳之後，竟然把我也捲入其中，那就匪夷所思了。

更糟糕則是，這牽連到我的謠言，在大陸上竟見之官方文件，就事不平常了。

海內外謠言殃及無辜

自六〇年代後期起，海外華文媒體，便把我捲入這項謠言。原因何在？吾不知也。據友人告訴我說，早在六、七〇年代，海外媒體即有訛傳，說《陳潔如回憶錄》英文原稿是我寫的。此項訛傳，直至本書出版前夕，連劉紹唐先生都將疑將信。在臺北出「節本」的《新新聞》編輯部中的友人，也曾打越洋電話來詢問。在海外發行的華文媒體，有的至今仍言之鑿鑿。可見不學如愚，被諸公抬舉之深。

至於這謠言在大陸流傳，那就更若有其事。遠在四人幫時代，當我於一九七二年之歲暮，由於尼克森打通了中美交通管道，我竟能申請返回安徽原籍，祭父探母。在這次故鄉之行，我已微有感覺，然未敢反問也。四人幫倒臺之後，我再次以「交換教授」身分，回大陸教書時，親友之間就說得很明顯了。痛快的朋友，也就單刀直入，說我曾替「蔣介石前妻陳潔如」寫過一本回憶錄。有的甚至作了些匪夷所思的藝術加工。故事編造的有頭有尾，甚至使我的同胞弟妹都不得不信。

這一來我才覺得事態嚴重。在竭力否認之餘，我乃認真的查詢此一謠言的根源。原來這一訛傳在大陸上早已見諸報刊。據說遠在四人幫時代北京即有某雜誌作過「獨家報導」。其後中央政協所發行的《團結報》上，亦有類似消息。史學界朋友們也多半看過。我更有友人，其鄰居為一位「民革」中央的要人。他就曾看到「民革」中央有機密文件「傳達」此事，繪影繪聲地說，國民黨中央為阻止此稿之出版，曾花掉三十萬美金，云云。中共黨內可能也有類似的「黑材料」，牽涉到無辜。

據說這一訛傳的總根是陳潔如女士親口向她的女兒陳（蔣）瑤光和女婿陸久之說的。陸久之是共方的資深高幹。國共內戰期間，他曾經企圖策動湯恩伯投共。但是在「文革」時期，他卻被紅衛兵打成「蔣介石的狗駙馬」，幾至喪命。

在這浩劫期間，我在大陸上的八十老娘，正流落街頭。弟妹也被鬥爭勞改，不死者幾希。我這個「海外關係」已經夠他們受罪了。再與「狗駙馬」有了牽連，這「反革命」罪名，如何揹得起？——思之真冷汗涔涔。

一九八七年，我在哈爾濱參加「國際紅樓夢學會」之後，路過青島。承青島社會科學院不棄，約我講演。在那偌大的禮堂內，向滿屋聽眾，對有關陳氏回憶錄寫作的訛傳，我曾正式而公開的闢謠。但是眾口鑠金。我自闢之，人自傳之。如之奈何？

關心的朋友們，後來並且作過統計。據說海外亦有十多種報刊，作過相同報導。更令我瞠目結舌的則是，這十多種報刊，竟包括我最熟悉的紐約的《華僑日報》、香港的《明報月刊》和臺灣的《傳記文學》。——這一來我又如何「抵賴」呢？

陳潔如親口說的

最近為撰寫本篇，我曾細翻手邊現存的《傳記文學》，果然在本刊第五十五卷第二期（一九八九年八月號），發現了一位大陸作家張蘇寫的〈蔣介石女兒女婿之謎〉一文，其中有一段，說陸久之與蔣瑤光結婚之後……

不久，陳潔如又將自己與蔣介石這段姻緣向女婿詳盡的訴述。她說，她在唐德剛教授與蔣介石的英文教師李時敏協助下，撰寫了自傳。紐約一家出版公司本來準備出版，後為蔣介石收買，才未問世。陸久之深深同情岳母的這一幕悲劇。」（見《傳記文學》總三二七期，頁四二）

讀了上述這段文字，我又才想起那在六〇年代初期到哥大來找我的洋書商。——他確是遵陳潔如女士之囑來找我的，不是冒充的。至於他何以虎頭蛇尾、無疾而終；再加上有關聯合國中文科，那段傳聞，我就可以體驗到當時情況之複雜，甚至險惡，真為之不寒而慄。

這篇文章的作者張蘇，可能是位報導文學的作家，對他所報導的故事，沒有「小心求證」。他一面說陸陳結婚在一九四六年。一面又說他們婚後「不久」，陳女士就談到她寫自傳的事而牽涉到我。其實這兩件事之間，相隔的時間，不是「不久」，而是相隔幾乎二十年的「很久」之後。

這篇張文只是我在自己家中書堆裡找到的一篇。至於其他十多種書刊，如何也把我捲入這場公案，我還無緣拜讀呢！但是由各方報導的故事來印證，我也感覺到，大陸上的官書和海外的媒體不可能憑空揑造。他們消息的總根，可能的確出自陳女士的「口述」。

「周總理」、「蔣師母」和「民革」

陳潔如女士雖然才二十歲就遭婚變之厄，但是在國共政權易手後的大陸上，卻是由周恩來親

[11]

自保護的特殊人物。自黃埔時代起，周氏就一直尊稱她為「蔣師母」而終身不渝。這件事是不難理解的。

周恩來是當年黃埔蔣校長，所最為寵信的少數青年幹部之一。在一九二四年恩來二十五歲，留法歸來，於黃埔軍校出任要職，並以共產黨員身分「跨黨」加入國民黨時，他的入黨介紹人便是蔣介石。周對蔣公的知遇之感，以及對介石的倔強的個性，任事的擔當，與夫處友的忠義節操之敬佩，顯然是在他對毛氏之上。——周是毛的同事、同志和朋友。但是終周之生，他卻只承認他是蔣的部下和晚輩。在那「親愛精誠」的黃埔時期，他和當時黃埔學生一樣，尊稱比他小六歲的蔣校長的年輕夫人為「蔣師母」，是十分可以理解的。——朋友，你我如與周恩來易地而處，你我也都會這樣稱呼的。——這是我們尊師重道的文化傳統；並沒有必要非隨「封建大山」，一道剷平不可的文化傳統。所以周恩來對陳潔如的稱呼，也一輩子未改口。因此「蔣師母」如告訴「周總理」說，她的自傳是在唐某某、李某某協助之下撰寫的，周恩來可能也信以為真。周總理都可以信以為真，則民革中央的宋慶齡、李濟琛、黃紹竑等人，又怎能懷疑是假呢？以故「民革」中央便要傳達文件，硬要不才發一筆三十萬美金的橫財了。——中國歷史上正不知有幾千百件的「疑案」，是這樣「事出有因」地搞起來的。

另一敏感題目：江南和吳國楨

至於國民黨那一邊，陳潔如就不只是個「敏感性的人物」了。她是黨和政府，迺至蔣、宋諸家族，都要「絕對保密」的名字。但是國民黨這邊卻缺少個「周恩來」。因此他們的保密，往往搞成欲蓋彌彰，弄巧反拙。和伊朗的大主教柯梅尼一樣，把一個三流的小說家「判處死刑」。現在這「死刑犯」，當了世界級大作家，可神氣啊！筆者最近看到他在哥大講演的派頭，豔壓群芳，乖乖了得！

國府當年不也是替《宋氏王朝》那本爛書，出了幾十萬美金的廣告費？至於把寫《吳國楨傳》的江南（劉宜良）判處死刑，那就更是匪夷所思，荒謬愚蠢而殘暴絕頂了。據說小蔣總統為這一「江南命案」，曾拍案盛怒，嚴令澈查，才有後來的揭發。於此亦可見經國究非昏君。——臺灣之有今日，初非偶然。

就在「江南案」發生前數月——也正是陳潔如傳稿的謠言四溢之時——劉宜良先生曾專程約我在三藩市小酌。因為他知道我和吳先生伉儷都很熟，並參與過《吳國楨口述自傳》的錄音。他想和我談談吳國楨，以充實他正擬撰寫的《吳國楨傳》。

當我偶然提到大陸上的「高（崗）饒（漱石）」曾遣密使訪問吳國楨時，宜良大驚失色，說是聞所未聞。我說吳國楨沒有告訴你這件事？（因為劉君告訴我，在不久前，曾親往吳家拜訪過，二人無話不談嘛！）宜良搖搖頭說吳氏沒有向他談過此事，並要向我追問其詳。

江南這一問倒使我驚奇而感到為難了。我想吳氏當年和我喝酒吃飯，笑談此事時，他並沒有告訴我這是什麼天大的秘密。後來我在我的近代史班上，還不時引為教材呢。吳國楨為什麼不把此事告訴替他寫傳之人呢？——這可能是他二人接觸時間太短的關係。他們兩人只對談過一次，故未觸及此一項目也。

吳國楨既然沒有告訴江南，江南如把這故事寫出來，行家一追問，我豈不變成這一敏感消息的來源了。善於小心求證的專家們，如不信此事，我也就有口難辯。所以我勸告宜良，欲知其詳，最好還是向吳國楨打電話。

當時我們也曾談到吳氏所寫的那一本英文小說，和那小說裡呼之欲出的背景人物——這也都是吳先生和我在杯酒笑談之間，和盤托出的而江南不知也。

總之，我那時對江南的印象是，他在寫《吳國楨傳》，但他究竟只是從新聞報導入手（Journalistic），對吳國楨所知不夠深入。他後來竟以這點皮相之學，賈禍殺身。這個世界是多麼險惡可怕啊！可是若論故事的敏感性，則《吳國楨傳》就不能和《陳潔如自傳》相提並論了。

「二嫂」黃夫人沈亦雲

陳潔如女士和筆者素昧平生。我個人求學海外，從無籍籍之名。她老人家何以忽然提到我，莫須有地把我捲入這場是非？若有人焉，據此而找我的麻煩（如大陸上的紅衛兵或臺灣的海關稽查員），而我本人卻被蒙在鼓裡，豈不是黑天冤枉。

陳女士之抬舉我，點我的名，我千想萬想，可能是出於若干共同朋友的推薦。此事還得從蔣老總統說起。

蔣公一輩子曾經有過兩次「桃園三結義」。第一次是陳英士、黃郛、蔣介石；第二次則是馮玉祥、蔣中正、李宗仁。他們五人既是有「八拜之交」的「義兄弟」，他們五家的夫人自然也就是情同姊妹的「義妯娌」。在這些義妯娌中，我認識了兩位，而兩位夫人對我都是逾格的愛護與器重，真親如近親長輩。

第一位便是黃郛（膺白）夫人沈亦雲女士。她是我國第一所女子大學北洋女師的第一屆畢業生。也是她同班的七十人中最少年、最聰明、最美麗的一位。辛亥革命時，參加革命，嫁給了少年英俊的革命元勛黃郛將軍。二次革命後，英士被刺，年輕的黃夫人亦隨夫避難日本，參加反袁「護國」。一九一六年夏，袁世凱暴卒，流亡革命黨人紛紛返國。據她說，當時革命夥伴中比較有辦法有能力的都北上首都從政作官；資歷較淺、活動能力較差的，則只好留在地方，甚或改行經商、作教員以致於失業了。

迨一九一七年春參戰案起，接著便是復辟、護法諸政潮，中山率海軍與部分議員南下。軍閥中國一分為二；原國民黨人亦分成南北兩派。南方黨人多半追隨中山，盤旋於桂系、粵系、滇系諸軍閥之間。北方黨人則依附於皖系、直系所掌握的北京政府。

黃郛當時是屬於有辦法的一群。入京未幾，便「入閣」（作總長），最後居然「拜相」（攝理「國務總理」），並與原黨中同志而在北京顯赫者，如李根源、楊永泰等，結為強有力的「政學系」。這個政學系於北伐之後，又轉入國民政府。內有宰輔（如張群），外有封疆（如楊永泰、陳儀、熊式輝）。這個權傾兩朝的政團，直至去歲張群資政以百三高齡去世，才算正式結束，而該系最早最高的開山祖師之一便是黃郛。（筆者早年曾撰專文〈政學系探源〉紀其與衰。）

在黃郛「攝閣」前後，水漲船高，黃夫人自然是宰相之妻——乘花車擁婢僕，以一品夫人之尊，穿梭於北京、上海之間，華貴非凡。這時「大哥」陳英士已死去多年，而「三弟」蔣介石此時尚奔波於滬粵之間，沒個有遠景的固定職業。他那兩位小家碧玉的年輕眷屬陳潔如、姚冶誠，把這位嬌貴的「二嫂」，真奉為天人。但是黃夫人畢竟是受過高等教育的貴婦，她對這兩位僅有小學程度的小妯娌也鍾愛有加，沒有歧視她們。

誰知紅顏薄命，不出數年，兩位小妯娌都變成了棄婦；黃夫人也變成寡婦。更不幸的，則是在共軍佔領上海之後，黃夫人、陳女士二人又都變成不受「人民」歡迎的黑戶。幸好還有個周總理和鄧大姐念舊。在周氏伉儷保護之下，她老妯娌又雙雙逃出大陸。陳女士就在香港被安排定居了；黃夫人乃帶著滿箱先夫遺檔，逕來紐約西郊和女兒同住。她本是位多情才女；感時念舊，日長無事，就在美國寫起回憶錄來了。後來由胡適之先生打電話介紹與哥大口述史部，接受訪問。胡是陶孟和的好友；陶是黃的連襟，故胡氏代為推薦。最初哥大只送了一位「臨時工」去訪問她。誰知第一遭訪問就出了岔子。訪問者把一首詩中的「學賜詩」三字譯成「頒賜的詩」。黃老太搖頭之餘，晚間打電話到我家，問我應該怎樣翻譯才對呢？在電話裡我不覺的逞了一下能說：「應該說是學習子貢研究詩經的精神吧。」這一下黃老太可把我捉到了。她以後便堅持要我這位「主將」出馬？其實我們那個民主化的小機關，有啥主將偏將呢？但是我那位在中國長大的洋上司，又怎能拗過曾作過一品夫人的中國老太？在上司的調度之下，我們只好請顧維鈞、李宗仁諸前輩暫時委屈一下，靠邊站，我就作了黃老太的研究助理了。——當然我也想看看她那宗保存完整的「黃郛私檔」。

其後我替黃老太做了六個多月真正的奴工。首先我把黃氏私檔徹頭徹尾的加以考訂整編。我發現這幾箱私檔是民國史上的「無價之寶」——這宗保存者本人並不完全清楚的無價之寶。老夫人聞言也興奮了起來。她認為她犧牲掉數件貂皮大衣，而保存了這幾箱廢紙，總算碰到一個「識寶的回子」。我因而勸黃夫人學學那時出版未幾而得了諾貝爾文學獎的《邱吉爾回憶錄》，儘量利用她攜出來的幾箱史料。

黃老太大為悅服，可惜她自著的中文稿《亦雲回憶》（後由「傳記文學社」出版，有蔣中正親撰親書的序文），已大致完成，改寫不易。老太乃授權與我，要我用英文來改譯改寫。然當時哥大東亞所工作項目太多，而經費日絀。所中硬性規定，任何新的口述稿工作都不能超過六個月，而黃稿限期之半已被我用於資料考訂之上去了。為免老夫人失望，余乃以剩餘時期，每週七日，每日十小時以上的工作量，在限期之內，把她老人家的中文原稿「伸縮」譯成英語，凡二十六章、八百頁，約三十萬言，繳了卷。（參見《亦雲回憶》序二）

黃夫人每日都詳讀《紐約時報》，英文閱讀能力甚強。她對我的譯文，每日當然更是圈點不輟。最後她老人家竟然為我這個翻譯奴工的「敬業精神」所感動。對我真是慰勉有加。說我的譯作「又快又好」。「快」我何敢辭？「好」則是她的慰勉之辭。快哪能好哉？

黃老太與吾母同庚。她二人對古老的封建禮教的服膺都十分嚴格；又都能作詩填詞。所以我和這位「黃伯母」也頗有共同的語言。她偶有吟興，我推開打字機，也可馬虎「續貂」一番。她每喜引用我那句酸溜溜的什麼「續史才驚讀史人」的馬屁詩。——「續史」是班昭，是黃老太；「讀史人」則是讀者諸仕女和在下。黃老太的文言白話都的確寫的很流利。她的舊詩，按胡適標準，也還算acceptable，非只筆者窮拍馬屁也。

那時熙治（她的女兒）每日要上班，同同（外孫）要上學。因此陪老太吃她燒的午餐，有時甚至早餐，只有我一人。老太遇我真親如子姪，我當然更敬事老太如阿姑阿姨。我們在飯桌上真是無話不談。因此我聽到有關陳黃蔣三英雄，和姚陳兩美人的小故事，足足也有幾籮筐。我知道她老人家歷次經港赴臺，與「蔣師母」是有往還的。她可能還是傳話人，亦未可知？她們與鄧大姐之間，亦有接觸。（黃鄧是「北洋女師」先後同學。當年鄧為學運坐牢，黃貴為該校董事長，且有幫助出獄之義舉。）老太的女婿（一位留德的名醫）在大陸曾一度擔任過周府的醫師呢！雖然老太在《亦雲回憶》中隻字未提。她那時對陳立夫先生似乎也沒有「直言無隱」。因為「政學系」和「ＣＣ」究竟還是兩個派系，而言禁未開也。

陳潔如女士點我的名，我想是經過黃夫人熱情推介的。沒有那位真正遇我如子姪晚輩的黃夫人作中間人，陳女士與我素昧平生，不會把話說得那麼肯定，那麼有把握似的。

李夫人郭德潔的「二嫂」

另一位可能為我向陳女士熱情推薦的，或許就是叫她大嫂（其實是二嫂）的李宗仁夫人郭德潔女士了。蔣、李二人於一九二六年夏秋之交在長沙拜把時，郭德潔才十七歲；陳潔如也才十九歲。但她二人那時並沒有晤面，雖然陳郭二女士的名字都寫在盟帖之上。三十年後當李宗仁在紐約告訴我這個結拜故事時，他把四言盟詩和兄長夫人（陳潔如）的名字，都記不清了。還是郭夫人提醒更正的。

一九二六年底，革命軍攻下武昌，底定江西之後，兩家眷屬都被接到九江、南昌、牯嶺一帶隨夫往還；這兩位夫人就熟識了。據郭女士告訴我，他與後來的宋女士，由於背景不同，每有格格不入之感。她同陳潔如女士倒可一拍即合。二人年齡相同、教育程度相同；二人又都是小市民的女兒，嫁給了頭角崢嶸的革命軍人。這一對嘰嘰喳喳的小美女──正和「解放初期」共軍文工團裡的姑娘們一樣──還沒有學會作官太太；對閨房之外的花花世界，也不知天高地厚。彼此相遇便一見如故，正不知有多少共同語言好說。而這時國民黨內、革命軍中，內爭已日趨嚴重。第七軍李軍長之托庇於蔣總司令者，反不若蔣總司令對七軍倚賴之殷切。這也加深了她們妯娌之間親切的感情。有誰知道？事未期年，這位年方二十的總司令夫人，竟被遺棄。

抑有甚者，在蔣氏與宋女士結婚前夕，竟登報公開聲明與陳潔如女士「並無婚約」。並無婚約，那就只是姘居的關係了。李宗仁事後告訴我說，他就為這「並無婚約」四字，一怒而拒送婚禮（見《李宗仁回憶錄》第三十九章）。其實這是李老總事後講大話也。須知逛公司、選婚禮，原是夫人之事也。李總指揮和筆者一樣，土到連自己襯衣的號碼都不知道，買啥婚禮呢？真正為此四字，一怒而拒送婚禮者，十八歲的娘子郭德潔女士也。陳潔如女士被棄於二十芳齡，郭女士

[19]

對她的同情，實在也是物傷其類。幸好新婚的總司令夫婦倒很「落落大方」，不因他夫婦的「拒不送禮」而感尷尬。（見同上）

國事滄桑，一轉眼數十年過去了。在六〇年代的初期，當筆者把《李宗仁回憶錄》中英兩稿大致都已殺青之時，郭德潔女士以母病返港。這時正值「大躍進」之後，全國大饑荒，人心惶惶。周恩來念舊，乃暗地把沈亦雲、陳潔如二女士送港避亂。與此同時，為安定國內人心，他又暗差程思遠在港，策動李宗仁、郭德潔夫婦，返國定居。他（她）們這一夥當時都是直接與周恩來有關的。彼此又都是數十年老夥伴。如今同時聚首香港，紅顏白髮，彼此之間偶有接觸，是情理中事。而此時郭女士去港又攜有數十萬字的《李宗仁回憶錄》的中文全稿（後來留存黃旭初處）。陳潔如女士在此時亦正有意要撰寫她自己的自傳，其明冤白謗之心，與李代總統正復相同。郭女士因而便把在下這位口述歷史老兵，順便介紹給陳女士，也就不算在情理之外了。

郭女士與我可比黃夫人與我還要熟絡。七年交往，我在他們李家餐桌上，吃過一百數十頓她親手燒的飯。親友中無逾此也。真可說是交非泛泛。她在陳潔如女士面前把我熱情推薦，並自覺可以替我作主，「一句閒話」就可訂下來，也是事實。所以陳潔如的話，也就可以說得那麼肯定了。——老婆說我是不會說「否」的人。至少是對他們李黃兩家的要求，那時我確是很難拒絕的。可是其時正是「金門砲戰」之後不久。據說中（共）美關係已到動用「原子砲」（Atomic Howitzer）的邊緣。若非「老總統」手令制止，廈門可能已變成廣島。國際局勢險惡，中美特務橫飛。這些先生女士們又都是政壇老手，敏感之極，所以守口如瓶。我輩「初生之犢」（甘介侯對我的評語），就對他們的政治活動一無所知罷了。

後來《陳潔如回憶錄》原稿在紐約神秘失蹤之後近三十年，忽然又在史丹福大學，胡佛圖書館所藏的「張歆海文件」（H.H. Chang Papers）中發現。陳潔如和張歆海又有什麼關係呢？

張歆海，浙江人，長賴璉一歲。一九二二年獲哈佛大學英國文學博士，時年二十三。三〇年代中，美國諾貝爾文學獎得主賽珍珠，想扶植一位華裔英語作家時，張為首選。然張有志外交，連任國府駐葡萄牙及波蘭公使（後升格為大使）。此一寫作機會乃轉讓林語堂。林氏終成文學巨匠。五〇年代張在紐約作政治難民，與十多位博士大使級人物，同感懷才不遇。然張氏寶刀未老，時時出入於李宗仁將軍之門，且數度與李氏聯名投書《紐約時報》，呼籲海峽兩岸息兵統一。張氏既與李宗仁的政治主張一致，當周恩來指使程思遠與李搭線時，張之附驥，自不待言。後來海外傳聞，張歆海文件中這份「陳稿」，是程思遠先生轉給張氏的，可能距事實亦不太遠。

筆者流落海外四十餘年。由一毛頭青年漸入老境。那時與當年旅美文化界老輩都有交往。張程兩府的東床，均為好友。尤其是歆海先生的快婿周文中教授（現任哥大藝術學院院長），當年我們曾共同發起「白馬社」，可說是青年知交。思遠先生不遺葑菲，與在下亦時有函電。不難叩詢詳情。祇以本篇執筆匆匆，一時未暇累及多方友好耳。

總之陳潔如女士這宗回憶錄，對海外知情者言，並不是什麼密文秘史。它是一宗貨真價實的歷史文獻；一時被扼，它遲早是會以真面目與讀史者見面的。

「國可滅，史不可滅！」

在距今七百年前，南宋為元人所滅時，前史臣臨安（杭州）留守董文炳，喟然嘆曰：「國可滅，史不可滅。」乃將原史館全部檔卷，移交新朝史官接管。後來元人修《宋史》，乃憑原檔編出十分完備的《宋史》。《宋史》是「二十四史」中最大也是最完整的一部斷代史，可能也是當今世界上，空前絕後的一部大史書。

歷史就是歷史，它是毀滅不了的，歪曲不得的。我國的正統史書從「二十五史」到「通鑑」、「綱鑑」；從記載史實，到臧否人物，大致都還算是公正的。偶有持論稍偏之處，歷朝也都有「糾謬」、「正誤」之作，而歷代當權君臣，對史書也都存三分敬畏之心。只是近數十年來，由於文化轉型，不同的價值觀念紛然並陳。對史家的公正記錄，社會上也就養成君子不尊、賊子不懼的文化心態。以致朝野人士都把歪曲歷史、毀滅歷史，視為當然。——真事既被無端隱去；假語便要有意襯言。乃惹出今日坊間暢銷的《金陵春夢》、《宋氏王朝》和《毛澤東和他的女人們》一類的稗官野史來。這也可說是當權人士糟蹋歷史的必然後果吧。

誠實的語言，非專業的筆墨

劉紹唐先生在越洋電話中，因此也要我對本書的內容，稍作評析。我個人既以治史為專業，我國古聖先哲，不特有「秉筆直書」的遺訓，當今各行各業所應有的「職業道德」（Professional Ethics），也不允許吾人，懷有成見，看人臉色，而信口開河；更不可以學養不足而誤傷好人。

以筆者數十年讀史治史的心得來說，我看不出本書情節中，有什麼撒謊的地方，雖然她的敘事有時是有「不夠準確」（inaccuracies）的史例。例如她談到蔣緯國將軍和蔣老總統幼年身世的問題。前者是她從丈夫口裡聽到的；後者則是轉述她母親的「調查」。二者，尤其是後者顯然是胡說。但那不是陳潔如在撒謊，而只是她「夫云亦云、母云亦云」而已。至於她說她帶過六歲的緯國；而緯國將軍則說，他直到九歲時，才在廣州第一次見到陳氏。他們母子之間究竟孰是孰非呢？我輩讀者反躬自省：我們自己能記得多少六歲時所發生的事情呢？推己及人，我覺得陳女士說謊的成分不大。

蔣緯國將軍是深深知道，他這位繼母忠厚的個性和她對蔣公及宋女士形象維護的苦心。根據緯國的觀察，陳女士也不會寫出這種有損於蔣公形象之書，所以斷本書為偽作。

其實這只是落筆技巧的問題。筆者記得當年讀《邱吉爾回憶錄》。當邱氏於一九三二年訪問慕尼黑時，他和希特勒曾相約晤面。後因言語齟齬，希特勒乃把約會取消，所以邱希二人，始終就無緣一晤了。這樁「我二人從此就沒有機會見面了」的小事，卻被邱吉爾寫成「希特勒從此就失去唯一見我的機會了」（'Thus Hitler lost his only chance of meeting me'——見邱著《陰霾四合》（*The Gathering Storm*），一九四八年倫敦版，頁八四）。

須知本書從頭到尾，只是文化轉型時代，一個中國女青年，私人的故事。潔如十三歲便許身蔣公，至二十而被棄，在她那短短七年的婚姻生活中，她的天地只限於廚房與臥房。房外之事，她就無法掌握，甚至正確理解了。

花蕊夫人說得好：「君王城上豎降旗，妾在深宮那得知？」同樣的，潔如雖曾追隨夫君、擁護領袖，於陳炯明叛變時，冒險登上「永豐艦」，隨侍孫總統躲在船底，竟被葉舉叛軍一砲打得小便橫流。她對這驚險場面，可以回憶得繪影繪聲，但是你如問她，陳炯明叛變是什麼回事，則潔如女士那得知呢？——至於一般革命史家一直把孫陳之爭，說成陳炯明「叛變」；而胡適卻偏把主張「粵人治粵」、「反對內戰」的陳炯明之叛孫行為，說成「革命」。這種歷史上的義理之爭，慢說十來歲的陳潔如女士講不出來，她聽也聽不懂啊！

再看她有關蔣參謀長趕走他的上司粵軍總司令許崇智那一段。許原是一位耽於積習的舊式軍官。在他統率下的舊粵軍，也只是一支擾民有餘，與其他軍閥部隊沒有兩樣的舊式部隊。當時黃埔的蔣校長，以斬釘截鐵的手段，趕走許崇智，以黃埔精神，把腐爛的「粵軍」，改造成秋毫無犯、戰績輝煌的「國民革命軍第一軍」，實在是順乎天應乎人的一件好事；也是中國軍隊現代化發展中，一座重要的里程碑。蔣氏此舉是得到國共兩黨一致的支持，和全國開明人士一致喝彩的大事。

可是陳潔如女士對大的革命義理掌握不夠，她只是在廚房臥房之間，敘述蔣公的野心大志和跋扈行為。因此讀者如不了解當時中國的政治社會的實況，和軍閥橫行的劣跡，驟讀陳書，對許崇智反會同情，而把蔣公看成不守信義、犯上作亂的暴徒。——這就是所謂影響蔣公歷史形象的實例了。但此非潔如之過也。她那時只是一個十多歲小女學生，哪能掌握如此盤根錯節的軍國大事。她更沒有邱吉爾那樣翻雲覆雨的文學才華，來維護先夫形象。平鋪直敘而不加應有的史學詮釋，就容易令讀者誤解了。

陳潔如著書時，身邊顯然另有執筆人。但此執筆人又何愛於蔣公？再者，執筆人對這段錯綜複雜的歷史，也未必清楚，寫下作者的直見直說，也就是最好的，也是最省力的交代了。

還有一點就是，事情發生在陳氏幼年，而回憶之於老年。她數十年所見所聞，有時也會誤入前期——此誤，連具最高度智慧的顧維鈞博士亦不能免；在陳氏回憶中，當然也不算稀奇了。就如「藍衣隊」這個名詞罷。它是三〇年代鄧文儀、劉健群等人搞「力行社」、「復興社」時叫出來的。北伐前陳果夫、立夫兄弟利用「黨務整理案」，組織「中央俱樂部」（Central Club），自稱CC時，尚無此名也。數十年後，陳潔如把早年的「便衣偵探」（plainclothes men）也叫成「藍衣隊」是顯然的誤入。

當年搞黨的時髦青年們，都喜歡用拉丁字母自呼。當時中共黨員便自呼CP（西披），Communist Party也。國民黨則叫KMT（老K）。三〇年代的「復興社員」，有時亦自稱CF。共青團員（如周恩來、鄧小平）則自稱CY。如今這些代黨字母都煙消雲散了。只餘一個CC（西西）長留史冊，也只是歷史發展中的一個「偶然」而已。

宏觀歷史‧微觀史料

吾人細讀《陳潔如回憶錄》全譯本，發現其中偶有誤「憶」之處。作者於軍國大事，亦缺乏深入的了解，敘述集中於小節，對她故夫形象，確有誤傷的地方。但本書原是一部口述「原始史料書」（primary sources）。筆者敢斗膽的說，書中大小故事，很少我不能用數百字、數千字迺至數萬字，根據「著述史料」（written source）來加以考訂、佐證，甚或詳盡補充的。全書的學術價值是：它能替宏觀歷史提供微觀史料的佐證。史料中偶有小疵，然瑕不掩瑜也。

劉紹唐先生出版如此重要的史書，而仍時遭非議者，實因其出版本書於蔣公恩怨未斷之時。蓋受蔣公深恩厚澤者，讀此書難免義憤填膺，認為它是對先總統偉大人格的誣衊。對介公久懷怨恚者，則認為是對他的揭發和鞭屍。夾於恩怨之間的第三者，則看熱鬧聽好戲，人之常情，亦難免不無幸災樂禍之心。三者皆是七嘴八舌之流，非心平氣和而公正的「讀史人」也。面對這樣的讀者，紹唐難免就有麻煩了。

但是歷史就是歷史，它總不能專門寫給有恩有怨的人看的。恩怨既盡，真歷史自會永遠流傳的。

然則何謂宏觀歷史？又何謂微觀史料耶？

曰，從大處看，一部中國近代史實是一部中國近代社會轉型史；一部中國現代化運動史。在這一造現代化運動中，其程序又是階段分明的。在蔣公中正秉政的這一階段，其主要時代使命是「內除國賊、外抗強權」（雖然這句口號原是「青年黨」發明的）。它與前一階段的「驅除韃虜、建立民國」的重要性，是後映前輝的。在這一階段中，搞現代化最重要的政治工具，便是「一黨專政」。國民黨叫做「以黨治國」；共產黨叫做「黨的領導」。在這一階段裡，中國社會不具備實行「民主政治」的任何條件。所以孫中山要黨員對他「盲從」；袁世凱要老百姓擁他作

「皇帝」。

可是一黨專政，就有「一人獨裁」的「必然」後果。而獨裁者的竄升，又「必然」要通過三大渠道：曰，抓軍；曰，抓黨；曰，抓錢。三者缺一不可。總名之曰抓權。在這第一造「抓軍」的過程之中，軍人自然就沾光了。國共兩黨的獨裁者，蔣、毛迺至目前的鄧小平，都是從抓軍開始的。朋友，您如把毛澤東、鄧小平看成文人，您就大錯特錯了。他二人都是戰場經驗豐富，韓信所說的「將將」之才，豈可以「文人」而小視之哉？又豈可以「黨指揮槍」之濫調而遽信之哉？——槍指揮槍也！要黨指揮槍，我們只有等著看江大書記澤民來表演罷。

在中山死後，國民黨試圖組織「國民政府」，統一兩廣的初期，其建軍的「苦勞」，兩次「東征」、消滅楊劉、鎮壓「商團」……等不世之「功勞」，年輕有為，革命精神沖天的蔣介石將軍都一肩扛過。但是蔣於此時在黨中連個「中委」也未搞到——當時毛澤東反而是國民黨的候補中央執行委員。

可是此時黨中所有光輝的「主席」名號，全被汪精衛一人霸佔了。汪氏詩詞做得頂呱呱；能說會講，丰度翩翩，美男子也，大使也。但他就是不能治軍，更不能將將，大權就旁落了。

抓權、抓軍，捨正路而不由，汪氏竟聽信一個「天威咫尺」的老婆，搞陰謀詭計，想綁架自己的部下，把蔣介石騙上「中山艦」捉起來，送到俄國去。可是他這個「反西安事變」的小陰謀，連個十九歲的陳潔如也未騙倒。結果反被叛將抓了起來。最後落荒而走，逃往巴黎避難。

陳潔如女士在本書內，提供了一些可信的微觀小史料，而澄清了六十多年來「中山艦事變」

的謎團，也就佐證了國民黨之必然走向「一人獨裁」，這個客觀規律中歷史發展的宏觀大勢。

從抓黨到抓錢

蔣公在一九二六年三月二十日「中山艦事變」後的扶搖直上，也帶動了自陳英士死後，在國民黨中久已式微的江浙幫之復振。在蔣的安排之下，中央監察委員張靜江居然當起中央執行委員會常務委員會的主席來。中央組織部長譚平山，也讓位由蔣介石「兼任」，由陳果夫「代理」。果夫兄弟在部內組織個「中央俱樂部」（簡稱ＣＣ），趕走了汪系人物和ＣＰ，國民黨中的組織部自此就是ＣＣ的天下了。其後汪精衛在黨中想東山再起，也只能靠邊站，乾坤倒置，主客易位，當當「改組派」了。

以上是蔣公在黨中取得黨權的經過——三關已通了兩關。再下一步「抓錢」，就要從全國財經方面著手了。

關於蔣系在國民黨中迅速竄升的情況，潔如女士只知其結果，而不知其實際運作的情況。但是她畢竟是那時的蔣夫人。她對蔣公的生活和思想，一鱗半爪的記述，在一個有深入探討興趣的史學工作者讀來，都是意義深遠，字字珠璣的。

上述諸節，是北伐前夕，蔣公建軍抓黨的大略。

迨北伐軍興，捷報頻傳，軍務黨務俱迅速膨脹。蔣總司令軍書旁午，顧此失彼，乃發生了武漢反蔣的巨變，正如本書上陳潔如女士所述，逼得介石幾至拔槍自殺。但是冷靜下來，這個「忍人之所不能忍，決人之所不敢決」（羅家倫對蔣的評語）的蔣總司令也知道，南昌、武漢之間的國民黨黨內鬥爭，和國共兩黨的黨際鬥爭的決勝戰場，不在武漢，而在上海。誰能抓到上海的錢包，誰就有最後的勝利。——這一設想當然是客觀的事實。不特蔣公如是想，汪系人物如陳公博於此亦有先見。

不過上海金融當時是抓在號稱享有「南三北四」七大銀行的「江浙財團」之手。國民黨中的孔、宋兩系這時還潛龍在田，派不上那麼大的用場呢！但是孔、宋的潛力卻能提供足夠的離婚藉口，讓我們的蔣總司令向可憐的年輕夫人，要求退讓。為著丈夫的事業前途，秉性忠厚溫良的潔如夫人，就真的自覺有讓位的必要，而忍痛犧牲自己了。

其實江浙財團那時的實際領袖，是與「政學系」有血肉關係的中國銀行總裁張嘉璈（公權）。把張總裁和蔣總司令拉在一起的是黃郛。「中國銀行」那時有銀元存款四億以上。以此存款為基礎而發行鈔票或公債，那就是天文數字了。「寧、漢分裂」之時，左翼國民黨在武漢恣意搜刮，竭澤而漁，總共只搜到四百萬元。以之與張總裁存款相比，真一毛之與九牛也。所以寧、漢分裂時，真能救蔣公於不墜者，張公權也。國民黨中孔、宋財團之發跡，是三〇年代之初，繼張而起者也。

小子不學，六〇年代初曾有幸與公權先生，煮酒論英雄作竟夕之談。張公亦嘗以其自傳英譯相託而事忙未果，然粗知其梗概也。但是這些財經大計，二十歲少女陳潔如小姐，哪裡知道呢？

在筆者接到紹唐電囑之前週，適因便訪問住於紐約西八十三街的胡昌度教授。是日天朗氣清，昌度乃約余踱至西七十九街江邊散步。見其處景物宜人，江流緩緩，鐵欄如舊。又怎知六十五年前曾有年方雙十的華裔少女陳小姐，在此企圖自殺呢？落筆及此，真不勝欷歔。

時代的悲劇

但是話說回頭。陳潔如女士的悲慘遭遇，究竟罪在何方呢？從一個「轉型期」歷史的觀點來看，我們只能說那是時代的悲劇。那時與潔如遭遇相同的老輩婦女，正不知有幾千百人——筆者個人所知，便多不勝數——陳潔如只是其中之一耳。

民國肇基、思想開放，那些受新式教育的中國知青，對同年代裏小腳的文盲少女，都感覺厭惡。但是那兒有個早訂親和早結婚的傳統。他們在舊式家庭裡不是結過婚便是訂了親，一旦受洋教育歸來，二十歲的小腳文盲老妻，就是遺棄的對象了。

試從國父開始，黨國要人受新式教育而沒有丟掉舊式老婆者究有幾人？就以整批的庚款留學生來說吧，能夠把鄉間的小腳老婆，帶到大都市來，共同生活者，我的老師胡適之先生一人而已。那些滿口大話，濟弱救貧的文人如魯迅、如郭沫若、如郁達夫、如陳獨秀……無一而非棄老妻如敝屣的絕情男人。他們搞婚姻革命的公式，大半是棄舊妻於鄉下，再找個識字的大腳姑娘，結新歡於都市。蔣公早年棄毛氏於奉化，娶陳氏於上海。這是當時的普遍現象。倒楣的是女人。革命的男人，也不足深責。時代如此嘛！世上有幾個胡適，能超凡脫俗呢？

但是一般的婚姻革命，有一新一舊，也就到此為止了。而功業輝煌，英俊瀟灑，像青年蔣總司令那樣的人，就要更上層樓了。

當介石以校級無業的小軍官，隨侍中山往返於廣州上海之間，他如動念頭，想追逑「總理的小姨子」，豈非發瘋哉？然蔣公那時畢竟年輕，好權重色。見佳麗當前，小姑獨處，豈能無癩蛤蟆之心？然當時五陵年少，高車駟馬，出入於孫府宋府者，豈有虛日？張學良將軍偶過滬上，亦時為訪客。少帥時拜陸軍上將，黃金車載，珍珠斗量，蔣偉記出身的寧波小賈，怎能搭配？

又誰知將相無種，男兒自強，時未數年，便貴賤易位。北伐前夕，介石已手握重兵，允為南中國第一人，而英姿俊發，革命豪情，不減少年，前途無限。這時藹齡大姐，有意為小妹作伐，亦不算是太離譜之事。何況她們都是華僑之女，留美學生，把離婚結婚，也看得十分平常。

須知宋氏三姐妹在我國歷史上，迺至世界史中，也都是不世出的才女——三人都是將相太后之材也。據說抗戰末期，在史迪威建議下，美齡有替代何應欽，出任中國戰區參謀總長的呼聲。果爾實現，讓宋美齡掛上上將領章，指揮四百萬大軍，向倭寇反攻，美齡游刃有餘、勝任愉快也。是耶？非耶？

朋友，你要這樣的一個女人，在待價而沽之年，下嫁一位清寒教授或庸俗富商，豈不花下曬褌，糟蹋人才，雷打火燒，為上帝所不容？再者，在他們姊妹看來，介石前途總統也、元帥也。閨闈之中，為這一無知小市婦所絆羈，也太不相配，如以美金三十萬元（這是當時美國報紙報導的數目）而「資遣」之，這位年才二十的少婦，還是可以嫁一滬濱少年，恩恩愛愛、享福終生，有何不好？

這可能就是「大姐」的構想，而為潔如所親見親聞者。嗚呼！茫茫濁世，吾輩閱人多矣。大姐安排，有何不好哉？——潔如又何必為這一薄倖男人，投河尋死，守活寡而屈辱終生哉？

再從蔣氏方面分析之。蔣介石我民族史上，千年難得一遇之曠世豪傑、民族英雄也。我們如丟開現時小恩怨、舊成見不提，就史論史，五千年來，率全民、禦強寇，生死無悔、百折不撓，終將頑敵驅除、國土重光。試問二十五史中，究有幾次？作是項領導者，究有幾人？朋友，我們如揿揿電腦引得，我民族史中，尚無第二人也。你能小視蔣介石？

其實我輩當年在蔣委員長大纛之下，殺身成仁、捨生就義之烈士賢豪，正不知有幾百萬人。日軍侵入南京時，一舉便屠殺三十萬。當然在蔣氏刀槍之下的冤鬼孤魂，亦不計其數。總之對這樣一位英雄豪傑，我們不能以我輩凡夫，婆婆媽媽的人之恆情規範之。賈二爺式的愛情；你死我作和尚的甜言蜜語，我輩愚夫愚婦之事也。對那些一夜御十女的黃巢、張獻忠，算個什麼呢？

斯大林說，死一個人，是件慘事；死一百萬人，只是個統計。在我輩庸人聽來，陳潔如女士的身世是何等悽慘，在看慣死人如麻的好漢眼光中，那只是個統計。何況這位「風雨同舟」的陳潔如女士，自二十歲投河未遂始，竟能忍氣吞聲，守活寡、撫幼女，四十餘年……最後還要寫一本英文自傳以自白，這也不是普通女人所能做得到的。

她這種不尋常的，發生在二十世紀的節婦之行，可能也不是蔣公和孔夫人、宋女士當年，始料所及罷。

一九九二、五、三十於北美洲

陳潔如回憶錄　目錄

著者前言——我為什麼要寫回憶錄

我居於一個獨特的地位，適足以就我所能，記述我和蔣介石婚姻生活的種種；而那段婚姻年代，正是他竄升以至掌權的期間，又是甚至現代史學家也從未能予以確實記錄的期間，其所以如此，主要由於權力政治壓制了事實的真相。

有一種關於我生平的記述載見一部兩冊的中文書中，此書名為《金陵春夢》，作者是「唐人」（本名嚴慶澍）。那部書滿篇虛構，淆亂視聽，因此我才立意出版我自己的回憶錄。

《我的回憶錄》這本書記述一段從來只聞蜚言廣被，而卻未曾照實透露的八個重要年頭（一九二〇—一九二七）的真實情形。它將廓清關於我的廬山真相的玄秘。甚至到了今天，有虛構成習的新聞人員仍然將我描繪成一個歐亞混血兒、一個前歌妓、一位侍妾、一位女護士、一位女教師、一位俄文翻譯、一個廣東人、一個女冒險家，甚至是一個騙子。這絕對都不是我，並且與真實的我一點也沾不到邊。這本書我將介紹我自己、我的家，我將寫我與介石經過極其慎重的明媒正娶，張靜江自始至終參與其事，更經過孫中山親自見證，以及在介石未竄升前的時期在上海、在溪口，特別是在廣州的五年，如何與他共憂患、分擔國事的種種。這本書的素材取自介石鼓勵我按日撰寫的日記。

在近來我所收到的很多信件中，有一封來自國民黨CC派兩位領袖之一的陳立夫先生。他是現仍在世的政治人物中，熟知我的身世者之一。立夫先生的信說：（譯者註：以下中文係根據英文原著

直譯）

我懇求妳不要出版妳的回憶錄。這許多年來，妳為中國統一所作出的犧牲和妳的緘默，已經使妳成為一位偉大人物和一個忠實國民，但是如果妳出版了這本書，它將祇會傷害最高統帥及國民黨，因此盼妳固守沉默，一如往昔。

與陳先生的意見相反，我不相信《我的回憶錄》這本書會傷害任何人。事實上，它是一篇真確無誤的記錄，揭示出我與蔣介石這段幸福的婚姻生活，以及介石以一個普通人如何可以憑藉其堅毅精神並利用有利機緣，戮力邁進，以至飛黃騰達，終於成為一位眾所公認的國家領袖。

珍妮·陳潔如

【附記】本回憶錄未註明寫作日期，可能的推測在一九六〇年代左右。

第一章 從一張照片說起

出師北伐，請妳為我祝福

「我就要出發作戰，請妳不要哭泣，否則會給我帶來霉運。」介石握著我的雙手，臉上露出一副愛憐之情，這樣向我說。他又說：「請妳拿這張照片去加印二十份，等收到我的電報後，就帶到韶關來。這張照片對於我們的革命工作將具有很重要的歷史意義，所以務必將底片留在自己手上。」他見我在這離別時刻的黯然神情，便又安慰我說：「等到各省都統一了，妳就有機會參加國家的重建大業。記著，我正將跨入實現我的第三個願望的階段，所以請妳祝福我，並且對我一笑。」

這時我已淚如泉湧，便微笑了一下。他再說：「這是我們北伐的第一階段，等到全國各省都已光復，我們大功告成之時，妳我將是中國最幸福的一對。請妳拭目以待吧！」

當時我倆剛同大家照過團體相片後，站在黃沙車站的月臺上〔編者按：時為民國十五年（一九二六）七月二十七日〕。介石盯著我的雙眼，似乎想看看他所講的話對我有何影響。但是我卻為這次的別離太難過了，祇能哽咽著勉強向他說：「我會照你所有的指示去做，我祈求菩薩一路保佑你。我將急切的等你來電報。」

他說：「妳我將是中國最幸福的一對」，這句話登時給我許多幻想，於是我忍耐不再說話，因為我不願意一下打斷了如此美好前景正對我發散出的那股魅力。

他這番豪語當然並不使我感覺奇怪或不切實際，因為我深信他的勇敢，知道他會趕走那些軍閥，一省接一省的光復國土，直至全國統一為止。

為求了解那個時代，我想扼要說明幾句：到了本世紀之初，自一六四四年起一直統治中國的滿清王朝，已經開始失去控馭的能力，中國已被列強以強暴的手段，自孤標傲世的狀態中，硬拖入所謂「國際事務的漩渦——經濟上相互依存，而政治上紛亂不安的現代世界」（原稿有引號，不知引自何處）。一八九四年中日之戰後，中國慘遭敗績，國家元氣大傷，以致各省形同各自為政，其結果乃是一九一一年革命爆發，滿清王朝就輕易瓦解了。

中華民國成立後，於一九一二年所選出國會的多數議員擬議仿照法國模式，組織內閣制政府，以限制總統的權力。

孫中山先生憑其領導革命的成就，於一九一二年獲選為臨時大總統。但是當時袁世凱仍掌控著北方的清朝軍隊，並且發揮著很大的影響力。他的這種潛在勢力乃迫使孫先生辭去臨時大總統職務，以讓袁氏。

孫先生辭職後，即遍遊全國，宣揚三民主義。而袁大總統不久即不耐於緩慢的民主統治，因而強行解散國會，以便獨攬大權。於是一位共和派人物——宋教仁，依照真正的民主方式，展開競選活動，爭取全國人民支持，以求制約總統的權力。但即在此時，他竟被公然刺殺了。其他反抗袁氏的共和派人士亦相繼而起，但他們也遭受殺害或拘禁。到了一九一五年，袁世凱總統又決定自立為皇帝，並指定「洪憲」為新朝代的名稱。

孫中山、蔣介石亟謀國家統一

但是這時共和熱潮——尤其在南中國——已經是勢不可抑。當南方各省紛起反對袁氏，各自宣佈獨立之時，袁世凱眼見皇帝的迷夢已碎，不久乃傷心而亡。

此時，若干省的省長（督軍）鑒於「皇帝」已逝，就各擁權自立門戶，使這個新生的民國淪入分裂混亂之中，軍閥時代於焉開始。在這些軍閥或「督軍」的統治下，中國人民又默然的忍受著與以前一樣的痛苦。每個督軍擁有屬於他自己的私人軍隊，不受北京中央政府的轄制。

總而言之，那時中國竟回復到古時「戰國時代」的境況了。這些督軍們各自與其他督軍進行聯盟勾結，以擴大其統治權，並待機進軍北京。

在此時期，最有勢力的軍閥是張作霖（滿洲）、吳佩孚（湖北）、馮玉祥（河南）——人稱「基督將軍」、閻錫山（山西）、張宗昌（山東）、孫傳芳（江蘇）、莫榮新（廣東）等人。這些人之間，陰謀勾結，接連不斷。這些相互征伐的派系的政客們組成不同的「聯省政府」。每個政府都祇是一時權宜之計，有統治全國的力量；而每個「聯合」一逢另有串聯，內戰再起，因而引致中國四分五裂之時，很快就垮臺了。這個時代的種種亂象使「聯合政府」的整個構想，在所有中國愛國人士的心目中，遭到唾棄；反而令他們認為那種構想僅僅象徵著暴政、內爭、軟弱及國家獨立的淪失。而由於若干外國積極介入這些鬥爭中，更使當時的情況變得益為混亂不堪，令人寒心。這些外國各以金錢、武器支援不同的軍閥，以爭取他們本身所想謀得的利益。

在這方面，日本尤顯得最為奸巧強橫。它利用第一次世界大戰的機會，逼迫袁世凱總統接受它那惡名昭彰的二十一條要求，幾乎藉此達成了它在中國的霸權地位。幸好袁氏此時突逝，而全國學生也起而憤怒抗爭，方使這些要求終告放棄。

在此等軍閥統治之下，一般中國百姓當然為國家的分裂、內戰及衰弱而悲傷欲絕。如照這樣下去，國家分裂成這些半獨立的省份，分由那些自私自利、各擁私人軍隊、抗衡北京中央政府的軍頭統治，那麼中國將永遠沒有轉弱為強的一天。這就說明了何以孫中山先生及其後的蔣介石亟謀發動一次新的革命，以求統一國家，進而發展出一種足以使中國臻於強盛，並且免受內戰禍害的中央政府。

我對於介石向我說過的那幾句話，當然深信不疑。我倆在中國難道不已經是最幸福的一對夫妻嗎？難道他未曾誓言永愛不渝嗎？等到國家統一之後，我企盼得以克盡我作為一個好國民的本分，協助中國趨於強盛、自由、繁榮。這是我的熱烈的願望。

第二章　張靜江家中邂逅

出身小康之家，父親是紙商

我的家庭背景可說是與一般上海人相似。我父親陳學方〔譯音〕原籍鎮海，通稱寧波，以產竹著名。他是一位紙商，經營很多種土產手工紙品。當他娶進來自蘇州吳家的我母親之時，所有朋友、親戚和鄰居都非常喜歡她，因為她是一位非常溫婉和藹的女士。當時母親特別出眾的一點，是她所受的教育，因為她識字，而且能講解中國經書，又寫得一手好字。不少親友便來請教她，不是請她代寫書信，便是請她讀解來函或講解諺語。她總是樂於幫助每個來人。

在那個時代，守舊的中國人都深深的認為「女子無才便是德」，女孩子們大多不需接受任何教育。她們的主要任務是要安度一種半隱居式的生活，做一個守德而馴服的女兒，並且學習做出一手最精細的刺繡。

母親出閣以前，幾乎沒有公立女子學校。大多數的求學處所是由所謂塾師開設，塾師們藉此謀生；或者由社會縉紳設立，或者由幾個家庭共同聘請一位教師，開設一家私家學堂，以供他們的子女求學。至於大學或高等學堂，在各城市中比比皆是，也大致依照上述方式設立，但是祇收男生。

至於滿清皇朝方面，則依循其關於女子教育的正統規範，對此採取了幾乎全然漠視的態度。雖然如此，偶爾也有極少數的女孩子仍然想辦法學到了些許文字，因而能夠讀寫，我母親就是屬於這種例外的。

為了公平，我必須說明當時仍有一些基督教會的學校從事女子教育工作。但這些學校大多招收已經西化的中國人、孤兒和願意改信基督教的學童。因此，在我幼年時期，實在極難找到一位上年紀的婦人能讀、能寫，甚或能簽寫自己的姓名。如果一位老婦竟能辦到這些，那她所能寫出的，恐怕也僅止於此而已。而在另一方面，除了勞力工人以外，絕大多數的男子則都能識字。所以，像母親這樣一位婦女，在那時真是鳳毛麟角，難怪所有認識她的人都對她愛羨有加。

一九一二年民國肇建之時，我年方六歲。雖然那正是中國開始現代化的時代，但幾百年來的舊風遺俗猶未泯除，全中國各地女人的生活圈子仍與男人有別；她們的圈子雖然有時難免觸及男人的範圍，但還是儘可能保持隔離的。我的父母都是守舊而堅持傳統的人，因此，自我幼年起始，家人便依照祖先遺規，使我與我的弟弟阿本〔譯音〕及我父親居不同室、坐不同席。母親和我的衣服不能與父親、哥哥的衣物混置一處，我們也不與他們坐在一起聊天。

時至現代，這種習俗可能顯得荒謬，但在當時卻是真的。已經西化的中國人對它固然是棄之者多，守之者少，但大體說來，那時代所有上層社會的守舊人士還都普遍奉行這種嚴苛的正統規範。

這許多限制性的習俗，其基礎便是女人的地位低於男子這一觀念。男優於女，男人對女人，就如同天上地下一樣。於是，在我的教養中，我常受教誨，對於父母的無上權威，務須完全順從；而當時我竟也覺得這是理所當然。因為在個性方面，我本是極度羞怯、敏感而柔順的。他們所說的一切都是金科玉律，因為他們是我的尊親，比我經驗多，比我智慧高。

到了我十多歲的時候，母親便按照傳統，並作為我的一個教養項目，秘密的向我述說處女的貞操是何等重要。她解說道：「一個男人總是設法要同一個年輕女孩子接近的，所以妳必須當心。妳需知道男人可分為三種：第一種心中想要，但是他的道德觀念告訴他這樣做是不對的，因此他可能按捺不動；第二種連番設法引誘女孩子屈從其意，意志薄弱的女孩就會愚蠢的接受，使她以後悔恨無已；第三種會詐騙女孩陷入某種莫可奈何的境況，然後趁機加以強暴。

「一個女孩子如果不能保護她的貞操，而輕易的讓男人得逞其慾，那時社會上的人會將各式各樣的嘲諷侮蔑統統摜到她的頭上，而她卻無法歸罪別人，祇能責怪自己。

「此外，貞操失去之後，女方常可能因而懷孕，生出私生子。這不但對於嬰兒本身，而且對於嬰兒的生母及其全體家人，都將是不光彩之事。

「所以，親愛的女兒啊，千萬要以堅強的意志，保全妳的貞操，因為在一個少女的生命中，這才是最最寶貴的東西。這是純潔的象徵。」

我自然牢記著這些忠言，從未忘懷母親的話。所幸我並非沒有常識，我認為任何女孩子，除非結婚，否則與別人從事性行為，都是邪惡無恥的。

好友朱逸民嫁給張靜江續絃

一九一八年，中華民國已經創立七年了，婦女的解放已是不可抗拒的事實。上海各地都設立了新式的女子學校，因此全國的婦女都有機會來行使她們的權利，求得良好的教育。

母親於各處探洽之後，將我送到海寧路的愛國女子學校上學。這所學校是由名革命家蔡元培先生創辦的。我在這裡勤奮攻讀，企望像母親一樣，獲得良好的教育。當時我將近十三歲，身材瘦長，但相當勻稱。一般人多以為我已經至少十八歲了。雖然我皮膚滑潤，面龐清秀，但是嘴巴寬大，牙齒稍有突露，下巴骨也嫌略方。我的教師徐女士見我帶有卑怯之感，就告訴我，這些形貌特徵正可增添而非減損我外貌的美好。我前額上梳著濃密的劉海，幾乎蓋住眉毛，而後面的頭髮則梳成長辮子，垂掛背上。

那時我唯一的至友是朱逸民小姐，她就住在西藏路我家隔壁同樣的房子裡，我常去她家閒聊，並一起做功課。雖然她長我五歲，但我特別喜歡逸民，因為她的確很懂事，總是穿著美麗，而且好像我每有一問，她必能有一答。父母親時常因我為此溜家而責罵我。

一天下午天色已晚的時候，母親來到逸民家中找我，眼見我和這位密友正在埋頭做我的功課，而非虛度光陰。正巧那天的功課很難，我很需要逸民的幫助。於是母親就向逸民歉然的說：「真不好意思讓阿鳳（作者乳名，音譯）像這樣每天麻煩妳。我知道她太打擾妳，費掉妳太多寶貴時間。」

「我真的非常高興教阿鳳，」逸民甜蜜的答說，「她真是一個聰明的孩子，一心想學習。我祇要對她講一次，她馬上就明白了。我們是好友，所以請不要說她佔了我的時間。」她又道，「我的好陳伯母，請坐下來用茶。」

母親知道我能受到這麼好的影響，因此從那時起，她就許我單獨外出，而不擔心我會有失誤。

中國諺語說：「好景不常」，信哉斯言，因為好景總會有變。後來逸民嫁給住在南京路西段一所豪華宅邸中的張靜江老先生續弦，我的感受正是如此。一連幾個星期，我一直無精打采，暗自啜泣，自以為失去了這位好友。逸民曾經告訴我，張老先生是個鰥夫，他原來的太太已在美國去世，留下五位十多歲的女兒。逸民向我保證，她的丈夫是一位極為和藹的人，他並且歡迎我經常去他們家串門子。

我抓住這個邀約，從此便常去看望逸民。

張家五位千金自美返國

張老先生前妻所生的五個女兒從美國回到上海了，我也覺得這是一件特別的事。張府內為此充滿一片喜悅和振奮。五位可愛的女兒，每人都穿著齊整，顯得聰敏、帥氣而迷人。她們一齊回家來與她們的父親和繼母同住。她們不像普通小姐，而都曾先在法國，然後在美國接受教育，在我看來，她們簡直就是摩登的極致。我對她們那種自然爽朗的神氣、瀟灑大方的儀態及雅致的服裝，尤其印象深刻。她們真是不同於上海的一般普通姑娘，我認為她們棒極了！

逸民心知她是新進門的繼母，就開始設法贏取她們的好感和敬愛；但是我看得出來那不是一件易事。這五個女兒都有自己的堅強意志，都仍傾心愛戀著她們那去年在紐約因意外事故而去世的生母。如要她們移情於一位貿然取代了生母地位，形同陌生人的女子，那當然是辦不到的事。不消說，她們內心中潛伏著一股忿然的暗流，但表面上並未顯露不和之態。她們都是受過教育的人，都將她們內心中的各種感覺抑制住，所以外表上她們好像就是一個快樂的家庭。

這五位小姐各有英文名字，她們的五種個性真是南轅北轍，各有千秋。她們的年齡自十二歲到二十二歲。

黛瑞莎，二十二歲，身材瘦削，形貌普通，戴著厚眼鏡。她很誠懇和藹，不了解她的人會以為她是一個職業教師，因為她通常是穿著深色衣服，不戴首飾。伊渥妮，二十歲，中等面貌，下巴突出，在家中扮著小媽媽的角色，非常精幹，管理得很好。蘇札妮，十八歲，面龐圓潤，雙目圓美，鼻子俊俏。她服飾講究，喜歡講話，很愛跳舞。嬌潔特，十六歲，是五姊妹中最漂亮、莊重的一位。她的舉止像一位公主，酷愛繪畫藝術。海倫，十二歲，像姊姊嬌潔特一樣，也具有藝術興趣。她是最小的妹妹，求知慾強，勤於攻讀，公認是五姊妹中的佼佼者。〔編者按：此五女均係張靜江元配姚蕙所出，其中文名字依序為蕊英（早故）、芷英（適周君梅）、芸英、荔英（適何永佶）、蒨英（適林可勝）。繼配朱逸民又生兩男五女，張氏於民國三十九年九月三日卒於紐約，年七十有四。〕

這幾位小姐雖然都說不上美貌出眾，可是她們的魅力、時髦、善良和教育使她們普受喜愛。

黛瑞莎是大姊，我覺得她最溫婉可人，因此我和她很快結為好友。

這些少女在美國都尚未完成學業，張老先生便作了安排：黛瑞莎到位於億定盤路的中西女中任教；伊渥妮管家；蘇札妮、嬌潔特和海倫三人則去學校上學。為了給她們補習中文，還特別聘請了一位中國老教習楊先生，於放學後在家教授中文。逸民覺得既然我在中文方面比她們的程度好些，如果我也能參加上課，可以給她們幾個人一點激勵，倒是好事。我馬上接納了這項邀請，並且表示感激，因為我知道我將可藉此從這幾位現代少女身上，學到很多西洋風俗禮儀。

從我與黛瑞莎和逸民的談話中，我漸漸了解張靜江老先生的背景。時張先生年約四十五歲左右。他原籍浙江省南定（按張原籍吳興，此處原文Nanting似為吳興縣南潯鎮），前在巴黎銷售各種珍貴骨董，因而成為富商。一九〇九年，孫中山先生在一次革命行動中，圖謀驅逐廣州的滿清總督，終遭失敗之後，他被通緝，因而迫得逃亡國外。他抵達巴黎之時，阮囊羞澀，便求援於張靜江先生。張先生聽到他的革命企圖，大感興趣，他尤其對孫先生所述說的愛國事跡，大為感奮，便立即將他所有財富的一半捐給革命大業。這真好比久渴者之獲甘泉，於是孫先生接受了這筆捐助之後，便將張先生看作一位真正的愛國志士，聘請他做榮譽顧問，彼此也成為終生莫逆之交。

首次看到孫中山與蔣介石

第一次世界大戰爆發後，張老先生將他所收集骨董的存餘部分，連同他的妻女全家，都遷往紐約。其後幾年間，他將妻女留在紐約，自己則返回上海，從事黃金投機買賣。孫先生每次來到這號稱「遠東巴黎」的城市時，必然會來造訪，向張靜江致敬，並相互談論他最近的革命活動。

一九一九年學校放暑假之時，一天我正和那些小姐們在張府讀書，孫中山先生帶著兩位男士，前來拜訪。那兩位男士中，一位是戴季陶先生，另一位是蔣介石先生。

他們三人進入客廳之後，張先生便將逸民和我們這些小姐介紹給這位著名的革命領袖。他手指著我說道：「這位是我家的朋友珍妮陳。她不但很懂中文，而且也能讀寫流利英文。您不妨考考她——跟她說話嘛！」

我受到這樣突如其來的誇獎，登時感覺很難為情，臉紅起來。

「妳做過什麼事情來幫助我們的國家？」孫先生這樣問我，他的眼睛則全神緊盯著我。

「我現在祇是一個學校女生，」我細聲述說，「但是我希望有一天我可以做一個對國家有用的人。」

孫先生於是大聲笑著說：「青年人真是可敬。你們年輕之時，必須要想想當如何報效我們的國家。每個中國人，不分男女，必須盡其責任。我們革命黨人無力單獨做成這項工作。俗話說：『獨木難支。』我們正盡全力從事統一中國，藉求於不久的將來，使中國成為一個強盛的國家。」他又轉向張先生說：「這位小姐是一位很聰敏的姑娘，也是我們革命女性的好榜樣。」

在場的那兩位男客此時也臉上掛著笑容，表示贊同他們總理剛才所講的話。但是他們的笑聲太大，使我有些侷促不安。

寒暄周旋之後，我們這些少女就趕快退入內室去了。

他們幾位男士留在客廳裡談論政治，歷時三個小時。逸民和我則去廚房中幫同僕人準備招待客人用的午餐和酒類。

從他們零星的言談中，我們女孩兒們可以聽出孫先生好像正在談論一位陳炯明將軍的革命運動。

孫先生似乎已經說服了駐在福建的陳炯明將軍，由他毅然率師打回廣州，趕走那邊的軍閥。孫先生的計畫是要佔領廣東，作為軍事運用的基地。孫先生這次來訪，就是要與富有的張先生商量此一作戰計畫的財務問題。

下午六點鐘左右，孫先生和那兩位先生離去了，於是我向逸民道別後，走出張府，準備回家吃飯。不料就在張府大門外，一位剛才隨同孫先生來訪的客人卻佇立大門口，像是守門的衛兵一樣。他因酒意泛頰，臉上顯得通紅。他趨前問我為何偌早離去，前往何處？

他這一問，倒使我略感震顫，因為此君僅曾被人草草的介紹與我，實際上他對我完全陌生。於是我帶著羞怯，勉強的簡略答說：

「天晚了，我正要回家。」

「剛才我們總理偏偏挑中了妳來誇獎一番，妳不高興嗎？」

這下子我一時不知他有何用意，就茫然的望著他。他中上身材，體形略瘦，頭上光禿，顎骨聳凸，下巴寬闊，鼻子短直。他說話時，語帶濁音，顯露特長的牙齒、深沉銳利的眼睛及動人的嘴唇。他眼巴巴的看著我說道：

「我們總理就是孫中山先生。他剛才曾嘉勉了妳一番，妳不記得嗎？」

我搖搖頭，沒有理會他的問題。

他急切的再問：「妳住在哪裡？」我想這不干他的事，因此故意說出一個錯的門牌號碼。

「西藏路八十八號。」其實我家門牌是西藏路三十三號。

「那麼我想送妳回家！」他堅決的說。

我激動的說：「不要，不要。」然後他便站在我前面攔住我的去路。我看他這樣，就停住說道：

「你絕對不可以跟我一道走。我的父母非常嚴厲，如果我同一位陌生的人走在街上，他們會責罵我。」此時我突然發慌起來，想衝過去將他甩開。

他眼見我慌急的模樣，便站到一邊，讓我過去。我匆匆向前走去，彷彿仍感覺到他在盯著我，甚至於猜想他心中究竟想做什麼。我於是急急趕回家去，沒有回頭再望他一眼。

蔣介石突然來到我家

下個星期某天，母親出去買東西，她讓前門敞開著，使我得有較多光線，以便我在前面屋裡的縫紉機上易於做些女紅。

當我正埋頭工作的時候，忽然前次那位滿臉緋紅的蔣介石經過我家，向內窺覷。他一看見我，就極度興奮起來，好像不能相信他的眼睛似的。他未經允許，便衝了進來，直呼我的名字阿鳳。然後未發一言，他又衝出去，察看我家門牌號碼。他再進來以後，便以呵責的口氣，大聲說：

「妳怎可如此殘忍？妳給了我錯的門牌號碼，弄得我找了妳幾天。我在這街上來回走了一千遍，向每間房子內探望，一心尋找妳，直到筋疲力竭。我從未吃過這種苦頭。祇因我一心想找著妳，這才支撐我繼續找下去。妳——妳究竟為什麼給了我那個錯的號碼？」

「因為我不要你來到這裡。」我衝口而言。

「那妳不要和我見面嗎？」他笑著問。

「不要！」我帶些粗魯的說，「為什麼要？」

「好吧，我終於找到妳了，我不想再失去妳。」

霎時間，我突然深感悔咎，就問道：

「你有什麼事要見我？」

「妳不知道我深深的喜歡妳嗎？我在張家初次遇見妳的時候，我的心靈差點跳上了天。從那次以後，我一直無法將妳忘懷。整個白天我思念著妳，夜裡我夢見妳！」

聽到這種話語，我倒覺得困窘，甚至羞愧起來，因為從來還沒有人對我說過這些話。我並未因此心喜。事實上，我倒想跑進屋內躲起來。

幸好母親恰在這緊要的時刻，採買歸來，提著不少大小包東西。她看見家中來了這位陌生人，覺得奇怪。

我未發一言，母親就問這位不速之客：

「可以告訴我您來此有什麼貴幹嗎？」

這位陌生人立正站著，碰響兩腳鞋跟，恭敬的笑著鞠躬，很有禮貌。他接著帶些怯意的說道：

「我名叫蔣介石，是張靜江夫婦的朋友。我祇是臨時來此向您家小姐阿鳳問候並拜訪她。」

我一聽此語，覺得很難為情，就想要向母親保證，我與此人之來毫無關係，便反駁他說：

「我不認識他。我祇在逸民那裡看見他一次。」然後我滿臉羞紅，就跑進另一間屋裡躲起來。

我仍可聽見母親的聲音，她說：

「我女兒還是小孩子，她現在才十三歲，但長得高些，不像那個年齡。她很用功讀書，我不希望有任何事情使她在學業上分心。如果您有話要說，請到店裡向她父親說吧。」

不料此君仍然堅持不去，他又說：「我十分想慕您的小姐，想跟她做朋友。」

母親問道：「我料想您讀過孔夫子的經書吧？」

「是的，我讀過，確實讀過。」

「那麼，您必定深知孔子的遺訓，」母親爽直的說，「即使到了現在這個時代，凡是懂得禮節、榮譽或規矩的可敬男士，沒有人會未先徵得女方父母的正式同意，而想追逐一個十三歲的年輕女孩子的。我作為她的母親，確實不贊成您對她的行為，而且我這話一定也代表我丈夫、她父親的意見。」

這位生客聞言之下，顯得羞愧難當，就怯縮的離開我家。此後，他不敢再來了。

第三章　第一次不愉快的約會

他對妳是一見鍾情

就在第二天，我又去張府串門子，向逸民說：

「噢，逸民，那個蔣介石昨天來我家看我。我真是難堪極了！母親好像對他不很客氣。妳認為他是好男人，還是壞男人？」

她滿有權威似的答道：「男人沒有好壞，祇有強弱。」

「那麼妳怎麼說，他強嗎？」

「我可說他有些強處，但是我確實知道他正狂戀著妳。」聽了這話，我又臉紅了，就衝口說道：

「不要說這個！我不要任何人同我戀愛。我既單薄，又很瘦長，我不相信有人會愛我。」「我親愛的妹妹，妳太錯了，」逸民委婉的說，「俗語說：男人各有品味不同。而這位男士真是懂得女人的。」逸民又笑道：「妳是個可愛的女孩，這般純潔，這般天真！妳碰巧正是他所要的那種女人。」

聽了這番話，我真嚇了一跳，我以為她在嘲弄我。我覺得好像渾身冒出了雞皮疙瘩。

逸民接著又說：「遇見像妳這樣純潔天真的美人胚子，那才令人振奮呢。我相當了解那位男士的感受。妳知道嗎？當他看見妳這張甜蜜的嫩臉、妳這頭散發靈光的黑髮，妳這兩道彎彎的柳眉、妳這帶笑的嘴巴和可愛的白牙齒的時候，可真大吃了一驚。」

我又羞得臉紅了，因為我不喜歡這種讚美。事實上這反而令我惶慚得發抖，彷彿遭受了穢淫的邪念襲擊一般。於是我勉強囁嚅著反駁道：

「我不喜歡他！他好粗魯！他笑時像隻狼，露出他那長長的犬齒。他看我時樣子好奇怪——他的眼中閃光似火——那對眼睛就像貓眼盯著老鼠一樣，而在他面前，我覺得自己活像那隻老鼠。」我說得很是神態不安。

逸民又笑著說：「他對妳是一見鍾情。這回妳初次被人追求，自然會感覺不安。但是，到了現代時日，像妳這樣可愛的女孩切切不可害怕男人。至少我要說：妳太老派了，務必要甩掉妳的那些包袱。」

她的話果然擊中了我的要害，令我頓覺開朗。我自問：「何以我要如此老派呢？我在男人面前，本是犯不著這樣侷促害羞的。我一定要學習鎮靜、沉著、開通。男人女人終歸是可以結成朋友的，就像西洋人一樣。我一定要沉穩自持，按照逸民的忠告，甩掉那些包袱。」

狹路相逢逼我表態的困窘

其後的時日裡，蔣介石成為張府的常客，但我完全避開他，留心絕不與他碰面。可是既然兩人都常來同一地點，這事說來容易，做到卻不容易。

一天下午，逸民正在教我功課的時候，門鈴響了。那時正巧家中祇有我們兩人，她就叫我去開門。來者正是蔣介石，於是開門之後，我冷漠的說：

「張靜江先生去開業務會議去了，他一個鐘點內不會回來。」

「那麼我等他。」他輕鬆的說。

我就勉強讓他進來。

在我還未轉身回房之時，他擋著路，向我表示悔意說：

「可以讓我向妳說幾句話嗎？那天我使妳很難堪，我非常抱歉。我希望令堂沒有因為我而太嚴厲的責備妳。我知道我不該強迫妳忍受我對妳的關注，但是請了解我是情不自禁的。當時我確是激動難安，我真的愛慕妳到無以復加。跟妳說實話，我從來沒有喜愛一位女孩子像喜愛妳一樣。請妳務必相信我講的是真話。妳可以讓我做妳的好朋友嗎？」那時刻我站在那裡，祇覺得冷意徹骨，渾身肉麻。我答不出來。

「我怎樣做才能彌補我對妳所造成的過錯呢？」他柔聲問道，「妳祇須說出來，我一定做得到。妳不信任我嗎？妳不要我的友誼嗎？」

我仍站在那裡，緊張得不知所措。「我不要你做什麼，」我口中終於蹦出這一句，仍然感覺很緊張，「為什麼我要從你這位素昧平生的人那裡接受什麼？你不妨進到客廳等候張先生。他一個鐘頭後就會回來。」

他站在那裡又說：「妳不可以如此守舊。無論如何，我不是陌生人。我是張靜江先生的好友，妳知道的。中國的女性已經解放了，和男性真正平等。妳何必在跟一個男人講話的時候，覺得如此困窘呢？我不會吃掉妳。妳必須學著更開通些。」

我沉默了一分鐘，自忖他講的也對。我如此害羞緊張，豈不太傻！逸民或黛瑞莎絕不會這樣羞怯，為何我會？

他再和善的輕輕說：「妳必須有人愛妳，幫助妳讀書。我再一次奉上我忠實永恆的友誼。請不要拒絕我，使我洩氣，可以嗎？」

我依舊佇立原地，說不出話。我似乎舌頭打結了。我是按照嚴格的儒家教養長大的，而我又是個閨女，閨女同一個男人——而又是個陌生男人——哪怕祇是相對談談話，似乎也是非常不對的。母親永遠不會准許我這樣做。

「我們現代中國人是有話直說的，不興隱藏感情。」他又勸我，他那深沉閃亮的雙眼瞅著我，「在朋友間，我們應當坦白，所以我實在希望妳給我答覆，告訴我妳願意做我很要好的朋友，妳肯嗎？」

他這下子使我感覺有些迷惑，不知道如何說才好。我鼓不起勇氣說，是的，我接受你的友誼。我卻只呆站著，彷彿癱瘓了。

他繼續說：「妳既然知道了我的感受如何，我期盼妳說『是』，並且接受我的友誼。我是一個革命的人，做事總是直截了當。我認為妳的羞怯祇是假謙虛，像妳這樣一位迷人的小姐表現得如此舊派，是不相稱的。」

「你說假謙虛，是什麼意思？」我打頓的問說，心中有點惱火。

「我問妳一個問題，妳就應該直接自動的回答我是或不是。妳為何一言不發？難道妳怕我嗎？」

「當然不是，」我反駁他，想以此掩飾我的羞怯，「我誰也不怕。」然後，我就決意及時轉彎。由於他喜歡閒談，又要跟我交友，我遂決定留心的好好聽他講一次，同時藉此接受他的友誼。我作手勢請他進入客廳。

這是我同他第一次面對面坐下來。我離他遠些。他顯得頗有禮貌，急於贏得我的友誼。他終於說道：

「為了慶祝我們的友誼，我想約妳明天中午十二時半吃午飯。我們在極司斐爾路聖喬治餐廳，就在靜安寺路對過見面。」然後，他懇切的看著我，又催促的說：

「可以賞個臉來嗎？」我考慮一下，終於說：「好，在那裡見面。」

他又懇摯的說：「這是妳的允諾，不要再捉弄我喲！」

第一次不愉快的約會

翌日，我們按時在聖喬治餐廳見面了。用餐之間，他一直不斷向我提出一連串問題，而我卻答得得很少。他很興奮，講他那口寧波土話，聲音太大，以致我好幾次不得不告訴他將聲音放低些。他問我喜歡什麼，不喜歡什麼；學校畢業後想從事什麼樣的工作；我喜不喜歡旅行；我懂不懂中國現代史；我知不知道領導革命的人們；還有說不完的其他問題。因為我已經露出不喜歡講話的神情，他便向我講他自己。

坐在那兒，我試著端詳這位瘦細、靈活的男子，他那炯炯的眼睛和長長的白齒。他的確顯現有活力，懷有滿腔野心。他是革命分子，進過日本陸軍學校。但是他所講的話對我這個少女頭腦而言，大多衹是耳邊風而已，因為我實在不好意思承認，他說了半天，我連一半都聽不懂，而衹是一個乖乖的聽講者而已。他講到他的莫逆之交陳其美，因為反對袁世凱而遭刺殺；又說到孫中山先生，是他在日本認識的，一九一二年被選為臨時大總統，但是後來辭職了，以讓位於袁世凱；他再提到陳炯明將軍，已邀聘他去漳州擔任軍事顧問的職位。這些和其他一大堆人名都令我不感興趣，於是喝過咖啡，付過帳單之後，我們就站起來走出餐館。

當我們離去之時，我原本滿心想一直回家，但是蔣介石卻似乎滿不在意的向我說：「我帶妳去探望我的姊姊。」

我猶豫了，然後搖頭答說：

「我必須現在回家做功課。」

「噢，來吧，」他催著說，「功課可以等等。家姊是一位很和藹的女士，妳會喜歡她的。她的住處距此不遠。」

我不想太無禮貌，便勉為順從，又說：「請你走在前面領路。」我要如此，因為我不要和他並肩而行；如果一個年輕小姐在馬路上同一個陌生男人走在一起，那是不適當的。一直沿著靜安寺路走下去，我都跟在後面，大約落後他十步。此時我心中，有一種模糊的疑懼之感。我確實曉得這次我同一位生疏的人外出，是犯了大錯。我跟著走了幾條街，看見他轉過頭來瞧我是否跟在後面。

然後，我們忽然到達一個地方，名稱是「滄州飯店」（Burlington Hotel）旅館，他停了下來。這處地方有個很漂亮的門口，通往門口的車道旁種了很多綠草綠樹。他擺動臂膀，要我走近些，並說：

「家姊住在這幢房二樓，請跟我來。」

我反詰他：「但這是一所外國旅館呀！」

「是的，這就是她住的地方。這是一個好地方，妳會喜歡的。來！」

我們進入樓下大廳，循著一條舖有厚厚地毯的寬闊樓梯走上去。走到樓梯中途的平臺時，一個身穿白制服的服務生走上前來，和蔣細聲說話，說什麼我聽不清楚，然後就領我們到樓上寬敞走廊一頭的一間房內。

走進這間房後，我驚奇的看見它是一間大臥室，一邊放置一張寬大的西洋床，另一邊則有一座梳妝檯。寬大的法國落地窗上懸有雪白色的蕾絲長窗帘。每樣東西都顯得很白很乾淨。我好奇的在房內走了一圈，望了望浴室和壁櫥，然後轉身向著蔣介石問道：

「令姊在哪裡？怎麼這裡不見她！」此刻我正巧看見他扭轉鑰匙，想自房內將房門鎖住。

突然間，我害怕了，事實上，我忽然變得歇斯底里起來。我暴怒地說：

「如果你不馬上放我走，我就大叫求援！」

跟著我就拉高聲音，開始大叫。

看見我如此驚怖，他便靦腆的拉開房門，我就一衝而出，到了門外走廊，然後走出旅館。

回家路上，我一直驚顫難已。這回的恐怖經歷，太使我羞愧了，當然不可告知任何人。到家後，我感覺疲憊煩極，就告訴母親有些頭痛，想去休息。躺在床上，我不斷啜泣，問我自己千百遍：「那傢伙為什麼這樣向我撒謊？唉，他為什麼帶我到旅館，又把門鎖上？」

我知道答案祇有一個，好在我阻撓了他的邪惡企圖。我已逃過慘遭強暴的劫數！我寄予這個人信任，他卻對我玩出這一手騙術。因此，我憎惡他，下定決心再也不跟他說話。我要把這次的可怕經歷從我的腦海中完全抹掉。

第四章 身家調查帶給母親的失望

不斷的電話使我日夜不寧

那一夜，我覺得很不舒服，身上發燙，躺在床上，呆視空中。我的處女矜持已受到深深的傷害。整夜我翻來覆去，無法入眠。我想這一輩子我恐將永遠無法消除這麼一次侮辱。我下定決心再不寬恕那個男人。他實在使人受不了！他太可惡！我越想到他，就越憎恨他。在他和我之間，任何一點期待中的友誼或好感如今已完全破滅了。我永遠、永遠、永遠也不會再跟他說話。

當灰色天空開始透過窗戶，射進黎明的曙光之時，我進入熟睡。醒來時，母親正在撫摸我的前額，問我身上感覺如何？

她說：「現在已快到中午了，妳沒有發燒，我很高興。孩子，究竟是什麼事啊？妳顯得十分憂傷呢。」她關注的瞧著我。我笑著親吻她的臉頰，說我要起床。自然，我已經決心不向她透露那件事的一點一滴，因為那祇會使她憂心不止。

「我一定是受了涼，」我撒了一個謊，「現在感覺好多啦。等一會兒我就到廚房來幫妳，現在我要漱洗穿衣了。」

我走進廚房時問道：「阿本在哪裡？」我在盡力做出漫然自在之狀。

「他同妳父親去店裡了。昨夜有一大批紙貨從洛陽運到，恐怕現在正忙得很呢！」這時電話鈴響了。我過去接聽，知道又是蔣介石。

他問：「是妳嗎，阿鳳？」

「你要什麼？」我乾脆不客氣的說。

「我希望妳不要生我的氣。請聽我要講的話。我越來越愛慕妳，」他繼續說，「妳是一位靈敏、聰穎的小姐，我無法忘情於妳。我深深的愛著妳，請……。」

雖然這時我心中懊惱已極，但為了不讓母親聽見，仍然故意鎮靜，祇是粗率的問：「你究竟要什麼？」

「我要見妳，求妳寬恕。」

我心裡旋盪、迷惑，於是陰鬱而無語。

「我今天就想見妳。妳今天早上要做什麼？」

「我沒有時間見你。」我乾脆的說，馬上掛斷電話。我低聲嘀咕：「討厭的傢伙！」

然後，我趕快回到廚房幫助母親做我的早點。

當我坐上餐桌的時候，我邊吃邊想那個人的舉動。他又敢打電話來，真不要臉。誠然不少女孩子會喜歡有男人這樣鍥而不捨的來求愛，但我則不然。他實在沒有品味。即使我和他曾有結交的機會，他的所言所行，確已將它糟蹋掉了，因為我深知絕不可能違背我的自尊和莊嚴，再讓他那樣子捉弄我。我不懷疑他是真心誠意的向我示愛。他那熱愛的神態，他的低聲下氣，他那一心要討我好感的懇切表情——是的，可是我如果再接受他的邀約，甚至跟他會面，都很危險，因為這麼做可能被他誤解成我在吊他胃口，或給他鼓勵，我當然無意於此。

一連幾天，我不再去逸民家中，以躲避那個討厭鬼。但我仍然不得安寧，他還是不斷打電話來找我，每天一次兩次，天天都打來。他說的總是那些無聊的老套：

「我什麼時候可以來看望妳？不要我如此無情嘛！」他老是懇求著。

「我要求妳寬恕我前此的冒犯。我答應再也不會發生那種事，祇請妳說願意和我再見面。」否則他就說：

「我為那次的行為低頭道歉，務必請妳寬大為懷，賜予饒恕，可以嗎？妳可以告訴我不生我的氣嗎？」

我總閉口不語，喀嚓一下，摔掛話筒。但他必定又一次一次地打來。

我心中老是有一種迷惑和憤怒的糅雜感覺，很多次我自問：「究竟怎樣才能撇掉那個討厭鬼？」當我一人獨處之時，我有時情不自禁，哭泣起來，祇有這樣才能發洩出那鬱結在內心的怨氣。

在我年輕的生命中，我還從未遭遇過這種困境。在家中，我們大家總是直言無隱，父母親也是自由自在的說出心中的話。而如今呢？卻不敢真言直說，深恐使雙親難過。我屢屢告訴自己，一定要使用本身的全副力量，忘掉一切。

來信表示拜倒「裙邊下」的決心

次一個星期，蔣介石為免再遭挫敗，就改用一個新的手法。他決心不計代價，得到他所想要的東西，就像一個寵壞的孩子一樣。

我越排斥他，他就越想得到我。這天，他派了一位專差送一封信給我。信封上大字寫著「候覆」。

信內說：（照原文直譯）

親愛的阿鳳：

中國革命尚待完成，但是我，一個革命者，感覺心神沮喪，不能以我的全部精力，貢獻於我們的國家。我終日仰望妳予我必需的慰藉與鼓勵，以安定我的不樂之心。我祇要妳答允我一件事，然後我才能重新得到力量，以為革命效力。如果妳答應寬恕我，並讓我與妳會面，那麼我未來的一切工作和我對國家的所有貢獻，均將是由妳間接促成。我確信妳是深愛中國的。妳愛我們的國家，就不會只顧一己，而吝予國家的一位革命者些許快樂。妳如繼續拒絕同我談話或見面，就將減損這位革命者的高昂士氣和精神。我如得不到妳的答覆，就不會安下心來。我將我的心置於妳的裙邊之下。請告訴我妳將寬恕我，並很快再同我談話。讓我今天就看見妳吧！

蔣介石

我將這封信重讀一遍，覺得前途將有危險，於是開始發愁。這種傾心拜倒「在我裙邊下」的不屈決心，倒是滿新奇的，可是我的決心已下。蒼天何以恁般殘酷不仁，硬使這位不受歡迎的追求者橫亙於我的路途上？我要如何做，才能避開他呢？信差在等著，我無法將這封信置之不理，我知道那個信差沒有拿到回信，一定不肯走開。然而，假如我答覆他，那將不啻向他讓步。

自從我認識此人至今，在偌短的時間內，他已經兩度置我於極窘之境：第一次是他不請自來我家；第二次在滄州旅館。現在又面臨第三次困境了！祇為思索怎麼辦，我就頭大起來。我再想了一下，就打定主意，提起筆寫了一張簡單的回信：

來信收到。祇要你不再打電話或寫信來煩我，你就會適時得到寬恕。　陳鳳

我把信封好，便將它匆匆交給來人，外加賞錢。他走後，我去坐在桌旁，想讀一下書，但無論怎麼嘗試，我仍無法集中精神。我來回踱步，打算想個辦法阻止這位仁兄再迫害於我。我愈思量我的問題，就愈發焦灼。我想該去悄悄告訴逸民和黛瑞莎，請求指救。但回頭一想，又不去了。總有一個星期之久，我留在家中，不敢外出。那檯電話自然仍是不停的響，但是我告訴母親不要接聽，託稱有些同學要找我出去玩，而我認為那太浪費時間。

幾星期、幾個月過去了，我開始覺得比較輕鬆，好像我真的甩掉了那位可厭的追求者。

我研讀很勤，除了國文課和英文課外，還利用暇時，閱覽有關中國著名女性生平的書籍，深感興趣。我特別喜歡看《中國百位著名美女》一書中那些傳記。讀完這本書，我想再研究近代中國女性，但我所能找到的這方面書籍不多。雖然如此，我所能找到的傳記已經激發了我的少女遐思，尤其是賽金花，人稱「神奇的侍妾」（Fabulous Corcubine）、「女革命家」秋瑾和《御香縹緲錄》的著者德齡公主。這些位婦女都受過良好教育，憑自己闖出名聲。我讀到她們飽受苦難，歷經奇遇的故事，總好似同她們一道在哭在笑。

因為上海很多人都會講英語，我對張府小姐們的英語程度都很棒感覺羨慕。在黛瑞莎的協助下，我學習英文，進步相當快，尤其喜歡有空時就朗讀很多英文期刊雜誌，使我獲知外國的生活情形。我對中國現代歷史也感興趣，尤其關於孫中山先生，因為我碰見過他。我欽佩他從事革命運動的堅毅精神。逸民見我有此興趣，便告訴我孫先生正想將新血注入革命黨——同盟會——而為此，原來的會名現在已改成國民黨。這個消息更激勵我進一步去探究孫先生的背景。

父親驟逝，蔣介石穿著孝服來弔祭

我生存在地球上十五年期間最慘澹的日子是一九二一年九月七日，這是父親心臟病發，猝然逝世的一天。這以前，他有一陣子心悸的毛病，但是母親、阿本和我從未想到他的情況會更惡化，因為他從來沒有表示有什麼痛楚。好像在我們大家都不知道的情況下，他的病情轉趨嚴重起來。他病發時幸好正在家中，醫生來家給父親診視大約一小時後，向我們說父親的病已是回天乏術，他已經去拜見祖宗了。

我們痛哭傷心了幾個小時，然後母親找了我們家紙店的幾位男職工及我們的鄰居三伯母來幫忙辦喪事。家中前廳的家具都搬開了。數不盡的事情等待料理。訃聞要分送給眾親友。依照習俗，我們居喪，必須嚴守禮制，一點不可馬虎。我們服喪的家人，尤其兒子女兒，必須穿著白色喪服。父親的遺體穿上他那件最好的長綢袍和黑緞馬褂，頭戴瓜皮帽，足穿一雙布底鞋。皮底鞋被認為不祥，是不可穿著的。著好服裝的遺體置於前廳中，腳向前門，如此停靈至少十二小時或更久，直至棺木到來。

這是為了讓親友們來向亡者行禮告別。

在此期間，阿本和我要擔負起一項艱苦責任——跪在靈柩旁邊地上，做個孝子孝女。阿本不得剃鬚，而我則要散披頭髮，不戴耳環或其他首飾。母親作為亡者的妻室，要守在她的室內，她所需承擔的唯一儀節，便是在入殮時，將另一幅被單罩上遺體。柩架之前，放置一具狹窄的案桌，作為祭壇，其上置有一具香爐，爐內燃著香火，另有一對燭臺，上插香燭。親友們來祭時，都依照禮俗，在祭壇前鞠躬或跪拜，有的並自攜香燭冥紙，臨場燃拜，以祭亡魂。

前門外兩邊懸掛著兩具藍白色的圓球形大燈籠，燈籠上以藍色及黑色的大字體寫著我們的家姓「陳」字。門口上方懸有白色摺帳，帳頂中間綴有一個白色的大結，以示家中居喪。現在已是共和時代，不少舊俗已經大有修改，所以我們得以免受舊時禮制所規定的許多繁文縟節之苦。例如，阿本和我祇須穿著白棉布長袍喪服，而不必著粗麻服。賓客前來向父親遺體鞠躬致祭時，我們也無需大聲哭嚎，而祇需靜靜的鞠躬答禮即可。

很多親友來後祇短留數分鐘，即行離去。但是逸民和黛瑞莎則留下來，到母親房中安慰她。我也儘可能抽空一兩分鐘，進去和她們談話。不過，差不多整個白天我都需和阿本守在靈旁，因為來祭的賓客來來去去，川流不息。

一天下午，我抬頭看見一位賓客，正佇立在靈柩前的祭壇那裡，親手點燃他自己帶來的兩枝香燭和一束香。那人不是別個，正是蔣介石。他當時竟也穿著孝服，表示他正在守孝。我偷看了他一眼，不禁怦然心動。他恭恭敬敬的將點燃的香火和香燭插好，然後虔敬的跪在面前的墊子上，行三叩頭禮，表示對父親的崇敬。他立起時，我望著他，一時間感覺到一種相當奇怪和不安的滋味。他站在那裡，表情如此哀傷；既然他此來對我親愛的父親執禮甚恭，於是我從前對他所懷有的憤恨也就驟然消失了。他行禮完畢，又向我鞠躬，再向阿本鞠躬，我們也鞠躬答禮如儀。

恰在此時，逸民和黛瑞莎出來了，她們陪他進入內室，以看望安慰母親。我故意留在外面柩旁，沒有同他談話。

他對別的女孩不再感到興趣

既然我正在服喪期中，於是有五十多天未出家門，因為依照習俗，正式守孝期間，至少為七七四十九天。在這四十九天中，母親從俗請了一〇八位和尚在我家前廳做法事，以超渡父親亡魂脫離苦難。另外一連十幾天，請了一群道士來家禱告作法。如果喪家在做完這些儀式以前出門，一般人認為那會給任何受訪的人家帶來厄運。

在服喪中，我穿的衣裳都需重新製做。我的新袍子大多是灰棉布或淡藍色亞麻布做的，另加白色滾邊。任何綢緞衣料都不可用。我的鞋子用白色棉布、平底。在我頭髮上右耳後邊，要綴一朵白色絲絨花。

在此悲傷期間，逸民和黛瑞莎每隔一天，總來探望我。

「妳穿著孝服，看起來很漂亮。」黛瑞莎這樣向我說，「如果妳這樣走在街上，我相信別人會轉過頭來多瞅妳一眼。妳顯得真是迷人。」

我急說：「別笑我啦。」

逸民也跟著黛瑞莎說：「祇有某種人才能穿上嚴肅的素服而仍顯得俊雅。我們俗話說：若要俏，三分孝。」

「如果我告訴妳一件事，妳會生氣嗎？」逸民委婉問我。

「不會。」我奇怪的答她，「告訴我什麼事？」

「好，蔣介石又在打聽妳的情形，不祇一次，好多次了。他要跟妳做朋友……他在熱戀妳。」

我不講話，臉紅了起來。我也奇怪的發現，怎麼我不像從前那樣子氣惱他。自從那天看見他在父親靈柩前的情狀，鬍鬚不剃，一片悽愴，而又那麼謙恭的燃香點燭，我就心中感覺有點兩樣。我自己曾想：一個男子為了他所愛慕的女孩子的父親，竟能哀毀如斯，那麼此人也許還有點道理。那的確表示他對我深具誠意和尊重。但是女孩子不作興談論男人，於是我直截了當的告訴逸民：

「我在守孝中，不想再聽到別人談那個人！」

但是她談鋒不轉，仍然說下去，我便不耐煩的叫道：「噢，逸民！妳這個人，不要開玩笑嘛！我祇是十多歲的學生，沒有才幹能力，怎會有人愛我？」

這時黛瑞莎打趣似的格格笑道：「他真的好生愛妳，愛得快發狂了。」我又害羞起來，覺得心跳加速。我仍沉默不語，黛瑞莎又偏頭笑著說：

「妳覺得蔣介石這個人怎麼樣？」

「我對他毫無所知。為什麼他要愛我？我樣子又高又平庸，不像妳，或蘇札妮，或嬌潔特，或海倫那樣標緻。」

「他老是問起妳。從前他一個月才來我家一次，可是現在天天都來。」逸民說。

「我不相信！」我厭煩的說。

「那，妳就自己來看吧！他從前有很多女友，但自從在我家見到妳之後，就對別的女孩子不感興趣。他所要的就是和妳見個面，接近妳，作妳的交心朋友。他要我告訴妳這一點。」

我不禁大感困窘，祇答道：

「上海多的是可愛的小姐，他很快會碰到合適的。」

但黛瑞莎吵著說：

「看起來國民黨的戰士們真夠羅曼蒂克。他們的品味都很高，都選到最可愛的女孩子。他們的女人都有才有貌。在精神方面，這些女人都鼓勵她們心目中的英雄努力上進，做出更大的成就。現在，我希望妳和蔣介石終成眷屬。他的的確確熱愛著妳，他向我這樣說了好多好多次。」

張靜江派逸民來正式說媒

下一星期某天，逸民又來了，她要我一道去母親臥室閒談。因為她是我的密友，所以這種事本是尋常。我們坐在母親床邊，聊了一下，然後逸民說道：

「阿鳳，請不要跟我生氣，但是我丈夫要我來告訴妳，蔣介石愛妳愛得不得了，老是來囉嗦懇求給他撮合作媒。蔣現在想跟妳訂婚。他真真愛得變成情癡了，所以務必請妳憐憫他，善意的考慮他的求婚。要是妳同意的話，他可以請一個正式媒人來向妳母親提婚。如果妳拒絕，他會病倒，甚至心碎而亡。」

我害羞，答道：

「從前我已經向妳講過那麼多次，我不要嫁人，妳為什麼還是講個不完？」

逸民認真的說：「我知道，我知道，可是這次是我丈夫叫我來的。妳不一定現在就結婚，不妨先訂婚，過了半年一載，再決定結不結婚。可是不要讓我在丈夫面前丟臉啊！」

「不——不——不，」我不耐的叫了出來，「我不要訂婚或結婚。」

「婚姻生活對每個人都是一項自然需要，」逸民向我說，「反抗自然是一件嚴重的事。每個女孩子家遲早要嫁人。我母親十四歲就出嫁了，而現在妳已經十五歲。」

「噢，逸民，夠了！夠了！」我在求她。

「好，但是我住嘴以前，必須將我丈夫叫我告訴妳的話講出來。他說，蔣介石是他的拜把兄弟。他和陳其美及蔣介石三人都已將此生奉獻給中國革命，以致力於我們國家的統一。蔣是一位誠實的好人。他既愛妳如此之深，甚至到了發狂的邊緣，妳最好先與他訂婚，過一陣子再結婚。我丈夫認為，蔣介石作為一個男人，有其遠大的前程。此外，他也是國民黨的明日之星之一。得到一個所謂甘拜石榴裙下的男士，不是一件易事。妳如再拒絕，那對我丈夫而言，就是一次直接的鄙棄、侮慢，和不給面子。」

我仍未回答逸民，然後她逕直回家。我們兩人都覺得緊張又困窘。

母親已無法再嚴詞拒絕

次週，張靜江老先生又派逸民來家，但這回是來看我母親。彼此寒暄後，她又提到我與蔣介石的婚事。她說她本不願來，但張老先生堅持要她來，因為大多舊式年輕女孩們縱使心中很想結婚，但口中仍說不願嫁人。

母親說：「我見過蔣先生，我也知道他是妳丈夫的密友。但是他究竟在做哪一種工作？」

「他是一位革命分子！」逸民答說。

「但是他的前途希望如何？」母親又問。

逸民自動說道：「他有遠大的前程。我丈夫和孫先生正推薦他去參加陳炯明將軍的部隊，擔任顧問和戰略幕僚，他的前程將是無可限量。我丈夫要我向妳保證，這是一樁理想的婚姻，期盼您惠然同意。您如推拒，那自然未免使張家沒臉了。」

上面最後一句話表達了一項含蓄的威脅，也聽著像一個警告，但母親有她自己的想法。在這種談話氣氛中，自然不便談下去。為了儘快打住，她就說：

「親愛的逸民，我對張老先生出力扮演『月下老人』，確感欣謝，可是我仍然必須考慮一下。小女祇有十五歲，我既是她母親，當然不得不依照正常方法，照例做個調查，然後才能考慮是否給妳滿意的答覆。請放心我會對這件事仔細慎重考量。同時請代我謝謝張老先生在這件事上的盛情。」

其後幾個星期中，母親僱了一位私家偵探去調查蔣介石其人。在那個年代，這是一個普遍的作法，公認為實際允婚以前必須採取的起始步驟，其目的在於查明對方的祖先脈傳，以視其家庭中有無瘋狂或犯罪的惡劣紀錄。

看了調查報告，母親大失所望

蔣介石的資料比較好辦，因為他和我們同屬浙江省人，他原籍老家和我們本籍地寧波幾乎毗連。關於蔣介石的調查報告如下：

- 一九〇三年，十六歲──在鳳麓學堂讀書，由私人教師講授《禮記》。
- 一九〇四年，十七歲──於溪口村與毛福梅小姐結婚。研讀先哲著作及經書。開始革命工作發生興趣。
- 一九〇五年，十八歲──就讀於龍津中學堂；決心赴日本研修軍事；其外祖母逝世。同年稍後，搭船赴日；因軍校拒其入學，返國。
- 一九〇六年，十九歲──入保定陸軍速成學堂，在校數月後，再度赴日。
- 一九〇七年，廿歲──入東京陸軍預備學校。參加同盟會革命團體，識革命分子陳其美，後又識孫中山先生。
- 一九〇八年，廿一歲──就讀日本軍事學校，同時頗致力於革命工作。
- 一九〇九年，廿二歲──自軍事學校畢業，加入日本高田之野戰砲兵聯隊。
- 一九一〇年，廿三歲──留駐高田野戰砲兵聯隊；繼續與革命人士交往。
- 一九一一年，廿四歲──夏季返回上海，與陳其美聯合參與革命工作。九月再搭輪赴日，迨武昌革命爆發，又於十月返國。參加新編步兵團，任中華革命軍軍士。

- 一九一二年，廿五歲——因不滿職階低微，辭職。是年孫中山先生獲選為中華民國臨時大總統；宣統（愛新覺羅溥儀）遜位；未幾，孫中山辭總統職，以讓袁世凱，袁氏獲選為中華民國首任總統。
- 一九一三年，廿六歲——協助陳其美從事革命，以反抗袁世凱專政。革命分子宋教仁因抨擊袁世凱專權而遭刺殺。孫中山先生下令全體追隨同志抨擊袁世凱獨裁，並與之鬥爭。
- 一九一四年，廿七歲——仍與陳其美合作；此時期內，袁氏解散國會；第一次世界大戰在歐洲爆發。
- 一九一五年，年廿八歲——反對袁世凱之第三次暴動在上海發動，蔣氏仍與陳其美一同工作。袁世凱接受日本對中國之廿一條要求。
- 一九一六年，年廿九歲——陳其美與任其參謀長之蔣介石，對南京、上海間之江陰要塞砲臺發動突襲，失敗後，所率部隊解散。陳其美、張靜江及蔣介石結為金蘭。次月，陳其美在袁世凱密令下，遭刺殺。蔣為逃避追殺，匿居蘇州，納妾姚氏。不少省份反對袁世凱圖謀稱帝。袁氏傷心而卒。
- 一九一七年，年卅歲——蔣氏居住上海及鄉村，無業。孫中山時在廣州，獲推舉為中國陸海軍大元帥及廣州新政府之首腦，以反抗時在軍閥掌控中之北京政府。唯孫氏政府失敗，孫即出國。
- 一九一八年，年卅一歲——仍居上海，無業。

・一九一九年，年卅二歲——仍居上海，無業。
・一九二〇年，年卅三歲——
（編者按：此一調查報告部分事實、職務、年代與以後所見蔣之年表有異，為忠於原文，直譯於此，未作任何修正。）

要嫁給這位已有一妻一妾（指姚氏），而又無現成的養家財力的無業男子，這當然強人所難。於是母親審度這份調查報告之後，就決定將這樁親事從此勾消了事。

再也想不到，有一天，張先生忽然親自來家拜訪母親。張靜江老先生終究是一位大人物，因此母親倒把這次拜訪看做一件光榮的事。

第五章　孫中山要我們儘快結婚

張靜江親自出馬，母親引以為榮

雙方照例閒說幾句後，張老先生就談到正題，向母親說明來意。他向母親肯定的說，蔣介石的元配毛氏已經皈依佛門，與世絕緣。他告訴母親說，那件婚姻終歸是蔣母王老太太一手安排的，所以雖然生了一子，但夫妻之間卻無情愛可言。侍妾姚氏住在蘇州，近來已接受一筆五千元的離異補貼，從此放棄對介石的任何要求。張老先生並且出示一份姚氏親簽的離異協議書。

「從此可知，所謂妻妾也者根本不成問題。內子逸民與令嬡誼屬莫逆，我們夫婦亦至喜阿鳳小姐。蔣介石是我很要好的朋友，而他對令嬡則一往情深。他要我作媒。他的心意堅定不移，不為拒婚所動。這就是何以在下前來請求您允許他追求令嬡之故。」張老先生這樣訴說。

母親問：「您可以老實告訴我這位蔣先生究竟是那一種人嗎？」

張老先生接著自動說出：

「他是一個心地很好的人，也是一位絕對忠誠的革命同志。陳夫人，我確信他會是令嬡的好丈夫。不過，從前我已常說，而現在為示公正，我必須再說的一點，就是他極為衝動，自以為是，而且太容易亂發脾氣。他的唯一缺點是他會從事不必要的冒險犯難。他是我們一夥中的小老弟，所以我們一則欣賞他的赤忠赤誠，但在另一方面，也不一定經常接受他的意見或建議。我們革命同志是經不起亂發脾氣或流於衝動那些作風的。我們必須常保鎮定，穩健自處。」

張老先生再說：「孫中山先生對於新來的人，向來是小心謹慎而起初常常故示冷淡的，所以在早期他對蔣介石並沒有多加注意。為了接近我們的總理，蔣介石成為陳其美的最忠實信徒，目的就是要藉此贏得我們總理的好感。」

母親問道：「孫先生已經對蔣介石很好了嗎？」

「還沒有，」張老先生答說，「雖然他對陳其美忠心耿耿，但是我們的總理並非如此容易受人影響。不過，您看看蔣介石是何等足智多謀吧。他懇求陳其美和我兩人同他結拜成把兄弟。我們既已將生命獻給革命，因此我們三個人就辦了個結盟式，一起立誓同生共死，攜手為國效命。陳其美和我算是孫先生最信任的兩個追隨者，但是這項和蔣介石拜把結義之事並未能改變總理的態度。孫先生繼續對蔣介石表示冷淡，這種情況一直延續到陳其美遇刺之時。無論如何，我不能不說蔣介石是拿得出辦法的人，我也很欽佩他這一點。蔣眼見孫先生對他仍持冷漠，他便勇往直前，上書孫先生，說他曾以堅定不渝的忠誠為陳其美效力，如果孫先生賜予允可，他今後亦願以同樣忠誠追隨孫先生。他還在信中抱怨過去數年間，孫先生對之冷淡疏遠，並未如對陳其美一般，給予友善的表示。又說兩人如能訂交，盼望孫先生對之更加友好，視其為一熱誠信徒。此一坦率信函果然生效，未久，孫先生就召之商談革命的各方面事宜。」

「您所講的確使我很感到興趣。」母親大聲興奮的說，顯然印象深刻，「這樣說來，蔣先生確是一個富於智謀，又非常堅毅之人，這就說明他是具有成為領袖的條件的。」

張老先生表示贊同說：「誠然。今日我們缺少好的、誠實的領導人物，如果他能繼續堅守他的革命熱忱，無疑他必有一光明前途。因此，為了答覆您的探詢，我要謹守公允。不願為了欺瞞您，祇說他的好處，方才也已提到他的缺點。您知道我自己也有幾位女兒，假如我打探我未來女婿的情形，我也會期待獲得如同適纔我給您的同樣老實的答覆。」

母親問起蔣介石未來發展的前景如何？張老先生的表現非常熱切，而且滔滔不絕。他告訴母親，陳炯明將軍軍中已有一個很好的職位正在等待介石，祇要他有意接受，隨時可以赴任。

他再向母親述說：「革命黨人是靠我們的組織資助的，因此不須擔心金錢或職位。我祇擔心介石心境的平和，這個似乎正是他目前所急需的。孫先生和我已在陳炯明將軍軍中，為他策劃好了一項革命任務，我期望他集中精神去做。可是，介石刻正全神傾心於令嬡，以致無心兼顧其他。至今令嬡已成為對他最有實效的影響力。我敢言令嬡與他成婚之後，他的心志將會復歸平靜專一，甚至他的壞脾氣也將漸次好轉。我可預料：祇要您惠然同意這樁親事，令嬡將能協助他為國家成就一些大事。」

婚事任由母親一手擺佈

張靜江老先生與母親的一席談話發生了預期的效果，這是由於母親具有深切的愛國情操。她現在對蔣介石的印象已經好轉，認為他是中國的一位愛國軍人。但是她當天並沒有答應張老先生什麼。由於她表示了這種較佳的態度，一些親友們就開始對我嘰咕囉嗦，想說服我嫁給蔣介石。我對他們這種好意的勸說，頗感厭煩，但是他們仍不肯罷休。他們勸我說：

「這是出嫁的好機會！他是一位很好的人，狂熱的愛慕著妳。一個女孩子還要些什麼？」

逸民和黛瑞莎雖然對我充滿善意，但每次見面，竟也對我喋喋不休，要我接受蔣介石。當然我心知肚明，她們祇是在執行張老先生的指示，因為張家其他的姊妹們也給我明顯的表示，要我出嫁。我變得極度緊張不安，真以為我快發瘋了。

一連幾天，我都是快快不樂，一語不發。一夜，母親來到我的臥室，問我：

「阿鳳，什麼事呀！妳在沉思什麼？」

我答不出，祇搖搖頭。

「現在妳有這個嫁人的機會。逸民和黛瑞莎向我保證，那姓蔣的是一位很好的人，也會是妳的好丈夫。妳覺得他如何？」她望著我又說，「說點話嘛！」

我唐突的說：「我不要嫁人。」

「他是一位勇敢的鬥士，又對妳這樣好。」母親又勸說，「如果妳嫁給他，你們兩人都會很幸福。」

如今母親也開始這樣囉嗦起來，那真是事到臨頭了。這種感覺使我非常敏感，對我來說，她的那樣說法，就表示陰雲已經密佈了。我不時跑出室外，藉以忍住我那潮湧般的嗚咽啜泣。

實在受夠了這種接連不斷的耳提面命，我終於放棄掙扎，整個事情任由母親一手擺佈吧！我無法再決心如何如何。我覺得被一根繩索套住了，變得澈底迷亂了。

「男大當婚，女大當嫁」，這是一句中國俗諺，而出自母親之口，就像我正處在槍林彈雨之中。她勸我的話也許全然不錯，但是我已無力再作任何判斷了。結果，我就讓她照她的意願，作出關於我婚事的決定。

孫中山作見證，要我們儘快結婚

然後，這一天到了，就是母親為要我多了解蔣介石，而安排我與他會面的日子。他非常有禮貌，全神貫注，堅持要同我一道去張府拜見正在那兒造訪的孫先生。我們抵達張老先生宅中的時候，逸民和介石一定要我進入客廳，向這位偉大的領袖致敬。我因羞怯而固執不肯，介石便把住我的一隻臂膀，等於將我硬拖進去。我一時非常緊張，臉上羞得通紅，心中明白在場的其他客人都在瞧著我。除了孫先生以外，屋中另有五位男士。介石介紹我說：

「這位是我曾經向您報告過的陳小姐。」然後轉身向我，他命令似的說：

「請向我們的總理致敬。」

我低下頭，眼睛看著地板。

「她是一位非常好的小姐，祇是太年輕。」孫先生以一種欣愉的聲調，叫著說，「好像我曾經見過她一次，不是嗎？」沒有等人回答，他再說：「你們決定了婚期沒有？」

介石答：「還沒有。」

「如果你們相愛，就一定要結婚，我預祝你們幸福無量。但是要儘快辦完這件事情，因為我們為了革命，還有很多重要的事待做。」他又轉身向我問道：

「妳也準備奉獻一生，從事我們的革命嗎？」我僵住了一分鐘，不知如何作答，然後強逼自己，說出「是的」。

這是我第一次如此近距離看見這位著名的領袖，注意到他那方闊的前額、濃密的眉毛、略顯灰白的頭髮和眼圈的少許皺紋。他身上穿著奶油色的山東綢中山裝，上裝中間，自領口一直往下，扣著珠母鈕扣。

在孫先生和藹的對我笑談之時，我可以感覺到室內所有人的眼神一齊攢壓在我的身上，因為我知道他們都正在從頭至腳，仔細打量我。我的眼睛睛則祇覷著孫先生的褐色鞋子。孫先生開始改變話題的時候，我便走到逸民身邊。她抓住我的一隻手，以示鼓舞。孫先生是一位如此多彩多姿的人物，革命同志們是如此尊敬他，所以在他面前，大家通常都祇相互耳語或低聲交談。然後，逸民和我就走出客廳，去準備點心。我永遠不會忘記那一時刻。我走出時，腦中在揣想大家正如何以赤裸的好奇神情注視著我。

孫先生和其他客人離去之後，介石帶我進入張老先生的書房。書房中祇有我們兩人，他握住我的手，說道：

「現在妳已經躲不掉了。妳知道我愛妳至極。我要妳做我的愛妻，分擔我的志願和追求未來幸福的夢想。妳答應嫁給我嗎？」

這時我如說願意，那未免使我太難為情了，於是我祇站著不動，無言以對。我祇覺羞赧不已，直覺得雙頰燒熱起來。

「沒有妳，我的生命就是一片空虛。」他以一種非常淒楚的聲調向我說，「除非妳說願意，否則我在世間將一無所有。如果說『不』，我不會就此罷休。那麼，請妳說願意嫁給我，說呀！」

我的舌頭變得動彈不得，我轉過頭去，以無聲作答。

介石親自解釋妻妾毛氏與姚氏

介石以為我是由於顧慮周遭環境，才羞怯如此，於是帶我乘坐計程車，到法租界的法國公園去。我們坐在一條花園長凳上，他就滔滔大談他自己。忽然他說：

「我不知道妳聽到過些什麼有關我前妻和侍妾的事，但是現在我一定要說明幾點。我同元配毛氏的婚姻是一樁別人安排的事體──是我母親一手包辦的盲目婚姻。結婚以前，我從未見過這位妻子的面貌；成婚以後，我們無法相處。在我們不愉快的婚姻生活中，她祇生下一個兒子，然後她就皈依佛門，過著獨居生活。一九一六年，我最親密的朋友及導師陳其美遇刺之後，那些刺客馬不停蹄似的到處尋找我，要獵殺我，於是經由一位夥伴馮介文的協助，一同秘密藏身蘇州一個他的老去處『蘇州樂園』。在那裡，他介紹我認識一位歌女姚氏。她是一位嬌小玲瓏的美女，長得很迷人，我和她就成為很好的朋友。但是她對我的善遇卻使得她的一個有錢恩客龐老先生大發醋勁，屢次警告她不可繼續與我交往。一天夜間，這位恩客坐在樂園裡他自己宴客的桌旁，他在眾多賓客面前，逕自直截質問姚氏，是否要同那個窮光蛋蔣介石分手。他故意選定的提問時間，就是恰在那一大圓盤滾燙的魚翅湯端上桌的時刻。姚氏說了『不』字之後，他便告訴她：

「我在妳身上和在這處地方花了好幾千元，而妳卻一再使我丟臉。妳既然偏偏喜歡上這個一文不名的革命小子，而不要我，那就給我戴上這頂帽子！」

「說時遲，那時快，他邊說邊以雙手端起那盤珍味，一下子將整盤魚翅倒在她的頭上。那滾燙的湯汁毀了她的面貌，也糟蹋掉她的一張地毯。

「這事件被人戲稱作『魚翅帽』，在當時的蘇州，變成了一項大新聞，街談巷議，盡人皆知。為了避免再遭困窘，同時為了表示感激她對我的感情，我將姚氏帶出那家樂園，納為侍妾。但是，現在我的妻妾兩人均已同意接受一筆錢財，了結與我的關係，並且放棄對我這個丈夫的一切要求。她們又與我協議，彼此關係轉為兄弟姊妹。令堂業已調查過這件事，知道我講的都是真話。」他以充滿愛意與溫柔的表情看著我，再說：

他要用鮮血寫下愛的誓言

「現在，我還要向妳說出內心的話，請仔細聽著：如妳肯嫁給我，在我們民國法律之下，妳將是我唯一無二的合法妻子。」

我仍靜靜坐著，舌結無語。他瞧我還是那樣侷促緊張，便叫道：

「我向妳發誓：海可乾枯，山可崩塌，我對妳之愛，永世不變。」

他坐過來靠我近些，問我：

「妳相信我嗎？千萬請對我示好，說妳相信我！」

但是我再想回答，還是答不出口。他於是從口袋中拿出一把摺刀，拉出那發亮的刀片，說道：

「如果妳還不相信我愛妳至誠且深，我就換另一種方式，向妳證明。看！妳祇要說出那個『不』字，我立刻用這把刀切掉我的一根手指，以表示我是非常認真的。好，就說那個字吧！」這時他將攤開的手掌和手上伸出的手指向著我移過來。我一下子被他的動作嚇壞了，連忙抓住他的手，保護它。

他又說：「我定將用我的鮮血，為妳寫下一張永愛不休的誓書。」

「請──請將那把刀放下──我相信你──祇要放下刀！」我一頓一頓的說出，真嚇死了，也深深受到感動。

他情願犧牲一根手指，祇為了證明他的愛情之真誠，這令我心中充滿了一種難以形容的同情之感。另外，他那「海可乾枯，山可崩塌」的誓言真是獨特有致，我從來沒有聽人對我講過這種話。既然他現在已經講出來了，我的矜持心已經得到滿足。就這樣，在彼時彼地，我向他交出我的一顆心。從此以後，我讓母親接手為我作出有關婚事的決定，因為我還是無可救藥的害羞，怕談這件事。

在隨後的幾天內，我知道了一件事，那就是在父親的喪禮中，介石面不剃鬚，形容淒楚的模樣，並非全由於哀傷我父親的去世。我對這件事本來可能會感覺失望的。他之服孝情狀其實是由於他自己母親王太夫人的辭世。他母親是於一九二一年六月十四日，也就是三個月前死去的。雖然這項發現當時多少予我一種沮喪之感，但是事已定局，我祇有讓這事過去算了。母親和張靜江先生這時都在熱心討論我們婚禮的種種安排。

鑒於介石和我都仍在服喪期中，我們成婚前要做的第一件事便是確定我們的守孝期間。在帝制時代，父親或母親去世所需要的服喪期間是三年。彼時的政府官員都需為此卸職，以便退隱守喪。但自民國建立之後，這種舊俗已有修正。為辦理喪禮祀典，守喪一百天，已屬適當，但是主要的服喪人，如兒子女兒，仍然遵守一部分舊俗。自亡親去世之日起，男子不得剃鬚剪髮，女子不得化妝，直至四十九天以後，始為完成正當的服喪儀節。

介石和我都自認為現代青年，於是我們的守喪期間於一九二一年十二月二日作為終止。終止儀式非常簡單，祇需將一個置有食品、香燭香火、酒類及冥紙的大盤子獻奉於亡者即可。這樣敬奉之後，就燃放一串鞭炮，然後我們即可脫下素衣喪服，改著各種顏色的綢質服裝。

訂婚後介石為我改名「潔如」

母親對張靜江老先生非常敬重，她接納了張老先生堅持的意見，認為她應當恪盡為母的職責，依循正常儀禮，完成我的婚禮大事。於是先舉行訂婚儀式，由兩家交換禮物，另在精美的紅帖上填寫訂婚雙方的生辰和其他項目。這樣就使介石和我合為一體，不能悔改。

訂婚翌日，介石和我依照西俗，整天出外購物訪人。他對我一直和善、體貼、有禮，使我認為這是一個值得紀念的日子。那天黃昏之時，我們坐在南京路一家巧克力店中吃點心，這時他向我說：「阿鳳是妳的乳名，應當只能由妳母親使用。依照中國禮節，乳名是不宜給朋友叫的。因此，我已為妳選了一個新名字，我想它恰恰符合妳的性格。這個名字是『潔如』，意思是『如同未受世間污染般的純潔』。在我看來，妳真是純潔無瑕的。妳喜歡它嗎？看這裡！」他即打開一個紙包，取出他自己的一幀照片，照片上將我的新名字顯著的寫在他自己那大半身形象的左側，照片上並且簽有他的名字。在那幀照片中，他身著軍服，顯得英氣勃勃。

「那名字聽起來滿好，還要謝謝你給我這張照片。我應當在什麼時候開始用這新名字呢？」我一邊問他，一邊留意的觀看照片上的書法。

「就從現在起，我的潔如，」他笑著說，「我當然該是這樣叫妳的第一人。老實說，我在張靜江先生家中第一次碰見妳的時候，便已想到這個名字。對我而言，妳就像天使一般純潔無瑕，就像純白的寶玉。」

於是，從那時以後，我採用了「潔如」這個名字，所有朋友都這樣稱呼我。祇有母親和少數很親密的朋友繼續叫我阿鳳。

我們的結婚典禮於一九二一年十二月五日很安靜的舉行，地點在上海永安大樓大東旅館的大宴客廳內。這裡是舉辦正式結婚典禮的最常用場所之一。

張靜江福證，季陶為介石主婚

鑒於中國已進入了現代化時代，介石與我彼此同意免掉中國傳統繁文縟節中的很多繁複禮儀。我們稱它為我們的婚禮，是一種半西式半中式的。介石給我的禮物是一只明信片大小的柯達照相機，我送給他的是一只Waltham牌金質懷錶，帶有金鏈。

我沒有採用白緞或紅緞的結婚禮服，而用了鑲金銀花的淡粉紅色的禮服；頭髮戴上珍珠頭飾。

介石穿一襲深藍色長袍，外罩黑緞馬褂。

寬敞的婚禮大廳裡掛著鑲有彩花的大幅紅綢喜幛，顯得喜氣洋洋。大廳進口處橫懸著四盞很大的紅燈籠，下垂彩色長穗，表示這是很隆重的結婚典禮。大廳屋頂上也懸垂很多大型的繪花紗燈，而屋頂中央還有一具色彩炫麗的裝飾用「翠鳥」大吊燈。廳內到處還擺設很多盆鮮花和綠色的棕櫚。

婚禮儀式分為兩部分：第一部分是在結婚證書上用印，以確證這種現代式中國婚姻；這儀式要在大廳一端的一個大禮桌旁舉行。第二部分是在對面另一端的供案前，象徵式的祭拜天地祖宗。

大禮桌上舖有大紅的絲綢桌面，其上放著中國新式結婚證書、兩盒紅印泥和幾個象牙私章。桌上另有的裝飾物是分置兩端的兩隻仿古花瓶，內插鮮花。

大廳的另一端擺設另一個長桌，供作舉行第二部分儀式之用。桌上置有一具大的古雅香爐，兩旁各有一具與香爐配稱的大燭臺。燭臺上插立大紅燭。桌上陳列著若干高盤子，盤內分盛水果、甘蔗塊，和各種堆得高高像寶塔一般，又花樣精美的糕餅等等。另外有一個大鏡框，裡面裝有紅緞襯底的一幅金色繡花圖面，圖上嵌著中文「囍」字，意為「雙喜」。

下午三時典禮開始。大禮桌中央坐著證婚人張靜江老先生，在他左手邊立著戴季陶，作新郎的主婚人，右手邊坐著我母親陳吳氏，作新娘的主婚人。

介石和我站在大禮桌前面，面對證婚人。我旁邊有黛瑞莎·張和莉莉·林，都穿淡藍色衣裳，作我的伴娘。介石旁邊，站著藍易民（音譯）先生，任司儀。還有馮介文先生，擔任媒人。

大廳兩邊坐著許多親友，都興奮的觀看婚禮在喜氣中進行的情形。

當時我感覺很緊張，眼睛盯著地板不動，因為這樣才是中國新娘應有的模樣。依照習俗，新娘不可以顯得太愉快，那樣會被人認為放肆；也不可瞪看旁人，那會被認為不莊重。沒有任何事物可以引我抬頭，於是我默然低頭無言。

半西式半傳統跪拜天地

婚禮的第一部分，完全採用西式。

司儀以宏亮的聲音宣佈：「證婚人向新郎新娘致詞。」於是張靜江老先生行動艱難的從座椅上站起來（張有腿疾），簡單說了幾句話，大意是宣佈我倆結婚，並且祝福兩位新人幸福快樂。詞畢，司儀又宣佈：「新郎在結婚證書上用印。」介石就走向前面，從桌上拿起他的象牙圖章，在紅印泥上沾一下，然後在證書上預留給他的地方用印。隨後司儀又喊道：「新娘在結婚證書上用印。」這樣一步一步按既定的程序進行，司儀陸續叫參加儀式的其他關係人也先後在結婚證書上留給他們的地方用印。

司儀再宣佈：

「新郎新娘向證婚人三鞠躬，謝證婚人。」於是，介石和我同時低頭鞠躬三次。

司儀又宣佈：

「新郎新娘向各位貴賓一鞠躬致敬。」典禮的第一部分至此告成。

跟著是婚禮的第二部分，完全是舊式的拜堂。

司儀請介石和我走到大廳的另一端去拜天地拜堂，開始典禮第二部分。

一位身著深藍色衣裳的喜娘（指導與陪伴新娘在婚禮中的一切舉止）來陪導我。她真是一位非常有用的職業女行家。她對我很貼切，總以關懷謙和的口吻幫助我。介石和我照著司儀的指示，走到長廳另端的供桌前面，我倆都下跪三次，以象徵祭拜「天、地、祖宗」。跪完後，我們起立站著不動。司儀即又指示新郎新娘坐下。我們坐在一檯鋪有紅桌布的方桌邊，有人給我們每人送來一個銀杯，杯裡盛酒。司儀再宣佈：「新郎新娘飲酒。」我各自銀杯中啜飲之後，有人來將酒杯交換，我們各再啜飲一次（即所謂「合巹酒」）。這樣交杯品酒連續作了三次。這時那位喜娘就喊唱三次祝福：「願新郎新娘白頭偕老」、「願新郎新娘琴瑟和鳴」、「願新郎新娘多子多孫」。

此時廳外燃放了一長串鞭炮，炮聲震耳欲聾。在場的小孩們聽到這個鞭炮聲，都特別興奮起來。如此，典禮的第二部分就完結了。

我有時抬頭偷覷介石，看見他顯出一副專心但又不安的神態，好像非常愉快滿足而又有些不耐。我本能的知道他心中巴不得趕快搞完這套手續。但他仍表現得很有禮貌，面帶笑容。

這同時，招待賓客的豪華喜宴正在準備中。這是中國婚禮不可或缺的。在等待舉行喜宴的時間中，通常大家都去參觀新人的洞房。這時候，比較親近的男性親友常對新娘開開不太客氣的玩笑，或強要新娘喝很多烈酒，想把她灌醉。如果新娘不肯照這些男性親友的要求去做，她就要被罰五十磅糖果，或一打白蘭地酒，或其他相等價值的東西。

新房設在大東旅館

因為介石的老家在溪口鎮，而我們在上海法租界環龍路四十四號的新家尚未準備好，介石就在這大東旅館訂了第一二七號套房，作為我們的洞房。這房內擺設有新式歐洲家具和一張雙人銅床。但房內另掛著紅軸紅帳，看起來像一間艷麗豪華的閨房。銅床的床架上，懸掛著粉紅色的綢床簾，上面遍繡龍鳳圖案。床單和枕頭是相配的一套。四條緞面的蓋被，照通常方式，疊放在床的靠內一面。

房內一邊的一個桌子上置有兩具大燭臺，臺上燃著彩繪龍鳳的紅燭，另有一碟一碟數不清的糖果和點心。這都是依俗準備的。

在眾賓客的簇擁和喜娘的攙扶下，我被帶往洞房。女賓們擠著來看我身上的禮服，她們中間也有不少人品論我的容貌和首飾。我坐在這樣熱鬧興奮的人群當中，無法不忍受他們的遍體檢視。事實上，我的每一個動作都成為大家任意品評的題材。堆置在房內一邊的我那四大箱嫁妝統統受到檢閱。而此時我只有默默望著，抑住哭或笑。這真是一場中國新娘無法逃避的劫難。

此時介石正在另一間房內招待他的男性親友，而賓客帶來的小孩子們則從一個房間跑到另一個房間，個個興奮、喧嘩，到處窺探。

這場劫難我的確顯得相當難堪，但是我想我還算是幸運的。因為中國革命之後，民間習俗已有很多的改變，我今天的遭遇已經比以前的新娘好多了，這點也差堪自慰。不過，那些評論我的女性們，在言辭方面，似乎有些不留情面，甚至語帶譏誚。面對這種情景，我只有強壓內心感受，外表上絲毫不露。我抑制著自己，保持鎮定莊重，因為處於這樣一個歡悅的場面，賓客們自然難免好奇多問，各想遂心所欲，把新娘子品評一番的。

所以我仍遵照從前習俗，做出謙順端莊之狀。我努力使自己顯得從容大方，對別人開在我身上的玩笑，都不以為忤。

賓客們在剛才行禮的禮堂大廳中享用那五桌喜宴之時，我則坐在新房中，由喜娘陪伴著。依照習俗，新郎和新娘不與賓客同席吃喜宴。但是，介石忙著往來穿梭於大廳與新房之間，看看諸事是否順利進行。

有人將一大盤食物端入新房，給介石和我吃，但我沒有胃口。我只用筷子在我的菜上翻翻揀揀，而介石則囫圇吞了幾口，就趕快又去大廳中指揮工作，並招呼客人。

那位喜娘在房內沒有旁人的時候，用一種溫馨的語氣，悄悄對我說：

「現在正是妳的新婚之夜，妳必須要有勇氣。如果新郎碰著妳的身體，千萬不可阻止他。妳反而必須完全合作，讓他做他所要做的事。妳懂我的意思嗎？」

我沉默不語，但我可以感覺到我的一顆心正在胸中砰砰的跳。

午夜到了，這場婚禮喜事終告結束，大家已該休息了。我的喜娘作為臨別贈言，又對我說：

「請記住我告訴妳的話。不要抗拒新郎，讓他稱心而為。我已經鋪好了床，還墊了一小塊床單在那兒。請妳不要怕！恭喜恭喜。祝妳多子多孫！」

她又轉向介石，愉快的說：「恭喜！晚安，新郎倌。」

我坐在房中，沒有說話。介石過去親手鎖了房門，然後就將我抱在懷中，我胸中的血似乎一下砰砰作響起來。我能感覺到我的心臟在重重的敲擊我的胸口。我站在那裡，就像一條貼附在牆上的藤枝。我眼睛半閉著，毫不設防的等他。他以一種快樂的口氣，向我低聲說：

「現在妳已是我親愛的妻子了，世界上我唯一的愛人！噢，親愛的！除妳之外，我永遠不會愛上別的女人。這是我鄭重的承諾。」

他狂熱的吻我，將他的身體貼著我，又悄悄地說：

「親愛的，世界上的一切一切，我從來沒有像要得到妳這樣熱切過。對於我所有的期望，所有的夢想，妳就是那個答案——也是今後屬於我的唯一女人。我發誓：我會永遠的愛妳。妳相信我嗎？」

我點點頭，也說出我相信他。然後，他又熱情奔放的緊緊貼著我，抱住我。我就順從了他的慾望……

新婚之夜介石吐露三個心願

第二天，介石與我整整一天，甚至用餐時間，都在房中度過。他真是快活、熱情極了，整天笑著，舉動像個小孩，又說笑，又逗我。我從未想到他竟是如此浪漫有致，我自己也被他這種滾滾奔流的熱情征服了。當我們躺在床上，而他突發一陣大笑的時候，我問他：

「你為什麼笑成這樣？」

「因為我非常高興已經實現了我的第一個願望。」

「你說實現了第一個願望，是什麼意思？」我好奇的問。

他於是神秘兮兮地告訴我：「我要告訴妳一個秘密。我母親去世的時候，我十分難過，因為那時我還沒有任何值得一提的成就，以報償她的養育之恩。我在哀傷之中，曾經自我檢討我這一生，問我自己此生的雄心何在？一連幾天，我反覆苦思，終於下定決心，今後要成就三件事情。每天我都祈求上天，助我達成這三個心願。」

「那是什麼？」我問。然後，他坦然自承說：

「第一，要得到妳作我的妻子。第二，要贏得我們總理孫中山先生的信任，以便將來成為他的繼承人。第三，要成為一個中國唯一的軍事領導人，並且要將全中國統一於一個中央政府之下。」他充滿愛意與信心的看著我，又說：

「現在，妳知道為什麼我會快活得要發狂了吧？既然已經達成了第一個心願，我的內心感到踏實，這就是我發笑的緣故。我身邊有了妳，我現在可以用我的精力去追求另外兩個願望的實現。噢，我的親親！妳一定要與我並肩努力，幫助我實現我的雄心。妳願意嗎？」

我答道：「但是我既無經驗又無知，我如何能幫助你？我能做什麼？」

「不要在乎這個！」他溫柔的說，「妳只要愛我，永遠不離開我。妳是我唯一的精神支柱，因為沒有妳，我就覺得消沉不堪，無精打采！」

「如果你真正這樣想，」我也嚴肅的答說，「當然，我會盡我的全力來幫助你。這點，我答應你。」

他聞言就將我一把拉過去，撫弄我。

他輕聲說：「妳是我唯一的愛，妳如此完美，是的，如此的完美。」

我很想知道為什麼他期盼更接近孫中山先生，便天真的問：

「你為什麼想要贏得孫先生的信任呢？」

「因為他是本世紀中最偉大的中國人。妳見過他那方方闊闊的額頭。」他這時用手觸摸我的眼眉和前額，以表示他所指為何。「他有一個奇佳的頭腦。如果我得以達成心願，總有一天我將使他成為我們中華民國的守護神。」

「但是，在我讀過中國革命史的時候，我所知道的是香港的楊衢雲才是公認的中華民國守護神。不是嗎？怎麼會有兩個守護神？」

他緊抱著我答說：「我的親親呀！妳太天真了。楊衢雲祇算是一位先驅者。他的確對革命運動曾有許多貢獻。那時孫先生是他的秘書，但做了一年，楊衢雲就遇刺身亡。我的選擇是孫先生應該是我們中華民國的守護神，而我這項選擇已很確定了。」

第六章　溪口蜜月給婆婆上墳

三日歸寧後即起程赴寧波

結婚後第三天，介石和我依照中國傳統，去拜望我母親，帶著一般習俗常用的一批禮物。我們還要去向我們陳家祖先靈位拜祭致敬。一般通稱這為「歸寧」。介石與我先祭拜亡者之後，就請母親端坐上房中央的一張太師椅，我倆都恭敬的磕頭。她就為這拜親之舉，給我們每人一個紅包。我們對在場的我舅父母及其他賓客，也表達了敬意，我們向他們逐一鞠躬行禮。

然後，介石被請去參加一次稱為「請新姑爺宴」的餐會。由於我們原已計畫翌日動身去介石的溪口老家，而為此也已決定退掉大東旅館的房間，因此我們較早離開母親那裡，以便收拾我們那麼多堆滿房間的東西，不過介石的兩名非常勤快的男僕阿順（音譯）及瑞昌（音譯）已經在幫忙做這些事情。另外，我還需寫出一張採購清單，以便照單選購我們需要帶到溪口送禮或自用的許多物品。介石又訂購了五十斤糖果和五十斤餅乾，打算一道帶去。

結婚之後，我的人生觀似乎大為擴張，我也覺得自己像個新人。雖然我還祇有十五歲，但我已變成一位婦人。令我驚異的是，我發覺從前那種羞怯竟已消失不少。當我告訴介石我真愛他的時候，我竟能沒有羞紅了臉。這種事情，在我結婚以前，是絕對不會承認的，因為在舊觀念之下，那將被認為厚顏無恥。

婚後第四天，介石和我帶著我們兩名男僕，搭乘「寧海」號江輪去寧波。我們搭上這艘新式的大船，於下午四時啟碇。由於這是我首次出外旅行，我感到難以形容的興奮。船上到處是一塵不染以及一片白色，客廳和艙房中都是這樣。航途中一路平安無事，祇是我覺得客廳中那些寧波乘客高談闊論，未免聲音太大，太聒躁欠雅了。他們差不多佔用了整個廳房，拉高嗓子談話，而又談個不完。這真是很煩人。

「他們非這樣大聲說話嗎？」當我倆繞著甲板散步的時候，我問介石。

「妳沒有聽說過那句俗話嗎？」他笑著說，「寧可跟蘇州人吵架，不跟寧波人白話（說話）。」

我說：「可是我父親就是來自寧波的，我怎麼從來沒有聽到他那樣吼叫？所以我想除了普通階層外，不能說所有寧波人都是這樣。」

「妳跟往常一樣，總是說得對。」介石笑了，捏了我膀子一下。

奉化途中飽覽浙東景色

第二天早上六點，江輪抵達寧波港，我們就上岸，留下兩個男僕照料我們的二十件行李。下船時，兩輛黃包車已在等著。我們乘車沿著岸邊走，直到預定去奉化縣的一條大木船。我發現那條大木船好像是可以航行大海的那種，非常堅固寬敞，擠滿了人。男人女人，大多像是鄉下人，帶著小孩和竹筐，都興奮而焦急的想登船。他們身上穿著一般的那種兩件頭的藍布傳統服裝。上午八時正，船從碼頭駛離了。

使我覺得最奇怪的是船的艙房。頭等艙的大廳反而位於最底層，有一條狹窄的木樓梯與上層相通。雖然這艙內陳設不錯，有一般的紅木家具，牆上掛著畫框，頂上中央還懸有一盞電石燈，照耀全廳，但是它的大毛病就是沒有適當的通風設備，以致空氣異常窒悶。我和介石坐在一張黑木方桌邊，茶房送上綠茶，但是那悶濁的空氣令我難受。

我們所坐的大廳上層是二等艙，其間差別祇是上面的家具是粗木料製成的，但上面的空氣卻好多了。再上層是露天平面甲板，除了厚木板外，沒有家具，上面滿置貨物，這是三等艙。雖然那裡有一大群喧囂的旅客和大堆的船貨，我倒認為這是木船上最好的一部分。至少在這兒我可以深深吸入新鮮的空氣，飽覽美好的風景。

我在頭等艙廳內坐了一會，就告訴介石說我反而寧願去最上層坐。他於是叫阿順去為我們置放兩把籐椅。我們正站起要離開的時候，有些老朋友將介石留住談話，於是我就讓他們談，而自己一人走上甲板。雖然甲板上擠得滿滿的，但是阿順卻仍設法將我們的兩把籐椅塞放進去，夾在那些鄉下船客之間，而這些船客反而認為這是對他們有面子的事。事實上，我坐在那裡，倒造成不少騷動。他們瞪著我，向我微笑。從他們的表情上，我可看出，在有些方面，他們相當歡迎我，但是卻又把我看成有些奇特。我身上穿戴的每樣東西都被他們任意的相互談論著。差不多蹲到我腳邊的那些男子看起來都是結實精壯，而那些女子都臉上紅潤，面貌端正。他們一定將我看做一位少見的、與眾不同的城市女性。

我們的船在河上向西南方行駛，我從坐處全神貫注的欣賞一路的迷人美景。我看見那高聳的山峰和起伏的山脈，突顯在晴朗無雲的藍色天空下，河水則像一面玻璃似的。我心想：浙江的景色真是名副其實，美好極了。兩岸平地幾乎都是農田，但見遍植翠綠的作物，又隨處挺立著一叢一叢的茂盛竹林。

上午十一時，我們的船在奉化縣靠岸。介石與我下船時，兩檯有罩的籐轎已在等候我們。我們的目的地是溪口，如果步行前往，需時四小時之久。介石心情很好，向我帶些歉意的解釋說，我們現在沒有時間參觀奉化城，但是將來方便的時候，仍將去參觀一下。我想他這樣解釋，真太夠體貼了。他又指點著說：

「奉化位於這條奉化河邊，就在那座『殺虎山』山腳處。我們現在正在浙東，將要向西南方行進，經過廣大的肥沃平原及很多小山，直至到達武嶺為止。」

我站著看見川流不止的鄉民們，肩上扛著竹竿，挑著一堆一堆的竹器，如竹篩、竹簾、竹籠、竹籃等等。他們要上船去寧波、上海。

我說：「此地是竹鄉？」介石說：「但是我們也出產茶、米、魚、鹽等，產量很大。我們走吧！」

坐籐轎山徑穿梭好不辛苦

介石的轎子走在前，後面緊跟著我的轎子。阿順和瑞昌跟在我的轎後步行，後面還有揹負我們行李的苦力和幾名額外轎伕，以備於抬轎工疲憊時接替抬轎。這還是我初次乘轎，因為上海完全是在一片平原上建立起來的，除了黃包車、汽車之外，沒有必要使用這種交通工具。我這樣被轎伕抬著，雙腳正與抬轎苦力的肩膀齊平，我心中感受到一種疑惑。我想兩個人承受這種辛苦勞動的折磨，真太封建了。在中華民國旗幟之下，這種情況實在太殘酷不當。我竟也自己感受到他們身受的苦楚，好像這正加於我自己身上一樣。我再三躊躇，很想自己下轎步行，但是又不願攪亂了介石原已作好的安排。轎伕們向前不停行進時，不由得用一種單調的聲音，喊著一種完全屬於他們自己的一種小調。這樣哼喊著小調可以紓解他們所承受的壓力。我聽到他們所哼出的詞調，覺得滿有趣的：

誰叫你窮困？振作來挺著！振作來挺著！

這裡要轉彎！當心腳步，莫要撞破頭！

被人抬著坐轎子的確很不舒服，尤其是那種上下左右顛簸搖晃的震動，使我想到這好比一隻在驚濤駭浪中的小船，或其他像這樣令人難受的遭遇。我不得不又直又穩的端坐著，俾可減輕轎伕們的壓力。雖然如此，我仍然看到展現在眼前的綺麗風景，而覺得抵消了一些上述的迷惘。我們經過引人入勝的村鎮，林木美景一覽無遺。高聳的樹木、粗壯的千年老松、燦爛的河谷、閃亮的山邊、清涼可人的潺潺溪流、濃密盛開的悅目野花，以及我從未見過的偌多種類的美麗飛鳥，這一切一切都的確使我這次旅行愉快非常，雖然我已覺得很餓。

這天的天氣正好晴朗，我們的轎伕抬著我們走上狹窄陡峭的山徑，又下坡走著原始的泥土小道，但都很輕易的過去。在我經過那些又狹又陡的小路時，我總閉上雙眼，因為轎伕們如稍有閃失，就可能將我直跌入那千百丈下的山谷。我真不免有緊張之感。

雖然飽覽這迷人的美景，我還是思潮起伏地幾度想到介石的前妻毛氏。我問自己：「她會嫉妒我嗎？」我下定決心，要盡我所能，對她和善相處，對她儘可能要尊重。做了這項決定，我就覺得心中充滿了一種安謐之感。

下午三時半後不久，我們抵達了介石的美麗家鄉——溪口。轎子停住，讓我們下轎。這趟大約三十哩的路程走了四個半小時。

我下轎時，看見我們正在一座很大的老式房屋的門前，那房子的大門面對著一條閃閃發亮的淺溪，溪中流著清澈的水。

在這高闊的門口，立著一位略矮的溫雅婦人，介石向我介紹她是他的元配毛福梅。她容貌平平，臉形略方。我恭敬的向她鞠躬，她也鞠躬答禮，並且委婉說道：

毛福梅說歡迎妳來到了家

「我歡迎妳來！今天妳來到了家，這是我們的幸運日子。願妳給這個家帶來大大的福氣。」她說話時就抓住我的左手，領我進入宅中。這幢家宅是傳統式的建築，包括一間前廳，一個中等大小的庭院，還有一間寬大的方形客廳，靠牆處設有一座神壇。正房的兩翼還有其他房間。

穿過庭院，毛福梅指向左邊的房屋，向我說：

「妳的臥房在那裡，我的在右邊。妳請入內梳洗，換換衣服，因為等一會就有很多客人要來看望新娘。儘快些，我要去準備其他事情了。」

我謝過她，就走進那間寬敞的臥室。室內擺著一張有四支床柱的雙人銅床和西式柚木家具。我在周圍觀看的時候，阿順和瑞昌將我的箱子袋子送了進來。我快快梳洗一下，換上較為正式的服裝。

我再到廳中的時候，看見介石正在監督僕人打開行李和包裹，而福梅則站在神壇前點燃一束香及蠟燭，並將之插入兩座白鑞缸中。做完這事，她就雙手合十，非常虔敬的低頭拜祭祖宗靈牌。我看著她，心中感覺一股深深的欽敬之情。我可看出她是一位虔誠的婦人。阿順和瑞昌這時已很快將一些食品放在幾只盤中，安置在供桌上。然後，阿順將兩塊墊子放在壇前地上。福梅就轉身向介石和我說：

「諸事皆備，你們兩人可以拜祖先了。」

介石和我在正房中央上方的祖宗靈位前面一齊跪拜三次，然後我們在介石母親王太夫人的大幅遺像前同樣跪拜。這就完成了儀式的第一部分。這使我的婚姻，在溪口親友鄉人的眼中，完成合法程序，因為我已經祭拜了我丈夫的祖先。

儀式的第二部分是要我向介石的長兄（蔣介卿）長嫂、兩位姊妹（一姐一妹，姐瑞蓮、妹瑞春）、其他親戚及村中長者分別致敬。另外還要對突然到臨的其他友人也同樣致敬。

然後我主動請福梅坐到上座，她坐下後，我就對她低頭鞠躬三次，並且奉上一盅茶。這是介石事先教我的，表示我對她的禮貌。介石祇在旁觀看，面帶微笑，點點頭欣然認可。

在我這樣履行新娘職責的時候，所有人都注視著我，直至儀式依照中國禮節，舉行竣事。

隨後一群好奇的鄰居熙熙攘攘的走進來，使房中一時顯得擁擠。他們所以來臨，都是因為急著想看這位上海新娘。

這次的劫難比較我在上海婚禮中所遭受的，還要艱苦許多。因為在這裡，許多繁文縟節，村民們遠比任何上海的新派的人更考究、更保守、更苛求形式。他們凝目直視、批這評那、格格作笑或放聲高論，無不隨心所欲。

祭祖、喜筵、老舅舅訓介石

福梅好像對於這麼多不請自來之客擠在家中，反而感覺一陣興奮，她極力想使他們每人高興。城市居民認為粗魯的事，在中國鄉下人看來，則不以為然。這些簡樸的人生活得彼此更為接近，在他們的農村生活觀念中，從不認為冒犯他人隱私是多管閒事。他們的想法是：你的事就是我的事，有人來家串門，那是一項榮耀。一個來，大家都來——這是他們對於所有喜慶場合的一個共同口號。

儀式既已結束，我祇好站在廳房一邊，任由這群人去品頭論足。老話說：「看新不看舊」，所以那些張大的眼睛一齊瞪視我的頭髮和頭上的珍珠飾物、我的綢裝、我的鞋子，還有我的耳環、手鐲和戒指。這一切東西都引起他們的好奇和議論。不過，令我尚感寬慰的是，我發覺我已獲得他們的讚許。當福梅要我向大家鞠躬致敬的時候，祇是鞠躬這一個動作就引起一陣愉快的笑聲，他們還忙著互相聊談，說新娘果真溫柔大方，而又漂亮。

由於這些不速之客沒有想走的樣子，介石就叫僕人阿順和瑞昌在地上舖放一大張紙，然後將我們從上海帶來的五十斤糖果及五十斤餅乾都倒在紙上，作為新娘贈送村民的禮物。這事剛一宣佈，跟著就是爭先恐後，一陣大亂。群眾各抓禮物，並在介石禮貌的陪送之下，就歡天喜地的離開了。

那天晚間，還舉行一個盛宴，招待介石的親戚好友，席開五桌，約有五、六十個人。這被視為一席補辦的結婚喜宴。依照禮俗，介石和我需要一桌一桌，向坐著的賓客致敬，並勸他們盡情地喝酒，不要客氣。

每個人都開懷暢飲，大快朵頤。當介石和我立在第一桌前，請客人喝酒的時候，一位白鬚飄然，貌似孔夫子的老者站起來向我說：

「妳看起來像是一個知趣的女孩子，我想妳會使妳的丈夫快樂。我給妳的忠告，是要對新郎有耐心。自從他小時候起，我就認識他。在他幼年時，我叫他『周泰』，我不肯叫他其他名字，因為我搞不清楚他的那些新名字。他向來倔強、嫉妒、魯莽、暴躁，又剛愎自用，因此如果妳能運用妳的耐心和技巧，以改變他那火爆脾氣和不良習性，這樣妳就可對蔣氏祖先真正貢獻心力。我盼望妳設法轉變他，使他成為一個更好的人。」

我聽到這一番突然爆出的嚴詞訓勉，吃了一驚，也感覺困窘。但是介石站在我身邊，祇是靦腆的格格笑著；他輕拍老者的臂膀，請他坐下來再喝酒。

一排竹筏兩張籐椅黃昏遊

我們抵達後第二天黃昏，介石要我陪他乘坐我們門前的一個竹筏出遊，準備在那清澈的溪上駛行一哩。溪水祇有五呎深，這條名為剡溪的河底和河床上的鵝卵石塊都清晰可見。我們所乘的竹筏是用十條粗竹竿編成的，每條竹竿長十八呎，用竹條橫著捆平，成為一體，並在若干橫段處另予加強。筏上平放兩張籐椅，前面還有一個小桌。我們的「船」就沿著光滑的溪面滑駛，那個船夫將他手中的長竹竿戳到溪底，熟練的推駛前進。但是介石叫這位船夫向左後方行駛，因為他要給我看看他那處最喜歡的地方。那處地方是一堆突出的大石塊，在那裡他指點著解釋說：

「那一個處所名叫文昌閣，是一處海岬。站在那裡，便可遠遠看見環繞此一地區的綿亙山脈的山頂，也可看見三邊都流著這條溪水，好像就在腳下。在那大石頭下面有一道小水流，滴出泉水，滴聲潺潺，如音樂般。那是一個最令人振奮的地方，我喜愛它。」

這些大石頭的間縫中，長了不少樹和灌木叢，而且濃密茂盛，因為那處地方就在水邊。然後，介石又說：

「我一有時間，就去那兒沉思默想。我盼望不久之後，能在那處造一幢房子，可供妳我欣賞周圍的風光，同時傾聽那泉流的潺聲。」

「我希望你的願望將得實現。」我答說。默禱他此願成真。

我們的筏子向前滑行著，一路上的景致確實寧靜可人。介石握著我的一隻手，撫弄著我的手指，以表示他心中的專注。在我們右邊的溪岸上，有一些相當破舊的單層房屋及一些草舍，這就是溪口村，總共大約五十家。一群穿著深藍衣服的村民，這時收了工，正在漫步行走，笑著，注視著我們。有些孩子跳躍著，比手劃腳，還指向我們，談論我們城裡人的怪樣子，那談話聲音竟可傳到我們耳裡。在我們左邊靠近溪岸之處，是翠綠的竹林，極目所及，盡是翠竹。我一生從未見過這樣又高又壯的竹樹。微風吹來，竹葉簌簌作響，發出一種很奇特的聲音。這裡的典型中國鄉村美景，可惜被一樣東西糟蹋了一些，那就是那座學得不太像的洋式白色跨河水泥橋，而橋上一段又出現了裂痕。我們的竹筏向前滑駛，經過橋下。這時我可以看見前面另有一個筏子，像我們所乘的那種，筏上有一位頭髮蓬鬆的老漁人，正在用幾隻漆黑色的鸕鷀鳥捕魚。他坐在筏子上吸著長煙斗，若有所思。當我們駛近的時候，他抬頭向我們打招呼，草草說了一句話。他有六隻這種鳥棲息在筏子上。牠們有顏色分明的黃色鉤喙，樣子很好看。那種氣氛不是畫家們所能繪出來的。

鸕鷀捕魚平添自然景色

這樣的捕魚方法使我覺得稀奇，介石看出我感覺興趣，就告訴船夫在那處停一會兒，以讓我看看捕魚情形。我看著那些棲息筏上，未受綁縛的溫馴鸕鷀，牠們也抬頭望著我，似無所懼。漁人將一只細的籐圈套在鳥頸上，將圈牢牢推至鳥的咽喉底部。這是為了阻止這鳥將所捉到的魚兒吞嚥落腹。頸圈都套好之後，這些鸕鷀便都一一飛濺水面，潛入水中。等到牠們已經捕捉到很多大小魚兒，而又無法吞嚥的時候，它們就紛紛游回筏邊，個個頸項腫脹等待援助。那漁人就將鸕鷀執在手中，輕輕擠壓鸕鷀頸下的袋子。如此便使鸕鷀將袋中的魚兒都吐入一個備好的木桶中，直至袋空為止。漁人然後除下鸕鷀頸上的籐圈，餵給一條小魚作為酬勞，鸕鷀就將魚吞食下去。休息片刻之後，鸕鷀們又可以出發了，但都等著漁人的號令。

「一隻鸕鶿每天可捉到多少條魚？」我問。

那人答道：「每隻鸕鶿一天捉到的可達一兩百條。夜間筏上點著燈籠，有光閃耀時，捉得最多，因為光亮吸引魚群，牠們就變成這些鳥兒嘴到擒來的獵物。」

我們駛離之時，我向介石說：

「這是我第一次親見鸕鶿捕魚，好感興趣。請你再告訴我一些關於牠們的情形。牠們也能捉到大魚嗎？」

「有些鳥的技巧比較高明些，」他答說，「但是牠們很少啣不住已捕到的魚。有時牠們捉到一條大魚，或是一條鰻魚，而無法吞入頸項，那時另外兩三隻鸕鶿就會來幫忙。」

「那正是兄弟之愛。」我快活的說。

他再說：「這種捕魚法已經很古老了。鸕鶿再適於游水不過了，因為牠們有像鴨子的腳。但是牠們也是足趾有蹼的鳥類中，很少數幾種能夠棲止於樹枝上者之一，而這個牠們卻可以做得輕而易舉。中國有很多鸕鶿品種，分佈於不同地區，例如此地浙江、福建福州和廣東的北江一帶。在體形及習慣方面，他們與塘鵝非常相近。牠們食量特大，總是很用力的潛入水中，巡游不已，如妳剛才所見。魚兒很難逃過牠們的視線。牠們是世界上最易餓、最好吃的鳥類。」

「那真是一個巧名字。」我笑著說，而介石也笑起來，因為他高興能夠給我新的知識。我也為見到這些鸕鶿捕魚的實況，而心中高興。

與介石在溪口的日常生活

新婚的興奮逐漸消褪了，起初的新奇生疏之感也漸次消去了。訪客們還是從遠近各村前來訪留幾天，為的是看新娘子。在這種場合，我仍然總是靜靜的坐著，穿戴出我最好的服飾，讓他們要留多久，就瞪眼看我多久。但是其間得暇，我開始更自在的說些話，尤其與福梅。到第一星期之末，諸事已安定到正常度日的情況。我已感覺如同居家似的自然，可以分擔一些家事，並且就時間所許，幫助福梅。我在一個保守的家庭中長大，當然習慣於家中雜務。我對家人總是採取謙遜尊重的舉止態度，對福梅尤然，因為她對我永遠是非常和藹體貼。我們兩人相處得融洽已極，我們各人也極為喜歡對方。

我們的日常生活自天明開始，因為介石是個早起者。他起來後，我自然不能留在床上，因此，我也起床來侍候他，並做些事。通常他都先走進客廳，在清新宜人的空氣中，深呼吸幾分鐘，然後閉目疊腿，背部筆直，文風不動的打坐，一心專注的沉思，藉求增益健康，鬆弛心境。如此半小時之後，他或閱讀，或寫幾封信，或在日記中記述各事。到了上午八時，進用早餐。這幾小時期間，我們很少交談。

介石比較喜歡的書有幾本，但他每天上午都要研讀的一本是《孫子兵法》，他一人獨處之時，總是將這本書讀了又讀，興趣盎然，祇有在我進入客廳時才放下來。我覺得好奇，便問他這本書講些什麼？他解釋說，這是孫武關於戰爭策略的解說。他告訴我：這書作者是兩千多年以前的一個山東人，他不但幫助當時的吳王征服楚國，而且也協助打敗其他鄰國。它的文字簡賅，經過這麼多世紀，流傳至今，成為一本軍事教科書。

每天早餐常吃寧波式大米粥，內加一個鮮蛋和一點鹽。午餐總在中午十二時，他吃兩碗米飯，有四道菜，是照寧波式做的肉類和蔬菜，有時外加蒸淡水魚或蒸雞湯。午餐後，他通常在沙發或在床上午睡一小時。下午，他如不與親戚、村民或商人會談，常常一定要我陪他外出散步，或去文昌閣或山邊，或去爬附近的大山。我們下午四、五時回來後，他常吃一小碗燕窩，內加冰糖。這東西看起來像白色的黏膠，但一般人都認為它很營養。晚餐在下午七時。我們通常於晚間十時即就寢，因為溪口幾乎沒有夜生活可言。

福梅詢問經國在滬消息

一天福梅和我坐在客廳中摺疊一批象徵銀元寶的冥紙，這時她似乎著急的問我：

「妳看見過我那住在上海的兒子經國嗎？」

「還沒有。」我即刻答說，「但是我們回到城裡的時候，我想見見他。」

「他已十一歲了，像他父親一樣，具有冒險精神。他不愛待在家中，總想旅行。他是一個好孩子。」她若有所思的說，「他很敏感，祇是怕他父親之至。我幫不上忙，可是擔心他孤零零一個人，而又離得這麼遠。」她嘆口氣，抹掉一滴淚珠，「他是讓我最掛心之人。」

「妳不必過分擔心他。」我這樣說，想安慰她，「我答應妳，等我回到上海，我一定盡我全力，在一切可能的方面幫助他。妳可以答應我不要那麼憂心嗎？」

「如果妳這樣幫助我，我會深深的感激妳。」她感激涕零的哭著說，這時我見她眼中已滿是淚水，「我知道妳是一位非常和善的人，妳會盡力幫助他。」

「這件事，我答應妳了。」我誠摯的向她保證，同時也決心想要這麼做。

此時，我想到結婚喜宴中那位貌似孔夫子的老人。我覺得奇怪，想知道那位是誰，便問道：「那天喜宴中那位有飄然白髯的老翁是誰？他那晚向介石說教的時候，口氣很不客氣。」

「他是毛老舅，我們鄰村的長者。他之所以憤激，要回溯到從前他打介石耳光的時候。那件事也間接牽連到我。事情是這樣子的，」她暫停一分鐘，若有所思的樣子，然後繼續說，「我和介石在光緒二十九年結婚的時候，我二十歲，他祇有十六歲。王太夫人很想抱孫子，因此就安排了我們的盲目婚姻。介石既是新郎，就被邀請初次來我母親家中，參加一項正式的『請新郎倌宴』。那是婚後第三天。妳知道，那天介石不但不講禮貌，不守規矩，還做出什麼事來？」

「不知道。」我好奇的答。

「在宴會中，介石看見我母親房外幾個興高采烈的男孩子正在玩一種叫做『羽毛球戲』的玩意兒，於是他就跑出去參加玩，像個大頑童一樣。在這種正式的場合，這個舉動簡直荒唐至極，使賓主都驚愕不已。到宴席即將開始之時，毛老舅出去叫介石進來，但他仍然玩下去，不理老舅舅。毛老舅氣惱之下，就抓住介石，摑他一記耳光，真個將他拖進房內。這樣事當然是丟人現眼的醜事，使王太夫人極為難堪。於是，王老太不但沒有責罵兒子，反而毫不領情，對毛老舅大為數落一番。因此，這位老先生終身不忘，每次他一見到介石，就要習慣性的報復似的訓他一下，從不例外。」

舅舅摑介石耳光與王太夫人不容福梅的往事

我又問：「妳為什麼信起佛教呢？」

「這故事說來話長，但是我可以把以前從未向別人講過的話告訴妳。」她秘密似的向我說，「我嫁給介石以後頭兩個月裡，我們因為都還年輕，而感覺很愉快。他每天一定要帶我出去走動。那時他沒有工作，也無心讀書，但卻奇怪的醉心於山間的寂靜、瀑布的吼聲、野鳥的吱叫、寺廟的寧謐，以及坐筏子沿河駛下，以觀看鸕鷀捕魚的樂趣，就像那晚帶妳去時一樣。可是王太夫人不久就制止了這一切。她對我痛加責斥，說我是擾亂她兒子的一個壞影響，又認定我誘使他好吃懶做。她甚至說我把他帶入歧途。一天，我們出遊歸來，她叫我到她臥室內，又再責罵我，並說：『我沒有好米來餵懶嘴。妳這樣成天跟一個男子去山間廟內，到處嬉遊玩樂，真是一個不知廉恥的賤女人。妳不覺得羞恥嗎？這不適合像妳這樣一個年輕剛出嫁的女子，這種情形必須就此停止。從今天起，我禁止妳再浪費我兒子的時間，除非妳能擔保他的前程。妳如不能擔保，那就停止毀掉他！』自此以後，我就不再同介石外出，甚至介石央求我去，我也拒絕。我只是一個單純的鄉間女子，怎麼能擔保他的前程？」

我同情的說：「我聽到這些，感覺遺憾。」

「但是，麻煩並未就此終結，」福梅再若有所思的說：「事情後來變得使人難以忍受。介石每每同我在房內說話或笑出聲音來的時候，這就使王太夫人怒不可遏，她罵我說什麼話。於是，我為了不再引起任何不快，就保持緘默，說話很少。我漸漸完全避免在房裡同他公開直接談話。可是這並不易做到，尤其是當他問我問題，等我答覆的時候。情況愈來愈糟，不久，介石就對我不耐煩起來。但即使他罵我，我也不敢講出一句話來為自己辯解，因為妳當知道，那些村民，在他們那狹隘心理之下，會指責我是不孝順的媳婦；妳也必知道，在像本村這樣一個孤立的村子中，這種情形會有什麼後果。這種種緊張關係逐漸使介石和我終於決裂。我毫無辦法，祇有為我全然無助的苦況，暗中哭泣，以致很長一段時日中，我患了憂鬱症。為要逃避那圍困著我，使我無可忍的苦痛，我就越來越轉求佛爺給我慰藉。現在，這麼多年了，我從佛教尋得了深切的心安，也自修行生活中，享受到滿足。不過，我還是十分高興，介石終於從妳那裡，找到快樂。」

我望著福梅，驚奇地欽慕她的自我犧牲及美好氣質。她實在是一位善良有德的婦女，我尊敬她，如同妹妹敬愛姊姊一樣。

給婆婆上墳表示認同新媳婦

第二天，介石、他的哥哥、福梅和我，偕同幾位親戚及我們的兩名僮僕，去給王太夫人上墳，俾使我可以向她的遺體，表示我這個新媳婦的崇敬之忱。在舊時代中，祇有男人才去上墳，但現在婦女既已解放，介石堅持要我和福梅也去。我們帶著四個籐籃，裡面裝有很多盤煮熟的食物、茶、酒、香、香燭及幾十串由福梅與我摺成元寶的金銀冥紙。這些都是準備獻給亡者的祭品。介石另外請了一位技工也去那裡，以勘估王太夫人墳座前要建立一塊中式墓碑，需費若干。我們離家出發前，他向我說：

「這座墳墓現在祇是一個粗陋的土堆，但是我打算在周圍建造兩呎高的矮牆，另外，我將請孫中山先生親自為墓碑書寫碑文，這可提高我的名望。」他說時喜形於色，好像僅僅設想及此，就使他自豪不已，甚至走路也大搖大擺起來。

我們這一小群人從家裡出發，沿靠路右邊不停的前進，經過一些舊村舍，然後又是幾片農田，直到一條山路。不久，我們到達路邊一座建築精美的涼亭。介石指著那亭向我說，那是王太夫人下令造的，作為行人疲憊時的休息處所。我走進去，歇息了一分鐘。我可以看出王太夫人獨具慧眼，如此聰明善心的在此處為勞苦行人提供憩息之所。

其後，我們沿著山坡，吃力的向上走了又走，直至抵達一塊較平坦的地方。那裡長著很多高聳的樹。就在那裡，我看見一個土堆，有六呎高，前面立有一塊小石牌，其上祇寫著：「蔣母之墓」幾個字。

福梅叫兩個男僮打開攜來的食品，供於墓前，而她自己則去點燃香及香燭。

多數中國人對於墳墓，照例都很迷信，因為他們相信，死者在另一世界，仍需要與活人所需同樣的安適和必需品。這是由於一項共同信念，那就是一個人保有三位一體的靈魂。人死後，一個魂進入神壇上的祖宗靈牌，在那裡接受後代的祭拜。第二個魂居於墓內。第三個魂去到陰界接受獎或懲，最後回歸陽世。因此，死者的男性後代都當每年去「掃墓」，以盡孝道。祭獻都用燒化方式，所用物品用紙製做，例如房子、舟車、衣服、轎子、冥紙以及其他想得到的東西。大家都認真的相信，幾乎人類肉體所承受的一切苦楚，例如疾病、霉運、災難、死亡等，都是未能使死者的靈魂安息所引發出來的。

全部祭品都已擺設在墓前了，福梅給我一個暗示，我和介石便在王太夫人墓堆前，跪下三次，叩頭九次，以示崇敬。我們拜畢後，福梅和其餘的人也隨即敬拜致意。

儀式過後，那些食品就分給大家食用。我們都享受了一次露天野餐。

介石和那個技工繞著墓地走著，討論造墓立碑的事情。

第七章　雪竇寺天長地久的誓言

遊雪竇寺，籤語不祥

我在溪口前後一共住了十天，最後一次出遊是去著名的雪竇寺，這裡也是介石非常喜歡的處所。寺名取自當地的雪竇山，這寺距家約六哩，寺裡住的全是佛門僧徒。其得享盛名，是因為一位明朝皇帝曾於公元一五一八年親來訪察，並曾留下一道「御敕」，以紀念此行。當時這被認為是一項難得的殊榮。

轎子爬上一個高峰，我們可以嗅出這裡的清涼空氣比村中空氣更為可喜。我們覺得更活潑輕鬆，介石又向我們大聲喊叫，要我們深深呼吸。

我們已在峰頂，可以望見前面那座輝煌的寺廟坐落於美麗樹叢之中。明朗的陽光將寺頂曲簷的清晰輪廓照耀得光亮似火，而那些高高的翠綠大樹和灌木，也被照得閃灼發光，如翡翠寶石一般。引向寺廟的小路兩旁，都長著野花、優雅的羊齒植物和其他植物。我們進入寺門，驚奇的發現那些來迎的和尚都留著長髮，直垂兩肩，還有一個一吋寬的銅圈套在前額上，將長髮定住，襯出面部。除了在舞臺上或在畫作中，我從未親眼見過這種和尚。現在見到了，倒引起我的好奇。介石回答我的疑問說：

「這些長髮和尚都是專習武學的武僧，他們精於武藝，是武術的高手。這就是為何他們不像其他和尚剃去頭髮的緣故。」

進入寺內，我看見它是按照表現中國建築美的傳統方式建造的。我們站在前殿，我對那四大金剛印象很深。他們比我從前見過的要大得多，兩邊各有兩尊，均取坐姿。在殿內中央，有一座木質精雕的供壇，四周都以玻璃圍住，內置明朝正德皇帝賜頒的御敕。那位皇帝曾於四百年前，在其江南巡遊途中，暫駐此處。

此時，有幾位穿著黑衣的剃髮和尚前來迎接我們。介石將福梅和我介紹作他的妹妹。和尚們都向我們鞠躬行禮，口唸「阿彌陀佛」。

穿過方院，我們被引入莊嚴的正殿，我們入內，準備向三尊龐大的金身佛像燒香。這些佛像差不多高達三十呎，寬十呎以上，以青銅製成。

福梅和我燒起香，點燃香燭，並且在燈內添加了香油，然後我和她一同跪下向佛祖敬拜。這時，介石則漫步走到房角處。那裡有一個年輕的和尚坐在桌邊，掌管印有籤語的黃紙籤條，這些籤條是為意欲知曉塵世前途的人們準備的。為要獲得一張這種小紙條，求籤人需先手搖一個圓柱形的竹籤筒，直至一根寫有籤號的竹籤跳出為止。

這個籤號即代表他要去領取的紙籤條。

介石的籤條上寫著：（照原文直譯）

「松樹展頭至參天」。這是一項好兆，表示前途光明。

福梅的籤語是：

「稻草遮蓋真珍珠」。這可解釋為：「寶貴的素質被藏起來，不受賞識。」

我的籤條上寫的是：

「樹苗遇上颱風起」。這表示危險、苦難，甚至慘劇。

我感覺失望，就將籤條搓碎，雖然介石要看，但我不讓他看。

然後，我們又被引至一間側殿，在那裡看見如同真人一樣大的十八羅漢。他們是佛祖的門徒，兩邊各列九座。殿中央的壇上，供著一尊面容圓肥、神情親和的佛像，名為「彌勒佛」。我們進去時，覺得他好像在對我們笑。

在這裡，福梅和我又燒了香，但沒有下跪。我們祇雙手合十問安。

然後介石帶領我們出去閒逛環圍此寺的廣闊園地。他告訴我們，他深喜這些園地。我們繞看一下，欣賞那林木之美。忽然間，我們已站在一間小房子前面，一個和尚正被關在一具籠狀的小室內（坐關）。據介石說，他是自願關在那裡的。他將被幽禁五年。通往幽禁處的門上，加有強鎖，另有兩張紙條交叉貼附門上，那兩條紙上面寫著些字，這是作為封門之用。如此，除非紙條被弄破，門是無法開啟的。那和尚的頭髮鬍鬚都已很長，雖然他面容枯瘦蒼白，但似乎身體尚健。他坐在桌旁讀經，看似寧靜滿足。我們透過他所賴以與外間交通的小窗望進去，看見那間小室內的陳設甚為簡陋。兩條床板橫放於兩只小凳上，上面舖有草蓆，這就是他睡覺的板床。右邊有一只小桌，上置茶壺茶杯各一，桌旁有一神壇，壇上放著一尊小的觀音瓷像和一疊書籍。

介石對我們說：「這位自囚的和尚，是從杭州來的。他原是一個商人，但於他深愛的年輕妻子與另一男子私奔之後，他便遁入空門。他自囚的理由，是為表示他已決心終生禮佛誦經。」

介石看到我的驚異之狀，又解釋說：佛門僧眾甘願接受禁錮者比比皆是，並非少見。五年幽居之後，這位隱僧便可帶著那蓬亂長髮和鬚髯，再度入世，成為一個雲遊僧，周遊各地，誦禱化緣。

素食、晚禱、寺廟鐘聲令人難忘

介石帶我們返回寺內，準備會見住持方丈，進用午餐。我們仍循原路行進，終於抵達寺院，看見懸於簷下的十呎梆子。介石解釋說，這梆子裡面是空的，已有一千多年歷史，現在仍當作一具鑼鼓，與寺鐘一併用以召集僧眾禱告。當然，這梆子已頗破舊，其中不少部分由於經過數百年敲擊，已有碎裂。

然後我們走到一間像是書房的廂房，房內牆上遍置經書。在此房的中央上方，立著可敬的住持方丈，是一位很老有鬍的和尚。介石很喜歡他，將他認作導師。介石將我們介紹給方丈時，福梅和我都很恭敬的向他鞠躬，他也合十答禮。他很鄭重的指向一張舖陳講究的餐桌，桌上置有多種素食珍餚，並請我們不要客氣，自行取用。隨後他就離開我們，退入一間內室。於是，我們三人就隨意入座，享用了一頓無肉但卻味美的午餐。

這次福梅所以陪我同來，是由於依照佛教的古老教規，單身女性是不准獨自進入這寺廟聖地的。她必須有另一女性陪伴。介石因為急於要我來看這座寺廟，所以不得不請福梅同來。我真高興有她同行。

午後二時，下午的誦經式開始。此時我們聽到銅鑼的宏亮音調，然後又有敲擊木鼓的聲響。我們走入正殿，佇立一邊，觀看一排一排的僧侶，頭上光禿，身著灰色袈裟，分作兩行，對面站立，以低沉聲調，分段接誦佛經經文，並頌揚佛陀。在佛壇右邊，一位僧人不時敲擊一鼓一鑼，另有一僧則用一枝棍棒打擊一具木魚，藉以合拍。住持方丈立於佛壇前方，身著紅色袈裟，垂於左肩，頭戴蓮形繡帽，不時俯伏於佛像之前。儀式進行到某一部分，他又自壇上拿起一只小杯，內盛聖水，行禱告片刻，然後持杯出外，將聖水緩緩傾灑於殿門近處一塊方石之上。這被認作是祭奠遊魂。然後，他彈指三次，又以手指連續劃圈，再用雙手作出其他快速的象徵動作。過了一會，他轉身重回壇前原先站立之處，於此復行禱告俯伏，而其他僧徒則以單調聲音，誦讀經文。儀式將了時，眾僧人列隊繞行殿內不息，同時口中喃喃誦經，而住持方丈則撥弄他手中所持沉甸甸的佛珠鍊圈。

此時天色漸晚，誦禱完畢，我們三人便向住持方丈及其他僧人告別，乘轎返回溪口。

這座引人入勝的寺院、奇異的環境以及那素餐之精美，對我都是一次最足快慰的經驗。介石這時也心情愉快，而且以其機智風趣，使我們此行值得回憶。

介石酷愛四明的山山水水

我們在溪口的假期使介石獲益良多。他顯得心情輕鬆，精神分外愉快。每天他都要陪我去看溪口及周圍的諸多美景，但是如想不分遠近，處處看遍，那恐非好幾星期不可。

「如果妳別的不看，但必須要去看看我最喜歡的瀑布，而這是一道命令！」他愉快的叫著說。他半拉半拖著，要我跟他走。

「等等，」我笑著說，「總要先讓我換換衣服，穿上一雙平底輕便鞋子吧！這樣我會比你走得還遠還快！」

我們從家中徒步出發，只有我們兩人，走了又走，經過一片又一片的綠地，爬上一個山坡，越爬越高，經過蔭涼的竹叢和大松樹，然後到達一連串山頭。

「我每次到溪口，總是常來觀賞這個地方，」介石向我說，「妳看這景致多麼誘人。」我們停下幾分鐘喘喘氣。「到這裡看山的最好時間是清早痛快的淋浴之後。一般人叫這個景致為『雨過天青』。」

的確，這風景很迷人。這裡有那麼多種類的樹木植物，我可以了解為什麼戶外的一切這樣強烈的吸引他。這裡是天然美的極致，吸引著人的純真本能。

略微休息之後，我們再往高處爬，直至抵達山頂。他解釋說：

「這山叫四明山──這樣稱呼它，因為那裡有一個方形大石，將光線向四邊反射。那石頭真是完全方形的，未經人工鑿過！」然後，他走過去，到一處懸崖，告訴我：

「從我站立的這個地點起，下面有一道泉流，流出的就是形成我那心愛瀑布的泉水。這瀑布飛奔直下千丈。從這裡妳看不見，但等一下我會帶妳去看。先到這裡來看！」

我從前絕對無法想到介石對於一條瀑布會有如許的熱情！我望著他那靈巧的身材、他那充滿喜悅熱情的眼睛和他動作之矯健。他的舉止就像一個大孩子。

「這裡，」他解釋道，「叫做龍脈，被認為是一處福地。來！同我一起站在這裡，這樣會給我們帶來好運！」我走過去靠近他，他將我抱在懷中，細聲說：

讓龍聽到我們天長地久的誓言

「在這處龍脈之上，我倆站在一起。現在我再度發誓：我將永遠愛妳。妳也必須發誓妳會永遠愛我。現在請發誓，讓龍聽到妳的誓言！」

「祇要你愛我，我就會愛你——但是不會更多一刻。」我逗趣似的向他說。

「那就是天長地久嘍！」他鄭重的說。

他將我緊緊抱在懷中，溫柔的撫摸我，為時很久。然後，我們手牽著手，向西方走去，下了山，又朝西南方走。我們慢慢踏著石頭和土徑前進，經由彎曲的路，穿過多樹的山谷，又走過一座跨越深淵的橋。最後，我們到達一處遍佈岩石的山邊。從這山邊，那道壯麗的瀑布自上瀉下，好似一條又長又白的新娘面紗，將那奇妙的泉水，以轟隆之聲傾注於一座大水池之中。

這個景象確實令人著迷，難怪介石如此熱愛這處地方。

介石緊握著我的一隻手，領我到水池旁一塊凸出的石頭地方。我坐在那裡，他緊靠著我坐下。我感覺到瀑布雲霧般的水氣灑落在我們身上，但我們不在乎，我們要做瀑布的一部分。我倆握著手，坐在那兒，聆聽那洶湧泉水的悅耳樂音，凝視陽光穿透灑落的水。

現在我開始了解介石對鄉野之酷愛。在鄉野之間，他恆願流連不去，整天與自然溝通交流，享受那純潔泉水的清涼美感、那綠野林地之美、那叢葉之茂盛、松木的芬芳、鳥的歌唱和瀑水舞蹈的妙音。

坐在那裡，兩手交握，同觀瀑泉，那真是賞心悅目極了！我自忖：大自然穿著它那純美無瑕的外衣，對介石的飢餓心靈，就如同止痛的靈膏一樣。難怪他如此嗜愛不已。可惜王太夫人沒有了解這點。這時，介石齧吻我的一隻耳朵，打斷了我的冥思。他說：

「我高興妳也和我一樣喜愛這個瀑布。多少年來，我坐在這裡總有好幾百次，但是我可以老實說，今天才是我最快樂的一次，因為我身旁有了妳。」他愉快的說。他想了一會，又說：「說來奇怪，當我不快樂的時候，像這樣美妙的景色卻對我毫無意義。」

「你是什麼意思？」我注視他的雙眼，問他。

「這都由於人的心境所致，」他答說，同時用他的臉頰擦抹我的耳朵，「我記得那天妳在滄州飯店跑走的時候，那時期我真是悲慘之至。我渴盼再見到妳，向妳解釋一切，但我知道妳永遠不會原諒我。我沮喪之餘，完全無心做任何事情。」他又看看瀑布，低聲訴說：「是的，我就回到這裡，想得到安慰。但那時甚至於這處絕好的景致，對我也不再有何意義。那天我在這裡坐了幾小時，自問我要怎麼做，才能取得妳的寬恕。這個美妙泉水、鳥兒的歌聲、落到我肩上的蜻蜓，這些都失去了意義。這就是那些日子我沒有妳時的感受。我屢次問我自己：如果我連我三個熱烈願望中的第一個都不能達到，那又怎能有決心勇氣去達成另外兩個呢？直到家母逝世之後，我才獲知妳也受到亡親之痛，這就給予我勇氣，去向我如此深愛的女郎的亡父致悼。後來妳竟惠然寬恕了我。啊，我的愛妻！在這瀑布之前，我再一次向妳起誓：我將永恆不渝的愛妳。」

孫中山電召介石儘速去廣州

溪口之旅第九天上午，介石接到了他久已期待的孫中山先生來電，電報中請介石儘早前赴廣州，就任陳炯明將軍麾下的一個職位。由於介石想藉此機會，搭乘一艘由上海啟航，經停香港的較大輪船，我們查出最早駛出的這種輪船是塔虎脫總統號輪，月底由上海啟航。這可給我們十二天以上的時間來準備旅行。

我向福梅含淚道別之後，就同介石離開溪口，前往奉化縣，再從這裡搭乘一艘大木船去寧波。到達這個古老名港時，我要下去看看來程途中錯過的當地勝景。這時正值晴朗的下午，河口的景致很美。在一邊，我看見一座陡山，山巔就是著名的天童寺。距海不遠之處，有一座燈塔，它的白色塔頂和無數窗子在朗朗陽光下閃閃發亮。在河口內，那村莊對面，就是我的本鄉鎮海。我可望見正有一大群木船麇集停泊在那邊，準備去冒海洋之險。另有一批木船正自怒海險濤中返航歸來。我們所乘的木船循著彎曲的河道滑駛，終於將我們帶到這座寧波城外的河岸邊上。那時距我們轉搭赴滬汽輪的時間，還有一小時，介石就和我上岸去，在寧波的狹窄街道上徜徉遊覽。這是一座典型的中國城市，有花崗石舖砌的街道，相當乾淨。走了些路之後，我們到達一處城門，是一座小而低的拱門，穿過這門，立即發覺我們已在一條人車熙攘的街上，兩旁都是店舖。這就是寧波的主要馬路了。許多商店出售漂亮的絲繡品，有各色各樣的絲料和竹器，也有些店舖出售本地出名的木雕品。既然逛過了此城的精華部分，我們就去搭乘我們那艘駛往上海的汽輪。

回到上海之後，介石認為我們最好去住大東旅館，而暫不必遷入我們在法租界環龍路的房間，因為這樣比較方便，尤其因為我們已經預定不久即將轉往香港、廣州。

他剃了鬍鬚，穿上他那件新製的藍色絲長袍，裝扮得更為神氣，就帶我到處去逛。這是我生命中一個新階段的開始。我們上餐館用餐，在靜安寺路的奧林匹克戲院看了一場電影，又訪晤了不少革命同志朋友。所有這些朋友都稱我們是一對理想夫妻。我對他們給我的這種盛讚之詞，覺得難為情，但是介石則表現得當之無愧，還說是他終於找到了我這個正好搭檔的女伴侶。他自承我最能完全適合他的脾味。「妳看，」他說，「我對妳的印象正和我所有的朋友一樣——我從未向妳說過謊，是嗎？我很會識人，這就是為什麼我娶了妳。」

第八章　兩個兒子經國與緯國

在上海旅邸首次見到小經國

我們回到上海後第四天早上，旅館侍役來敲房門，引進一個看似鄉下學童的男孩子。

「父親！」那孩子大聲叫介石，然後就立在一邊，狀甚嚴肅。介石注視他一下，然後手指著我，粗氣的向他說：

「這是你的新母親，去向她敬禮！」

那位男孩走過來，神情不安的看著我，叫道：

「姆媽！」他說話時，彎腰作四十五度鞠躬。

「他是我兒子經國。」介石說。

雖然我因為得了這麼大的一個兒子，心中有點感覺不安，但仍覺得這孩子很好，竟會如此禮貌的向我鞠躬。

「你就是經國！」我以很友善的音調問著，我立時想到毛福梅以及我對她的承諾，「請你坐下來，告訴我一些你的情形。」我指向旁邊一張椅子，但看他不肯就坐，心中奇怪。

這個年輕孩子的頭髮剪得很短，面形方而厚實，略似他的生母，前額高，嘴巴大，牙齒很暴。他看似一位守規矩、安靜且順服的男孩，祇是他太緊張不安了。

介石不耐煩起來，祇對孩子悻悻目視。幸好這時旅館僕役適時進來，請介石去接聽電話，這才解除了那種尷尬的場面。我就走到經國那邊，拉著他的手，帶他走到椅旁。

「不必太拘束，」我和善的告訴他，「坐下來，放鬆些。你無論何時來看我，都不要客氣。好，談談你的情形吧，我關心你的一切。我答應過你母親要照顧你。」

但是那孩子祇是顫抖得更厲害，仍不說話。

「我在溪口村住了十天，」我這麼說，想打開僵局。但這孩子仍然不肯放鬆神情。他坐在那兒，就像凍僵了似的。我又說：「我已見過你母親，她非常想念你。你近來給她寫過信了嗎？」

他搖搖頭——我最討厭小孩子搖頭，真想說，不要搖頭，像啞巴一樣，說是或不是！但是，那時這孩子這般緊張，我不願把事情弄得更僵，使他難過，就祇微笑著勸他說：

「你一定要寫信給你親愛的母親，至少每星期一封，告訴她你安好。你母親為你擔憂，你知道嗎？你會給她寫信嗎？要養成按時寫信回家的習慣。你知道你母親擔憂你獨自一人待在上海這樣大的城市嗎？她告訴我要照顧你，我也答應她我會這麼做。如果有任何事情我可以幫助你的話，不論是什麼事，請你務必讓我知道，你會嗎？」

經國依然坐著不言。他相當留意的聽我講話，但祇是眨眨他的厚眼皮，動動他的大下巴，用力的噏氣。

「你會嗎？」我再追問。這時他祇再點一下頭，表情木然。

我望著他矮小的男童身材、黧黑的臉、目光急射的小眼睛，心知他的緘默不是出於無禮或無知，而是由於一種近乎恐懼的極度羞怯之感。

為使局面緩和，我就走到我的梳妝臺，取出四十元，將其中二十元包在紅紙裡，另放二十元在那梳妝臺上。

「這是給你的紅包。」我將紅包遞給他時說。他禮貌的站起來，鞠躬一下，然後帶些猶豫似的接過去。「謝謝妳！」他說，又鞠躬。隨後，他很快回到座位上去。

「你現在住在哪裡？」我問。

「在陳果夫叔叔的法租界房子裡。」

「在那裡住得舒適嗎？」

「是的，我住得舒適。」

「不要忘記我剛才講的話，」我提醒他，「無論有任何事情我可以給你幫忙，一定要讓我知道。你會這麼做嗎？我講的是真心話。」

「會的，我會。」

「你有夠用的衣服鞋子嗎？」

「有的，我有的已經夠用，謝謝妳。」

見面禮沖淡了父子緊張氣氛

我覺得非常高興，這個孩子終於將他的恐懼心解開了。於是我拿起梳妝臺上的另外二十元，說道：

「我剛才給你的紅包是我們的見面禮，這是上海的習俗。這裡還有二十元，是給你買些你喜歡的東西。如果你親自去買，那會省點我的時間。你會這麼做嗎？」

這個孩子居然首次格格笑了，模樣有些尷尬。他難為情似的說：

「那不必了。妳對我很好。我不能接受，那麼多！」他拒絕接受這筆錢。

「不必這樣說，拿著。」我仍堅持，索性將錢塞在他的口袋裡。

現在這孩子放鬆許多了。我們就開始正常的談起話來，甚至談到他的學校和他的朋友時，談得更見熱絡。可惜，這時介石回到房內，經國就趕快從座位上起來，恭敬的立正站著。我看出他又回復到那緊張狀態了。他又緊閉其口。

我按鈴叫旅館侍役來，點了菜飯。我們三人就在房內吃了一頓午餐。我可以看出，經國在用餐時極為不安，並未吃好。過了幾年，我才曉得究竟是什麼事情會將這種高度恐懼感灌注於他的心中。

那晚經國離去之前，我叫他與他父親握了手，他們看起來似乎彼此友善多了。當我們兩人獨處時，我技巧的向介石說：

「經國是個好孩子，很敏感。他心中非常愛你。我想將來你不該這麼嚴厲的對他說話。你或許自己不知道，但是你那樣大的嗓門會把他嚇壞的。」

「我是不想慣壞了他，」他答覆我，「男孩子必須懂得他們的身分與應對進退。」

「但是，你可以多給他一些情感嘛。像剛才，那孩子在你面前緊張得發抖。這樣會使他認為你一點也不喜歡他。」

「慣壞他而讓他對我不敬嗎？不行！不行！一個男孩子必須學習孝順、負責和對人尊敬。他必須懂規矩。對男孩子最壞的事情，就是父母把他寵壞。我小時很頑皮，好惡作劇。雖然我母親管教嚴厲，但是我仍從不聽話，我行我素。於是，鄰居男孩子們常常不讓我跟他們一起玩，並且欺侮我，甚至打我一頓。這是由於當時我不合群和不守規矩。我不要經國因為被過度縱容而以後遭受痛苦，像我從前一樣。他必須懂規矩。」

「關於這些，我同意你的意見。」我懇切的說，「但是照現在這樣情形，這孩子非常孤單。他需要你的愛，而你卻反而好像將恐怖注入他那小心靈中。就算為了我吧，請你務必不要對他過於嚴厲。試試比較溫和的跟他說話嘛，而不要用你那嚇人的大嗓門。當你這般粗聲講話時，他以為你對他生氣，而我知道你並非如此。你為什麼同他說話時，不用像對我的那種音調呢？你願意這樣做嗎——為了我？」

他沉默了一陣子，似在衡量我的話。然後他過來擁抱我，笑著說：

「好！好！我試試照妳的話去做。但是注意：妳不可慣壞他！」他拍拍我的臉頰，溫柔的撫摸我。

「妳現在開心了吧？」他問。

「很開心！」我答說。

婚後成為兩個兒子的母親

假如以前有人向我說，在我婚後一個月內，我會成為兩個兒子的母親，那麼縱使在我最狂野的夢想中，我也絕對不會相信。但是，有一天我的「正式」媒人馮介文先生突然從蘇州來，還帶著一個六歲小男孩來看望介石和我。請想像一下當時我是如何吃驚。這孩子面貌甜甜的，臉頰瘦長，體態纖弱，兩眼窄而較暗，膚色很白皙。他確是非常嬌嫩脆弱。

介石抱起這孩子，十分親熱的撫弄他，並且手指著我，用孩子們的說話口氣對他說：

「這是你的新媽媽。來，叫聲姆媽！」

「姆媽。」孩子羞怯而順從的低聲說。

我驚奇的問：「好乖巧的小孩！他是誰？什麼名字？」

「他是妳第二個兒子，名字叫緯國。妳喜歡他嗎？我以後會告訴妳他的身世。」

「這麼可愛的孩子！」我說，並且拍拍他的瘦薄小臉。他真是單薄得令人動憐，因此從見面伊始，他就引起我的特別關注。

雖然馮先生是介石和我結婚時的正式媒人，但對我而言，他完全是一位陌生人。依照一般習俗，婚禮時必須有一位媒人，縱使他祇在場裝裝樣子而已，因為任何婚姻如果缺少一個介紹人，是不能算做完整的。這位馮先生身著歐式服裝，看起來瀟灑溫雅。他開頭時的談笑也屬愉快和善。但是，祇需一個小時，我就看出，實際上他是一個嘮叨大嘴巴和一個專門到處蜚短流長、興風作浪的傢伙。他三十五歲，太愛講話，以致凡事一進入他的腦海中，他不假思索，馬上脫口而出，毫無所忌。他講出的一些恭維我的胡言亂語，令我覺得難堪者多，可喜者少，我當時巴不得他趕快住口。

我觀察這位仁兄一陣子，又聽到他對介石亢聲大談其最近的風流事跡，我明白這又是他一貫的夸夸之辭。他總是口是心非，口說一回事，心裡頭一回事。

他尚未與介石談完某件事情，便轉向著我，色瞇瞇的笑著，然後說我太美麗了，人太好了，年紀太輕了，不適合嫁給一個像介石那樣的老無賴。他問我：「那麼，妳也要去廣州嗎？」

「是的。」介石善意的答說，「就在本月底。」

「廣州比上海好，我渴望回去。」他又看著我說：「妳知道我是廣州人嗎？妳剛才說你何時動身？」

介石重複說：「本月底。」

「啊！好一個美人兒！」他的眼神完全貫注在我的臉龐上，「正好是適合介石的年齡。他專愛年輕的！」然後，他的眼神又遊蕩到小緯國身上，再轉到介石：

「這孩子豈不真是乖巧又健康嗎？」他問。「姚女士把事情做得很好。她照顧他已有三個月，現在她要我帶這孩子去溪口交給毛女士，要她也照顧他同樣長的時間。但是你們為什麼不帶他去廣州呢？那就省掉我再去溪口一趟！」

介石說：「如果我們現在帶他去，恐怕有點不便，因為廣州的情形仍然很不穩定。你還是明天早上先帶他去溪口，阿順會陪你同去。至少就目前而言，我想最好還是保持原來的安排。今晚這孩子可以留在此處，同我們過一夜，你明早動身去奉化。你說，這樣方便吧？」介石並走到櫥櫃，拿出一些鈔票。他將錢交給馮介文，說道：

「這是你的川資及旅費。我一到廣州，就會寫信給你。我也會設法為你在那邊找一個差事。」

馮介文收起這筆錢，然後漫然望著我，叫著說：

「廣州有上海所有的優點，它是中國最進步的城市，也是革命的發祥地。你們要去廣州了，那真是太好了。」

「月底前還不會走，我們計畫先去一趟蘇州。」介石說。

「蘇州好玩，但不如廣州迷人。」馮介文若有所思的說。他那溜溜的眼睛又看著我，快活的笑說：

「明天我帶緯國回去溪口，交給毛女士。我帶這孩子來這裡，祇因他堅持要探視他的父親和新母親。」但突然他又換了話題，向我說：

媒人大談介石的荒唐行徑

「我很高興，介石終於在妳這裡找到了他的理想。你們兩人很相配。看他！」他忽又指向介石，大笑著說：「他正一片得意，如花盛開，從此不必再如年前一樣，去荒唐放縱了。現在他將學習如何安定下來，不再在上海到處撒野種。可是，要當心看住他，他很狡猾！」

「你太胡說八道！」介石不耐的叫了出來。

「你說，我們一共逛過幾次窯子？吸引你去那種地方的是那些性感姑娘，我可沒鼓勵你去。事實上，好多次我都勸你不要去，但是你堅持又堅持，記得嗎？」

「閉嘴！」介石大喊。但是這個大嘴巴不停的說下去：

「你的確是一位風流瀟灑的大情人。你對醇酒婦人，有一種不能控制的衝動。在你的緋聞中，有些已經在你的夥伴之間，成為聞者受驚的閒言閒語。跟你上床的對象，實在雜得驚人。你太好亂交，以致有『交』無類。哈，哈，哈！」

我聽到這種話確感震驚又難堪，不願再聽下去，因此，就手牽著小緯國說：

「我們去大廳打電話，來！」然後就快快離開這房間。

午餐後，馮介文離開旅館，去替別人辦些事。他留話說明晨一大早回來帶領阿順和緯國搭乘汽輪去寧波，再轉往奉化。

按照習俗，我給小緯國一個裝有二十元的紅包，作為見面禮。這孩子非常高興。因此，一點一點的，他的羞怯開始消失了。他總是親切的看著我，開始問我無數問題。當我給他一些餅乾糖果時，他總是笑笑，禮貌地說聲謝謝。後來，他又在房內跑進跑出，就像任何一個好玩的孩子一樣。這地方的新奇令他高興起勁。

每當介石叫他去做一件事，例如關門、按鈴、從地上撿起報紙的時候，小緯國都聽話照做，還以為挺好玩。他真是可人，很聰明，十分好奇。他看見桌上的東西，會問那是什麼，作何用途。除非別人給他答覆解釋，否則他總是不停的追問。

我認為這一切都是好現象，總是盡力將他的問題解釋清楚。但是，某次介石開玩笑似的向我說：

「我看妳不久就會把他慣壞！」

緯國說奉姚媽媽命監視我們

後來，突然之間，小緯國對我說：

「姚媽媽告訴我要留心多看看妳和父親的情形，以後還要告訴她你們每天說什麼、做什麼？」

我聽到這個天真的供述，大感驚愕，就告訴介石：

「童言無欺！」介石張口大笑，說：

「姚媽媽就是這樣子的。」

當夜，我們三人睡在一起。我讓緯國睡在我們那老式銅床靠牆的一邊，我則睡在中間。孩子睡熟之後，我問介石那個馮介文到底是何許人，為什麼介石會容忍他那種胡言亂語。

「妳不是唯一討厭他的人。事實上，我的朋友們大都痛恨他那饒舌頭。」他對我說，「但是在很多方面，他卻很有用。他有很多好關係，而且能讀能寫英文。好幾次我跟外國友人打交道，都是他作翻譯。」

「他靠得住嗎？」我問。

「還算好。」介石說。

「可是，你怎能把小緯國託付給他呢？」我又問。

「那一點倒不必擔心。阿順將同他們一道去。介文對溪口非常熟悉，他曾經去過幾十次，認識我大多數的親戚。我知道妳今天感覺難堪，但這不會再發生。」

「緯國說姚媽媽要知道我們做什麼、說什麼。這次我們去蘇州，要去探望她嗎？」

「當然不會去！我不會在她面前使妳難堪。妳知道，我們結婚前，我已經安排同她了斷了。」

我得以免受那種苦難，我自感慶幸。我的心思又轉回到那個馮介文。我想：介石在所有事情上都是正當不過，可怎麼會跟這樣一個滿嘴下流話的人做朋友呢？這個孩子跟這麼一個不負責任的人在一起，會安全嗎？隨後，介石就以一種秘密低沉的音調，告訴我緯國如何與介石此生結緣的故事，他縷述如下：

日本婦人帶一小男孩來上海

「幾個月前，當我正在環龍路四十四號我們總部的時候，門鈴響了，連續響了幾次。我打開門，意外的看見站在門前的是一位日本女士，手牽著一個小男孩。我們彼此都認出對方，因為她是一位我在東京的舊識。我就請她進入客廳。

「『妳好嗎，愛子女士？』我問，『妳何時到上海的？請進來。我現在去叫戴季陶下來跟妳見面。他住在上面二樓。等他來與妳見面，他會大為驚喜！』這個婦人照日本習慣，深深鞠躬，說道：

「『這個小男孩是戴季陶的骨肉，你看他樣子像他父親嗎？』我招呼她就座，她顯得很興奮。我就衝上樓梯，一步跨兩三階，放開嗓門大叫：

「『季陶！季陶！猜猜誰來了？愛子來這裡找你。她給你帶來了你的兒子！哈，哈！兒子來找父親！』我的快樂叫聲在整幢房子裡迴盪著。

「我看見戴季陶臉色灰白，登時怔住了。這個愛子的名字讓他受不了。他向我招手，要我進入他的房間，輕輕的關起門來，小聲說：

「『我在日本流亡生活的那一頁已是明日黃花。當時我真個銷魂，但止此而已。這事已過往雲煙，我不要再提。我現在有妻子有兒女，無法恢復跟愛子的關係，我不要看到她或這個孩子。所以請你務必想個藉口，趕快打發她走。告訴她我不在這裡——什麼話都可以，祇要把她弄走。告訴她你不知道我的住址，也不知道去哪裡可以找到我。』

「妳可以想像我當時的窘迫之狀，於是我問他：『你真的不要你的孩子嗎？他是一個很乖巧的小男孩！』

「戴季陶不耐的搖搖手，並且皺緊眉頭，不高興的說：

「『我已有自己的家庭——兒子、女兒和老婆！我要愛子的兒子做什麼？我的那一段生活已告完結，你懂不懂？把她弄走！快點弄走！』

「我祇有垂頭喪氣的下樓去，一路在想該用什麼藉口告訴愛子。我知道她是相當不錯的人，因為在那段過去的時日中，她總是溫婉、大方、和善。我想不該過分傷害她的情緒，因此，我進屋後便向她說：

「『愛子！真是抱歉，季陶不在這裡，我也不知道他何時會來到這裡。妳願意留個話給他嗎？』我看見愛子下巴墜下，差點哭出來。她沉默了一下，然後好像對自己說話似的，細聲說：

緯國留交給介石撫養的經過

「『我此番來上海，當初決定錯了。我原相信那個男人的甜言蜜語，以為他真的愛我。這就是何以我忍受如許艱苦，旅行來此，給他看看他自己的兒子。我以為我們可以重拾從前的老關係，像當初分別時一樣。他的確在離開日本以前，這樣答應過我。如今我知道了我渴求歡樂重聚的美夢祇是一場可悲的幻想。我責備自己當了被騙的傻瓜！』她忍受不住，哭泣起來。隨後我向她說：

「『愛子女士，請不要責備自己。祇要妳保持耐心，事情一定會好轉。』

「『耐心？』她對我苦笑一下，然後瘋狂似的放聲痛哭，說道：

「『不要自欺欺人了，蔣介石。他既然拒絕見他的親骨肉，這表示他不再要我們了。但是他不應該忘記他在日本的革命日子。他窮的時候，我把我的金手鐲、金項鍊都給了他，幫助他，而這個就是我所獲得的報答。我信任了一個無信的男人，完全是我的過錯，如今我可以為我的愚蠢而哭了。』

「她望著窗外，藉以遮掩淚流，然後下了決心，向我說：

「『蔣先生，請代我告訴他，如果他不要他自己的骨肉，我也不要。』她草草的吻了孩子一下，急速衝向門口，開了門，跑上街道。

「我當然被她的突然動作嚇了一大跳，就趕出去追她。我大叫：『回來！回來！』但是沒有用。她跑得好快，因此她在霞飛路轉彎後，我就失去了她的蹤影。我站在街上，不知所措，也不知道可去什麼地方找她。這就是這個孩子的故事。那孩子既已無父無母，我就收養他做我自己的兒子，給他取名緯國。我另已同福梅及姚氏商量好，由她們二人輪流每人照顧這孩子三個月，這就是這孩子明天早晨要去溪口的緣故。」

我看著介石說：

「可是這孩子這般單薄！你一定要請福梅多給他些牛奶雞蛋吃。」

「是，我會照辦。現在，妳既然有了兩個兒子，感覺如何？」介石逗趣的說。

「哦！倒是奇事，纔一個月的新娘子忽然有了兩個兒子。」

我看著躺在身邊的這位可愛的小孤兒，心感憐惜不已。他正非常安詳的睡著。竟然有人恁般冷酷無情的遺棄這樣一個乖巧的小孩，這令我無法理解。

第九章　介石婚前荒唐行徑

偕遊蘇州——蜜月旅行第二步

次日早晨，馮介文和阿順帶著緯國去溪口，介石和我則搭火車去蘇州。此城位於京滬鐵路線上，在上海西方祇有五十三哩的地方。這趟旅行饒富趣味，途經一些小城鎮、柏樹林、綠油油的鄉野，還有許許多多墓堆。介石向我說，這是我們蜜月旅行的第二部分。他要我同他一道去看看這座古老名城。

我們下榻位於城門外之鐵路旅館。用畢午餐，略事休息後，我們乘坐黃包車去觀光。城牆以內的主要街道太過狹窄，祇有驢子和黃包車可以通行。我看見這座富庶又美麗的城市有如此多的運河縱橫交錯，心中感覺驚奇。我認為它被叫做「遠東的威尼斯」，確實很配。從前的學者也稱蘇州為「中國的雅典」。因為這是我國最古老又最著名的城市之一，中國人為表示對這個地方的讚美，用了一句大家熟知的詞句，那就是：「上有天堂，下有蘇杭。」

介石解釋說：這城的歷史已有二千五百年以上，遠在公元前五二五年，吳國的封建主子吳王下令建造這個城市，作為他的國都。這個城建有八座水門，就如同天；造成方形，就如同地。城中建有兩座內城，大的圍繞禁城，作為築造宮殿及衙門之地，較小的供作宰相和其他重要官員私人住用。

「幾世紀以來，這城歷經修葺，其最主要一次是一六六二年滿清康熙帝之時，」介石向我解說，「當時滿清有軍隊駐此，於是加強了此城的防衛設施。今天的城牆曾經常常修繕，但與一六六二年時的城牆還是大致同樣。」

對我而言，蘇州是一座吸引人的城市。幾個地方都建有高聳的寶塔，城內就有五座，附近山頂還有三座。蘇州的寶塔與這城的歷史，具有密切關聯，它們正是代表蘇州的特殊標誌。

我們坐的黃包車載我們去參觀最著名的大塔，離城牆不遠。這是一座顯著的標誌，從全蘇州各處都可看到它。介石和我一直爬到九層頂端，共二五〇呎。我對於這塔建築比例的美觀，驚羨不置。塔底直徑六十呎，頂層為四十五呎，由下而上，每層直徑較下面一層依比例略小，每上一層，塔臺就顯得較窄一點，門窗也較小一點。這座雄偉的建築物已有七百年之久。我們爬到上面幾層的時候，可以望見周圍的動人鄉村景色和那些美麗的小山與湖泊，而湖泊之間，又有無數小運河交叉串連。在東邊，我看見大平原，其間點綴著那些環繞不少繁華鄉村的很多墓園。

「在這個地區的範圍內，住著五百萬人民。」介石說，他的手指向我們腳下的這幾片地。

「真是美妙！」我叫起來，「我從未想到蘇州竟是如此美麗、如此動人。」

斜塔、劍池、秦始皇

我們下一步去參觀虎丘塔（雲岩寺塔），常被稱作「中國的斜塔」。介石似乎很急著想向我解說這座古老建築的歷史。他說它最初建於公元後六〇一年，一四二八年燒燬，現在的建築大約於一四四〇年重建。它是一座形勢莊嚴的寶塔，略微傾斜。雖然我很欣賞它那美好的線條，但我認為它還需要一層油漆，至少一次外表清洗。

然後，我們挽臂漫步走向更接近山邊的地方，去看一處稱作「劍池」的名勝。介石洋溢著一片熱忱，向我解說：

「我們來此的實際目的，就是要給妳看這處潭景。對於我，它具有特別的意義。兩千年前，秦始皇駕臨此地，曾立於現在我們站著的地點，後來此處因而出名。秦始皇當時認為吳王的『勝利之劍』和吳王的遺體一同埋葬於此地他的墓內，於是始皇下令挖掘，希望尋得那把寶劍。工人拚命向下深掘，但找不到那把被視為寶物的劍。大家都感失望，就離去了。現在這水潭就是當時挖掘的那個一度被認為是吳王陵所在之處，後來注滿了水。」

「但是為什麼這把劍如此特別，而為什麼此地又對你具有特別意義呢？」我好奇的問。

「問得好！」介石答說，「妳知道，在那個時候，蘇州稱為吳國。依照故事傳說，鑄劍者在為吳王鑄造這把劍之時，所用的金屬均無法熔合。鑄劍者的妻子眼見她丈夫天天失敗，她了解了一點，就是依照鑄劍成例，每有一件這種重要工程進行，必須向火神有所祭獻。於是她為協助丈夫成功，就割破自己臂上的血管，使她的血流入熔化的金屬中。她當然因此而亡，但由於她真情至性的助力，鑄劍的工程馬上就告完成了。」

「那個妻子僅僅為了一把劍就犧牲她自己的性命，豈非愚蠢嗎？」我問。

「哦，不。」介石驚奇的答說，「她的壯舉歷經多少年代，至今仍然活在所有人的心中。她的犧牲並非祇為那把劍而已。那把劍祇是一種象徵。她之犧牲生命另有更偉大的目的，那就是幫助他丈夫實現他的雄心大志！」

「僅為鑄成一劍而死！」我怏怏的說，「自殺有違孝道。」我隨即引述儒家經書：「身體髮膚受之父母，不可損傷！」

「就某種意義而言，那是不錯。」介石說，「但是一個人的愛常是用他願意承受多大的犧牲來衡量的。我們是革命者，我們不能過分嚴格的遵守儒家教條。」

「你說這個地方對你具有特殊意義，這又是何意？」我問。

「秦始皇征服了戰國時代的其他各國，將中國統一於大秦王朝之下，」他以一種有耐性的口氣向我說，「我深為欽佩他的威力和精神，我熱切願望有一天能仿效他，消滅所有的軍閥，將中國統一於一個政府之下，以使我國在國際社會中，成為強盛的國家。這就正是我為什麼要來此地站在秦始皇曾一度站過的地點，而又有我真心愛戀的妳同在。妳可以稱它是一種情操，但那是我的雄心。」

我辯說：「但是兩千年來秦始皇在中國歷史上永留臭名，你怎會佩服這樣一個殘暴不仁的暴君？難道你不記得他活埋了四百個儒士？」這時我以一種茫然的眼神和含有訕意的笑容看他。這些話語是未經思索而出口，我也自覺驚異，怎麼竟會如此唐突，因為我從來不願與他爭辯。我捫心自問：怎麼會這樣？在下意識裡，我知道何故。自從馮介文前此肆無忌憚，揭述了介石既往的浪蕩行跡之後，那種震驚對我不無一些作用。我心目中前所認許於介石的美德多少已因馮介文的揭發而有所玷損。現在我不但不同意他之所言，反而挺身相辯，其目的大概不外是扯平的心結而已。

其美之死與介石的荒唐有關

但是，介石深知我心中所思。我們漫步前行，來到虎丘塔下一處適宜的地點，他就要我舒適的坐在一個石座上，然後很鄭重的說：

「我至今實在沒有機會告訴妳為何我在陳其美去世之後，竟會在上海荒唐放縱起來。妳聽過我講的話之後，我相信妳會原諒我。其美之死令我驚惶失措，我對生死變得滿不在乎。為求清楚了解我的故事，我必須追溯到一九一五年我自日本回到上海的時候。那時，袁世凱正在密謀摧毀我們的共和政體，自己打算當皇帝。我的老友陳其美和我以及其他革命同志商議如何以暴動方式表達我們的抗議。鑒於當時已有肇和艦的一些官兵向我們表示支持，陳其美經過長時間的討論後，就擬好一項計畫，目標是攻擊上海鎮守使署，予以接管。

「我們的第一步行動是要除掉鎮守使，以削弱北京政府的聲勢。這步行動我們在一九一五年十一月十日做成了。我們組織的人用炸彈和手槍狙擊那個鎮守使，當場殺掉他。這位敵方首腦人物除掉之後，我們立刻發動一場總暴動。

「我們決定要接管肇和艦。艦上水兵將我們所需要的所有資訊秘密提供給我們。我方三十個人乘坐小艇要去以偷襲方法，接管該艦。同時，我們另一組人，約三百名同志，攻擊警察總部。此外還有較小的兩隊人員奉派去佔據公用局、電廠及電話局。

「正當肇和艦上的砲聲轟隆之際，陳其美和我離開了我們位於法租界的秘密總部，前往華界。我們當時以為一切都在按照計畫順利進行中。我們向南急速行進途中，看見有些我們的人員在急速撤退，抵達製造局大門時，又發現我們竟是僅有的活人。還有更糟的事，此時肇和艦的砲聲停了下來。我們又看見，在稍遠的地方，很多敵兵不知從何處鑽冒出來，越來越多。所幸那時天色相當昏黑，他們無法辨識我們是何許人。我們想攻佔警察總部的行動失敗了，後援人員也被中途攔截，無法來助。

「現在情況已很清楚，肇和艦已不能協助我們，不久我們又獲知我們所有隊伍都遭擊敗。在公用局外的河中，正泊有一艘小汽艇，陳其美和我就跳上小艇逃走。

「我們剛要到達我們的秘密總部，準備上樓之時，法租界的警探們忽然衝入總部房內，開始逮捕我們的人。陳其美的姪子陳果夫這時故意高聲大叫，抗議逮捕，藉以警告我們房內已有巡捕。陳其美和我就輕輕的爬進隔壁的房子，從那裡逃到霞飛路我的私人房間內躲藏。

「我們這次失敗所得到的唯一收穫，就是我們鼓舞了雲南省宣告脫離袁世凱而獨立。不久，其他省份也紛紛響應，貴州、廣西、廣東、湖南、江蘇、浙江、山東、安徽、四川和陝西，都一一宣佈獨立。這些省份的首腦人物從前大多是袁世凱的擁護者，如今他們都轉變了矛頭，使袁老頭傷心欲絕。各方的電報紛至沓來，到了皇宮，重挫他的野心。於是，一九一六年三月二十二日那天，距他登基僅僅八十一日，他又屈從眾意，表示願意回任大總統。但為時已晚，他已失去民間的聲望。

「雖然我們財力拮据，但戰鬥精神卻從未動搖。我們抗拒暴政的努力，歷經艱阻，卻較前更為堅強，我們也盡一切方法，從事彌補損失。但是，此一時期仍像是一段黯淡無光的日子。

介石說我是挽救他生命的恩人

「我們革命同志的失敗並非由於缺乏人力，而是因為經費短絀。雖然愛國華僑不斷匯來小額款項，但是我們需費很大。大多革命同志都無工作，仰賴我們給他們吃飯錢，幫助他們，僅此一項就幾乎花掉了我們所收匯款的全部。大多數同志都無積蓄，僅能餬口。

「當時袁世凱獲知我們的困境，就秘密派了一個使者名叫李海秋的人來上海接觸陳其美。這位李海秋向陳其美建議一項計畫，就是利用一位朋友所掌握的一座作為抵押的某礦場，向一位日本財主籌措一大筆錢。這事看起來好像是一個好主義，陳其美為此一連籌思數日。我當時懷疑有詐，曾警告陳其美予以拒絕。但他反問我：『我們會損失什麼？李海秋是我們的人，他不是國民黨員嗎？』這話也對，我就不再多言。

「陳其美的唯一目的是要取得這筆錢，以繼續反袁工作，於是他經由李海秋，約好那位日本財主會面。會見日期是一九一六年五月十八日，地點是某礦業公司的辦公室，會面目的是商討借款之事，並完成交易。彼此原同意陳其美先簽立協約，然後交錢。陳其美祇想到此議不錯，便未謹慎防備。

「到了那天，李海秋偕同四個男子來到礦業公司。一位高個子的人被介紹給陳其美，說他是礦業公司的經理，也是那位日本財主的朋友。但是，事實上，他是袁世凱派遣的刺客。

「李海秋將此人介紹給陳其美之後，託辭要去取備簽的合同。他一離開室內，那高個子就拿出手槍，當場將陳其美冷酷刺死，這正是陳其美如何悲慘了結一生的情形。

「陳其美死後，我覺得好像天坍了下來。這樣的打擊顯然改變了我對生命的看法，因而驅使我走上放蕩生活之途。馮介文此時成為我的好夥伴，這就是那天他何以口沒遮攔大談我的行跡的緣故。但是，我向妳保證：自從在張府見到妳的同一天起，我就祇愛妳，沒有另愛別人。妳是挽救我生命的恩人、我心理復健的希望所在。」他溫存的望著我，又問：「妳相信我嗎？」

在心中，我對他感覺到一股很大的憐意，我帶著同情的神態說：

「是的，我相信你。」

「謝謝妳，我親愛的妻子。我真怕妳會誤解我，瞧不起我。」

「不，我不會誤解。」我想讓事情輕鬆的過去，就這樣說，「你和其美兩人都將你們的生命奉獻於重建中國，如果一隻臂膀失掉了，另一隻當然不知所措。這點我很可以理解。過去已是過去，那麼你就不要自責。事實上，你能從頹廢、荒唐中重新振作起來，我倒更欽佩你了。」

「那麼，妳不會憑此責怪我？」他急切的問。

「絕不會。當時我祇是有一點驚訝而已。既然你已解釋清楚當時的原委，讓我們忘記它吧。」

「妳愛我嗎？」

「愛！」

「有多愛？」

「如山之高，如海之深。」我照實回答。隨後我又說：「自從我們結婚後，我已學到很多。祇以這裡蘇州而言，我就學到很多很多事情。你對我太好了，我真是愛你得很。」

蘇州美女與蘇州綢緞

我們下一處參觀的地方是那座奇偉的橋，稱做寶帶橋（俗稱「長橋」）。它有五十三個橋拱，完全用花崗石築成。這座橋和其他許多蘇州的橋都很值得一覽，而且在中國也是到處聞名。

然後，我們去看城內那座稱為「留園」的著名花園。這座花園原屬一位滿清大官所有，後來民國政府將這項產業接收，現在開放大眾觀賞。遊客可以悠閒徜徉於那許多行道和假山庭園之中。這留園是中國庭園藝術的最佳典範之一，使我聯想到那柳紋盤子。遊人可信步穿越很多蔭蔽之處，而它們也都各饒具歷史典故。

蘇州也是遐邇聞名的美女之鄉。蘇州婦女以其美貌及其方言之柔媚而著名，因此，中國其他地區的時髦婦女竟也模仿起蘇州話的腔調。這地方雖然不及上海出名，但卻仍然保持著它作為高級綢料和精美織緞出產中心的盛譽。

因為此地以綢緞著名，介石和我去參觀了幾家綢緞廠。我們所參觀的工廠大多是從前供應清朝皇室所需綢緞的「蘇州織造」。我看到那些工廠的環境如此簡陋，感覺奇怪。矮小的廠房，敷土的地面，而就在這裡竟生產出花樣精美、手工細緻的華麗綢緞。介石堅持給我買了三件綢料、一件緞料，作為紀念品。

我們下一站是到蘇州西部，介石要去那裡參觀那個稱為太湖的大湖。這是兩千年來蘇州居民歡喜遊憩的所在，它那聞名的湖水映入我眼簾，就把我給迷住了。介石雇了一條遊艇，我們在湖上遊了三個小時，飽覽天空襯托出的那些蘇州美景，包括那許多高聳的寺廟僧院、尼姑庵、亭閣和寶塔等。

介石指向前方說：

「一般所稱的中原，大致上是指長江以北，漢水以東的各省，位於這一範圍之外的其他地區，都是蠻夷之地。妳知道嗎？古時吳國人都蓄留長髮、紋身，那不過是兩千年前而已。但是他們仍然具有相當高的文化程度。他們是喜好湖泊與水上生活的人民，因為當時這地區比今日更多沼澤，交叉串聯的運河更多。他們擅長紡絲織綢，這是一種細緻的藝術，但大體說來，他們也是一個勇敢好戰的族群，非常凶猛的抵抗那時中原人的侵凌。後來秦始皇才將他們征服。」

我心中在想：中國人始終無法享有永遠的和平。每個學生都知道，沒有一個國家比中國有更多以鮮血染成的歷史。沒有一個國家比中國擁有更多關於其人民英勇事蹟的紀錄。但是究竟中國何時才會統一，成為一個強盛的國家呢？我望著這個古老的地方和密佈蘇州河岸的垂柳，難怪數百年前，這美景就受到中國著名詩人的謳頌。如此美麗的景色極度的需要和平。我衷心禱告：願那些軍閥們皆遭消滅，我國復歸統一於一個政府之下的日子很快到來。這是我虔誠的祝願。

介石發誓終生戒酒以贖前愆

從蘇州回來之後，我發現身上發出了疹子。我試用各種的皮膚油膏擦抹發疹的地方，但不但沒有治癒，而且越來越糟。後來我突然發現兩隻腿上也出現疹塊。然後手腕按脈處再上面一點又出現兩塊像是癬的紅疤。這些東西並不發癢，但很不雅觀，因此使我發愁。我一生從來沒有得過這種毛病。

介石帶我去看他的朋友李大夫，他的診所位於四川路和北京路的角上。這位醫師是柏林海德堡．考克學院及漢堡特羅本學院的畢業生，專研細菌學和性病。李大夫取了介石和我的血樣，以便做瓦塞爾曼氏反應檢查（梅毒的血清診斷法）。等了三個令人心煩的日子，這位血清專家宣佈我們的血有陽性反應。

我一聽到這個壞消息，登時變得發狂似的，我從座位上跳起來，衝出診所，快步走下臺階，直到了仁記路，就坐上一輛出租汽車，去我母親家。

「噢，媽媽，」我哭訴著，「我得了性病，大夫告訴我的。看看我這個鬼毛病！」

不到半小時，介石來了，解釋說這病是輕度的，用六〇六針藥就可完全治癒。這是他自己的舊毛病，他傳給我了。

母親痛罵介石一頓，罵了半小時，他承認了他的「罪惡」。

「我再也不願回到你身邊，」我叫喊著說，「你是個邪惡的人，我要跟你離婚。」

「我要怎麼做才可以使妳相信我是真的悔罪？」他哀求的問。他低頭站在那裡，表情非常嚴肅、深沉。

「原諒我這一次，回到我身邊來，」他又催促著說，「為表示悔悟，我向妳發誓：我永遠不再沾一滴酒。」

我坐在那裡，陰鬱，淒楚，一語不發。「我發了那個誓，」他重複說，「如有一天我喝了酒，甚至茶或咖啡，妳可以認為我已違背誓言。妳這還不相信我嗎？」

母親握住我的一隻手，說道：「妳必須同他去大夫那裡，尋求必要的治療，不可耽延。現在最迫切的問題是把那個病毒排除於妳的血液之外。」

於是，那天黃昏之時，介石帶我再去李大夫診所治療。在打針前，李大夫對介石說：

「這不是一件可以愉快談論的話題，所以請讓我與你的夫人單獨談談。你可不可以在候診室等一下？」介石出去之後，李大夫在我臂上做了六〇六靜脈注射，向我說：

介石與我此生均不能生育

「妳打針十次，就可痊癒，就是說如果妳有耐心繼續治療不斷的話。我現在要很坦白的告訴妳，淋病菌進入了妳的身體——或者確實點說，妳的輸卵管或卵巢——之後，可能使妳不能懷孕。但是，妳的病情算是輕度的，所以如果妳繼續治療，就不必為此擔憂。」

事畢後，我走進候診室，輪到介石進入大夫的診療室了。他打過針後，李大夫告訴他：

「你在結婚前，本應先完成你前次的治療。但你沒有等待充分的時間，求得完全治癒，因此你傳染了你的夫人。從現在起，你必須繼續這個治療，以求完全康復。你原已患有『副睪炎』（epididymitis），已經使你不育。今後你恐不可能再生育孩子。」

為了表示他之悔悟，介石對我起誓，如我答應不離開他，從今而後，他將放棄所有酒類，甚至茶和咖啡。

「我願終生祇喝白開水，不喝其他。這是一種自我的處罰。妳現在可以相信我了嗎？」

我已可憐到無力爭辯的情景，就這樣接受了他的說服。我還能做什麼？任何年輕太太在這種情況下，除了寬恕，還能怎樣？於是，我原諒了介石。而他則信守諾言，從此棄絕了酒以及開水之外的任何飲料。

第十章　與陳炯明不歡而散

介石與陳炯明不愉快的經驗

一九二一年十二月一日，介石和我搭乘塔虎脫總統號輪赴香港，然後轉往廣州。雖然航程祇有兩天半，但是我們這次全部旅程卻是極為愉快。這是我第一遭搭乘外國大船，每樣事情都使我獲得一種非常豪華時髦的印象。介石也同樣欣悅，甚至充滿興奮之情，因為他喜愛那深藍色的海水和一望無垠的海洋。尤有甚者，他將去謁見他所崇拜的英雄孫中山先生。

我們花了不少時間在甲板上漫步，累了時我們坐在甲板椅子上閒聊。

從我們長時間的談話中，我知道了更多有關介石和他早年生活的情形。他的確崇拜他們的總理，也由於這種崇拜關係，他獲得力量。

「我很有野心，」他對我說，「我不以做一個普通的領導人為滿足，以使妳可以看重我。有了孫先生的影響力和關係，我的前途會順利的。」然後他告訴我說，他的傷心經驗之一，是在三年以前與陳炯明將軍共事之時。一九一八年三月三日，他依照孫先生的請求，離開上海去廣州，以參加桂系領導的一支新編軍隊。當他抵達那個南方大城的時候，他發現當時情況對他們的總理具有危險，因為那時的北京政府仍是合法政府，認定孫先生為叛徒，計畫派出一支遠征軍去鎮壓他。此外，那時廣州的軍閥陸榮廷已經轉具敵意，孫先生眼見廣州已不可恃，就離去轉向當時駐在福建漳州的陳炯明求援。陳將軍是一支陸軍的軍長，很同情革命事業。後來孫先生就介紹介石去協助陳將軍研擬一項計畫，藉求攻佔廣州，用作革命基地。

假如當時沒有那個實際上已經存在的窒礙的話，那麼一切事情可能順利進展下去。那個窒礙就是：陳炯明將軍一心一意要在他軍中祇安插廣東人，以符合他那「粵人治粵」的口號。他以為這個口號在心理上可以號召廣東人的愛鄉情結，以謀驅逐當時蹂躪廣東的軍閥陸榮廷——這位軍閥不是廣東人，所以此一口號有其作用。他是一個被人痛恨的廣西佬。

由於孫先生業已推薦介石給他，陳炯明將軍覺得難以拒絕而給介石一個職務，以免侮慢總理之嫌。他暫時安插介石擔任作戰科主任的職務。雖然介石不是廣東人，但這項任命仍於一九一八年三月十五日發表了。他的工作是勘察作戰業務。

但是，事情的發展並不順利。介石曾向我這樣道出他在陳將軍麾下的不快經驗：

「那時，我受任為粵軍作戰科主任，我曾去各處廣泛勘察，並擬就征粵的各項作戰計畫。第一階段作戰之始，我們的主力部隊要自左翼前進，以擾亂敵軍，並威脅敵軍後面的供應基地。這一計畫失敗了。我就另擬一項修正作戰計畫，希望集中我軍力量於右翼，準備進攻。

「而正在此時，大浦城失陷了。敵軍已在接近我軍之中，我軍總部正準備撤退。陳炯明束手無策，不知所措。我堅定的勸阻他撤退，並且再度修改作戰計畫。我立即將右翼主力移至中央，向大浦發動反攻。我三天三夜不眠不休，到前線指揮。幸好戰鬥結果，我軍獲得一場決定性的勝利。但是，我不但未受讚賞，卻被責以貽誤軍機。這就是我離開陳將軍，回到上海的緣故。我每每思及這件忘恩的事體，內心輒感痛苦。」

聽過這些，我了解到一股衝突的暗流似乎正存在於這兩位主腦人物之間。雖然這種衝突尚未發作，仍在控制之下，但已經潛存了；除非能予以化解，否則恐將演變成反感，乃至更大的麻煩。顯然這次我們到了廣州，又將面臨一種需要應付的情況，於是我向介石說：

「不要為這事太難過。過去的事已過去了。總有一天，陳炯明會了解到你所立的功績，而對你心存感激。」

「那種情形永遠不會發生。」介石答道，「他非常厭惡我，但這種厭惡是相互的。」

我第一次做介石的傳譯

航途中最值得回憶的事發生於餐廳中。我首次做了介石的譯員。他祇懂得幾個英文字，因此我就得給他唸出菜單，點他所要的菜。

每次餐後，他就留下那份菜單，然後當我們坐在甲板上時，他總有耐心的要我一項一項、一道一道菜，向他解說字的讀音，他就記在一張紙上，努力記住那些不同的字。這樣，在兩天之中，他果然學到許多英文字及字義。

我們離開上海之前，介石將他的大多數東西都交給我替他料理。我們的兩位男僕阿順和瑞昌搭乘船上統艙，除非先獲特准，是不能來到我們所乘的頭等艙的。介石對實際瑣事，向來不用心思，也缺少錢的觀念，於是我不得不掌管他的箱什和銀錢，照顧他所收集的地圖、日記、書籍及各種文件等，當然還有他的衣物。單是文件就裝了滿滿兩隻衣箱。這對我是一個新經驗，我做得滿開心的。我了解：快樂的秘訣之一就是做任何事，都保持對它的樂趣，尤其是為了一位如此熱愛妻子的丈夫。

我也有自己的書及衣服。我買了不少本書，想好好研究一下革命和國民黨各方面的情形，以便大家談論這方面問題時，我不致於有局外人之感。我必須承認，過去曾有多次，每當介石談起國民黨及其主幹黨員的時候，我確實感覺如同沉入水底一樣，無法了解。經我這樣努力增益我的知識之後，我為此深自欣慰，因為現在介石於一般言談中，祇要提到這些事，我總能理解其中各項情節。

廖仲愷來迎，簡報廣州情形

我們抵達香港後，沒有逗留訪友，因為介石急著要趕快轉赴目的地。我們搭乘香港至廣州的火車，四小時後抵達時，一位政治人物廖仲愷來站迎接。他趕急似的送我們到廣州西堤的亞洲旅館。他和介石立刻談了起來。我端詳這位中年、瘦弱、個小的人，他似乎很機警靈活。介石前此已經對我談過他和他妻子的情形。他的妻子是自從革命最早時期便與孫先生一同工作的同志。如今我見到他，竟感覺像見到老朋友似的。我知道在孫先生的追隨者之中，他是第三號重要人物，排行第一的是汪精衛，第二是胡漢民。仲愷打扮得整潔俊帥，幾乎具有一位紈　子弟的模樣。他告訴介石：

「陳炯明將軍成功的收復廣東，趕走軍閥陸榮廷之後，就歡迎孫先生前來領導政府。但是，孫先生一心祇想籌辦北伐討逆之事，以消滅那些軍閥，將中國統一於一個政府之下。可是，陳將軍不同意此一計畫，說如此遠征需費龐大，而他拿不出來。他勸孫先生說：何不讓我先行鞏固目前的基礎，以後再談北伐之事。

「但是，孫先生辯說：目前的時機最好，因為北方軍閥們正傾軋、互鬥，如果立即展開北伐，就等於戰鬥已經勝了一半。目前正是有利時機。

「雙方無法獲致協議。孫先生堅定不移，最後說：

「『無論如何，我已決定去梧州籌備北伐，然後去桂林發動北進。你身為粵軍總司令及廣東省省長，要徵收稅捐，分撥一部分收入給我，以備採購我的官兵所需的補給及軍火。我已指派鄧鏗將軍為軍火事務連絡官，廖仲愷為財務及補給事務連絡官。』」

他這樣向介石作了一番近情簡報之後，又說：

「我為你此次捨棄前嫌，前來相助我們的總理，感覺欣慰。總理會非常高興與你重晤。你明早就須離此前往梧州，為此我已作了一切安排。但在你出發之前，我想你最好先去總司令部向陳炯明將軍致敬。」

「實話實說，」介石道，「我不想去見他。但是，在現在這樣情況下，我還須先想一想。」

廖仲愷離去後，介石轉身向我，問我對於他應否去拜會這一點，有何意見？我說：

「我不願看到有任何人受到傷害，尤其是你。但是，我真的認為，一切往日嫌隙都應予以忘掉。你為何不大方一點，使他了解你已經原諒他了。無論如何，他是總司令呀！」

介石臉上的表情變了，他沉默了一陣子。我看出他還在考量我剛才說的話。我有些緊張，怕是我冒犯了他。但他終於說出：

「妳說的對。我要讓他知道我不是一個心地狹窄之人，我現在就去拜會他。」

我心裡感到寬慰，那天我做了一件好事。

仲愷建議介石先拜會陳炯明

中午時分，介石穿著一件棉長袍，坐出租車去總司令部拜見陳炯明將軍。在總司令部大門口，衛兵不許他入內。介石就遞上名片，衛兵入內交給班長。班長不屑似的看了名片，便進入辦公室打電話。

介石在大門口等著，他已開始後悔來此，但是現在已無法轉回，否則難免有失顏面。於是，他發揮最大耐性，等了又等……。

二十分鐘之後，那位班長出來，傲然微笑，引領介石到總司令私人房間。他們兩人見面後，像老友般的交談。但那故意的侮慢卻仍然深刺在介石心中。

陳炯明將軍告訴介石：

「我曾堅決勸促總理延緩北伐，等我先鞏固在此間的基礎，但總理極為固執。他說他已作決定，不願改變。然後，我向他說：『你懷有太多狂想，你的計畫不切實際。你擬議的事情太多，但卻成就少少。』但他祇答說：

「『如果我夜以繼日思索計畫，那僅是為了完成我們革命工作這個唯一目的。如果我們現在不趁此時機，發動討伐，那我們究於何時發動？你說等、等、等，但是這種無休止的等待正要把我逼瘋了！』

「我在氣惱中，就告訴總理：『不錯，你是瘋了。我已經向你報告過，我們尚未能鞏固我們在廣東、廣西的基礎，情況尚未歸於正常，我們還未能恢復平衡，人民的內心仍在高度緊張不安之中。徵稅需要時間，因為軍閥陸榮廷已將人民榨乾了。東部西部都仍在動亂之中，兵士正在厭戰。你怎可忽視這種情況而如此輕易的說要發動北伐？究竟什麼緣故使你認為你可以如此容易打敗敵人，贏得勝利？』但是，我們的總理祇對我說：

「『你不可長他人志氣，滅了自己的威風。我已決心北伐，不會改變心意。』總理停了一些時候，又說：『我領導這次討伐，成功之後，還要繼續北上，打到北京。縱使我失敗了，也不會回到廣州，而會將廣東、廣西都託付給你照顧。我現在祇請求你認可我指派鄧鏗將軍為武器軍火連絡官，和廖仲愷為財務及補給連絡官的事。務請不要阻止我實現這個心繫已久的計畫。』

與陳炯明又一次不歡而散

「我心知已無法推辭，就同意了。於是，總理於一九二一年十月十五日，乘坐廣東砲艇寶璧號，西駛前往梧州，現在仍在那邊。他的隨行人員有二十人，包括胡漢民。而現在，……」陳炯明看著介石說，「總理正在梧州等你到達，他已任命你作他的軍事顧問及戰略官。」

陳炯明將軍解說完畢後，變得十分友善，一定要介石留下來，在他的軍官餐廳一道進午餐。

午餐在一條長桌上，在座有十二位廣東的最高級軍官，其中之一是陳將軍的左右手葉舉將軍。彼此介紹後，大家不斷說笑相嘲。忽然，介石聽到葉將軍將孫先生稱作「孫大砲」——這是眾所周知的孫先生外號，祇在言者有意侮蔑孫先生時，才會使用。

但是，介石對這種稱呼大不以為然，認為那是故意侮辱。他就突然自桌邊站起，請求陳將軍與他一同到會議室去。

「你怎可允許你的軍官以『孫大砲』之名侮辱總理？我注意到你竟未發一言責備他！」

「你的幽默感到哪裡去了？」陳炯明帶著氣惱反問，「他並非故意侮辱。我想你太敏感了。這樣對你的神經不好，算了吧！」

「但是，那是不折不扣的侮辱！」介石仍舊堅持。

「每個中國人都有一個外號，不論他的姓名為何。這是習俗，完全沒有侮辱之意！」

介石勃然大怒，就二言不出，轉身離去。

第十一章　北伐夢引來的後果

與孫中山夫婦一段愉快的相處

一九二一年十二月十日，廖仲愷、介石和我三人到達梧州，在孫先生的大元帥府見到他，發現他比從前更為樂觀。他和孫夫人歡迎我們，使我們覺得賓至如歸。事實上，我們到達之時，孫先生正在草擬一份致陳炯明將軍的電報，請其前來梧州出席緊急會議，並查詢供應物資及軍火何時可以運來。翌日，陳將軍回電說：

「由於數項重要會議無法分身，可能時當即前來。」

這通電報使孫先生感到一種新的鼓勵，他耐心的等，滿懷期待。

介石被任命為孫先生的軍事顧問及戰略官，每天上午都要忙於參加討論會，動輒數小時之久。每天下午都有出遊，孫先生總是請我們全體同他一起去爬那著名的梧州山。這山有一段非常奇特，頗值觀賞。那些山的形狀就如同竹筍或倒過來的裝冰淇淋用的圓錐捲。我們沒有想爬上去，但從遠處可以看到這部分山似是荒地，大石頭遍處皆是。詭異的光線卻似乎使這些奇形怪狀的小山顯示出翡翠綠的光彩。我可以了解為什麼當地人稱這幾座山為「碧玉簪」。介石告訴我：

「妳看孫先生，看他如何健行。他是一位地形專家。他每到任何一處地方，總要爬爬山，勘察地形地勢，以了解能否在那裡建造一條鐵路。」

介石說的一點也不錯，孫先生走起路來，步伐既強勁，又沉穩，冷靜異常，而胡漢民則落在後面，緩步踽行，似乎上氣不接下氣，很顯然，他一生治學之餘，從未走過很多路。但是，他的確是一位優秀的學者，擔任孫先生的秘書。

幾天後，孫先生又拍電報給陳炯明，但無答覆。不過，孫先生仍未失去希望。他將一批卷宗遞交介石，說道：

「這些案卷可以使你了解最近情況。你知道，自你回上海之後，炯明就從漳州打回來，成功的佔領廣州。他很勇敢，配得上粵軍總司令的職銜及我頒給他的所有榮譽。」他指著那些案卷，再說：「這些都是紀錄文件，你看後便知，許崇智是副總司令，還有其他十個混編部隊加入我們行列。每天我們都可召撫收編更多無人領導的散兵，這些兵都可加以訓練，然後編入我們的粵軍。我們必須擁有一支強有力的軍隊，使北洋軍閥們幡然悔悟。」

介石當時想說：「陳炯明將軍不可信任，他對你之擔任領袖，祇有輕蔑之意而已！」但他見到孫先生如此熱衷，便守緘默。

「廣州的財政廳是由炯明及其屬下人員掌理，」孫先生繼續說，「所以我們北伐所需要的費用和補給物資等等，都必須經由他送來。這些東西可能來得慢些，但我覺得一定會適時到來。」

次一星期，孫先生又拍給陳炯明將軍第三、第四、第五通電報，但都無回音。他仍決定繼續進行，前往桂林，以發動那邊的事情。直至那時，在他指揮之下，有兩團部隊，共二千四百人，由何團長及徐清團長率領。這些據稱是先頭部隊。

陳炯明經費補給遲遲不來

離開梧州去桂林，這對我是一個新的經驗。我們一行含有差不多一百艘汽艇及各種類型、大小的木帆船。

看它們一齊集合在梧州河中，那確是一種奇觀。當我們啟航之時，一長串木船帶頭前進，船上載著我們兩團士兵，隨後是孫先生夫婦、胡漢民、幕僚及其他人員乘坐的木船，再後是介石和我及其他幕僚人員搭乘的木船。我沒有實際點數過，但據說我們後面還跟隨著一百條木帆船。

一路上，我們駛經許多沙灘，逆流溯江上行。我們當然駛行很慢。

對我有些新奇的一件事，是我們每條船上都須切記一個口令，尤其在夜間。這是為了保護我們自己不受盜賊和敵探侵擾之故。

每條木船上都有僕從和廚役，製備我們的餐食。大體說來，我們在船上頗為舒適。沿途停靠的第一個城是株平。到達時，當地縣長來迎孫先生。兵士們列成儀隊恭立，孫先生伉儷下船進行檢閱。胡漢民、介石和我在旁等候，直至檢閱完畢，然後我們再與總理會合，後面跟隨著軍官們及其他屬員。我們被帶領去參觀鄉間，心中倒也高興能於困坐木船之後有此一舒展的機會。我們見到這個小城及岸邊的情形，然後又爬登一座矮山。介石和我在路邊各買了一雙布鞋，以便步行。我們又折取樹枝，作為手杖。爬了一個小時，孫先生夫婦倚坐石頭上休息，僕役們則將罐裝餅乾及其他點心，遞給我們進用。

兩小時後，我們這些船又啟航續駛桂林。從此處起，水流變得相當湍急，因此我們前進非常緩慢，大約一天衹走十哩。江水不深，但頗清澈，我可以看見河床上鋪佈著各種大小的橢圓形石塊，這情形表示水流很強勁。

一連幾哩路，我們都是經過更多的江灘，逆流而駛。船夫們都下船去拉縴，將我們逆著急流，拖拉前進。他們用的是竹條編成的長繩，這些繩子的一端綁住船的桅桿及船頭，另端則繞成繩圈，套住縴夫的肩膀。縴夫們拖拉著船，奮力行進，口中哼著小調。

我對此很感興趣，看著這些人使盡氣力，拚命拖拉。介石向我說：

「俄國也有縴夫，但他們叫做伏爾加船夫。」

就在此時，孫先生的船停住了，我們更接近他們的船時，望見他和孫夫人下船上岸邊步行。

「來和我們一道走，」孫先生喊著說，「走路比船還快，因而我們可有時間給前面那座城牆拍個快照。」介石和我就遵命下船，去同他們一道步行。走路倒是非常有趣。當我們到達城牆的外緣時，我看見孫先生正用他的照相機拍照。好在那時我也帶著我自己的照相機，於是走至孫先生旁，問他：

「孫先生，我可以給你拍一張照片嗎？」

「當然可以。」他笑著答說，「可是如果妳的相機因為照我而搞壞了，可不能怪我！」

他手中仍拿著他的相機，就特別為我擺了一個照相姿勢。我照過後，他又給介石和我照了幾張兩人站在一起的照片。

由於那個冬天相當溫和，天氣並非很冷，於是我們就各自走回船上，繼續由梧州去桂林的航程。此行很多段路都是經由淺水，所以前後約達二十天，我們才到達目的地。

桂林途中孫中山斥介石反陳

旅途中，孫先生每天都要請介石到他船上幾個小時，一同商討北伐計畫，每每就談到陳炯明將軍所允諾的補給問題。由於直到現在，還沒有任何補給送來，所以當介石聽到總理又不時稱讚陳炯明的時候，他就覺得十分煩惱。有一次會談歸來時，介石怒氣沖天，告訴我：

「我知道陳炯明為人奸險，有一天會背叛總理，但是總理卻聽不進我的勸告。我要怎麼樣才能說服他呢？」

「你有什麼證據嗎？」我問。

「不需要任何證據。」他斷然地說，「我雖不知原因，但卻看得一清二楚。一個人不尊敬他的領袖或他的黨，不可能在他心中懷有任何忠誠。」

「如果你心中如此肯定，為什麼不寫一封信給孫先生，述說你懷疑的理由，留個紀錄呢？」我向他勸說，「這或許比口中說說還更有效。」

「妳說得對。」他似有所思的說。他隨即拿起一張紙，寫道：（照原文直譯）

我在寫這封信時，心情沉重。我不忍寫出它，但無法保持緘默。我已就陳炯明的奸險本性，屢次警告於您，但您卻總是一笑置之。我懇請您相信我，因為那個人是不可能懷有任何忠誠的。

第二天，他們又會面時，孫先生問介石：

「我收到了你的信。告訴我你心中究竟有何想法？你要我做什麼？什麼是應當做的最明智的事？」

介石說：「應當做的最明智事體，就是撤除陳炯明的總司令職務，藉以削減他的勢力。下一道命令，使我可以首先快速出擊，強制他離開職務，接掌他的軍隊指揮，然後轉回消滅他手下駐在廣西、現由葉舉指揮的部隊。這件事完成之後，北伐就可付諸實施，再無阻礙。」

「但是陳炯明還沒有公開反對我，所以請不要製造事端，」孫先生叫了起來，「我信任他。此外，駐紮廣西的部隊是我的同袍兄弟，曾經多年與我並肩奮鬥，你怎可提出如此的建議？真是不可思議！現在，你聽我講……」孫先生就不慌不忙的告訴介石：

「達致和諧的第一要件，就是信任、容忍、願意了解對方的見解、在公開場合討論問題，而不是在心中懷有無憑無據的猜疑或痛恨，而將這些當作確定事實一般，傳述出去。你如要好好的為我工作，就應當全心全力的合作，而不可想逼我去同一位多年來顯然忠誠的軍官弟兄鬥爭！」

「但是，我看得出，陳炯明不久會有一天轉而反對你。」介石說，他顯得相當慌張。

「這種話對我們祇有害多利少，」孫先生再說，「當然陳炯明的軍隊如受到很小的一點挑釁，就可首先出擊，但我不會給他釁端。你必須了解：你這種莽撞而不負責任的建議，可以輕易的將廣州陷入水深火熱之中。我們沒有猜疑仇恨的餘地。我不願聽取你再三反對陳炯明的那種說詞，但是我的確要懇求你採取一種諒解合作的真正精神。你是一位好的軍略人才，應當集中心力於謀致和諧的策略。」

介石眼見孫先生態度堅決不移，已經無法使其轉變心意，就轉過身軀，人崩潰了，痛哭起來。

介石傷心之餘由桂林返上海

第二天，介石滿面陰沉忿激，向我說：

「開始準備，我們到達桂林之後，立即回上海。我們將搭乘最早一班船回去，因為我要儘早離開這裡。」

我對這個突如其來的決定當然感到驚異。我的本能告訴我，他和孫先生有過爭吵。

「發生了什麼事？」我問他。他就將孫先生對他說過的話，一五一十告訴我。

回到上海之後，介石時時與學者型的胡漢民通信，胡將所有新近的發展情形告訴我們。陳炯明果然食言，不肯給孫先生補給品及經費。雖然兩位連絡官往返奔波，舌敝脣焦，仍無結果，已至束手無策的地步。

在孫先生的催逼下，連絡官之一的鄧鏗將軍向他的長官陳炯明作了一次最後的嘗試，他對陳說：

「我們是表兄弟，所以敢向你直說。當初你曾答應我們的大總統，要供應武器軍火，全力支持北伐討逆，但是現在你卻自食其言，一個個星期讓他空等。你是想阻撓北伐嗎？如果不是，那麼你究竟目的何在？」

「你不必為這事擔心，請鎮靜下來。」陳炯明直率的說。

「但是我是你的連絡官，是你派的，我怎能不擔心？我認為你的態度錯了。如果你反對孫先生，那就拿出男子漢的氣概，照實說出來！你知道你正在愚弄我們這些人嗎？」

「你既然逼迫我，我願意老實告訴你我何以不送補給。」陳炯明忿然的說，「大總統沒有資格組織北伐，我已決心不給他任何軍火、經費或供應品！」

「為什麼？」鄧鏗問。

「因為他聽信那個姓蔣的浙江流氓的煽惑，那傢伙要縮減我的勢力，撤我的職。」

「這不可能！我不相信。」鄧鏗叫著說。

「你看這個報告，這就是他寫給大總統的原來文字！」鄧鏗接過那張紙，看見上面寫道：（照原文直譯）

依照目前廣東的情勢，你身為我們的總理，祇能希望陳炯明不致越權行事。對於他正在擴張中的勢力，你必須予以縮減，甚至應將其撤職。如果你希望他於緊急之時，接受你的命令，尊敬本黨，並為本黨抗禦黨的敵人，你將會發現他絕非其人。你切不可信任他。我冒昧向你吐露我內心所思，懇祈信之。　蔣介石

「這就是關於此項陰謀的再一次報告！你以為我會撥出槍炮軍火，使人用來對付我嗎？」陳炯明問道。

鄧鏗無言以對。他親見陳已翻臉決裂，情勢無望，就採取獨立行動。為求不使孫先生失望，他跟幾個朋友，包括政治人物伍朝樞（伍廷芳之子），進行接洽，並且去香港和一家名為辛浦森洋行的進口商簽立一項合同，訂購一大批武器軍火，備供孫先生之用。但是，當鄧鏗拍電報給廣州海關，請求准許這批貨進口之時，他此一秘密行動便洩漏出來。

鄧鏗擁孫中山，遭陳炯明暗殺

陳炯明將軍將這事認作危害他生命的陰謀，為報復之計，就命令手下秘密查出鄧將軍返回廣州的日期時刻，並在火車站的入口處將鄧鏗刺殺。此事的發生日期是一九二二年三月二十一日。

此一噩耗傳至孫先生之時，他悲極而泣，因為他很喜歡這位溘逝的正人君子。

中國有句俗話：「福無雙至，禍不單行」，這話正巧應驗在孫先生身上。鄧鏗遇刺之後，湖南軍閥趙恆惕又有話傳來。他與孫先生之間，原有秘密的協議，如今卻又變卦，明白拒絕協助孫先生。原來的協議僅在於允許孫先生的北伐軍借道湖南，以便北進作戰。此一拒絕對孫先生的計畫，是一嚴重打擊，因而他不得不匆匆策劃改道。幾經商討，孫先生決定將原定的西路改為中路，即改經江西省。在這樣情況下，他已完全沒有繼續留駐桂林的必要，於是指示僚屬準備回廣州。由何團長及徐清團長率領的兩團人也被告知這項改變，並奉命撤回南方大城廣州待命。

如此一來，竟引發了一場大誤會。陳炯明對湖南軍閥的變卦，並不知情，就誤以為孫先生之歸來是一項報復手段。尤其由於那兩團軍隊也回來了，他設想那明明是要攤牌，就是要削減他的勢力，撤除他的職務。他為了消解謠言，表示他並非如外間所傳，意在爭權，就致函孫先生，請辭粵軍總司令之職。

孫先生此番回程，由於是順流而行，所以由桂林至梧州，只花了四天半時間，然後由梧州到廣州，只需一天。

孫先生抵達廣州時，才知道陳炯明已離開廣州，前往他的惠州本籍根據地。他既未前來歡迎孫先生，反倒送來辭呈。

孫先生固知這是陳的一種自保顏面的作法，但內心既不滿於陳炯明吝撥補給、軍火及款項的欺騙行徑，就很快接受辭職，未加慰留，然後又指派素孚眾望的伍廷芳先生繼任廣東省長。這項任命頗受好評，因為伍先生曾兩度出任中國駐美公使，也是一位頗具歷練的政治家。

介石自上海致函陳炯明將軍說：（照原文直譯）

君子絕交，不出惡言。此函是我對你的最後呼籲，請勿以為忤。我很遺憾你並未前往梧州拜望總理，作一番坦率商談，因為原本不無希望或可達致某種協議。如今你竟離去廣州，此即表示諸事已無斡旋餘地。我已回至上海，對於局勢的複雜演變，已可不再煩心。基於我們過去之友誼，我熱切的勸你永遠退休，或至少目前暫退。

我現在向你冒昧直陳，絕無隱諱。我認為你太驕傲。如你固執於那種違命犯上的行徑，前途將愈益黯淡；不論實際結果如何，雙方均將不免遭受重大損失，其禍害實將不堪設想。如你終歸失敗，你的舊日令譽必將白白毀棄。縱使你能得勝，你的精神痛苦亦必將大於遭你擊敗者所受之痛苦。

你如拒不公開宣佈態度，或如罔顧總理的意旨，你將承擔不起其後果。

不可聽信小人讒言，亦不可墜入惡人圈套。你應為總理效力，協助其北伐大業。

蔣介石

好多天過去了，雖然介石每天盼望回音，但陳炯明處卻無覆函來到。陳的沉默更增加了介石對他的痛恨。更不幸的是：孫先生對介石近來的警告，仍淡然處之，不予採信。

十天之後，最難以忍受的事發生了。介石給陳炯明的那封信，居然原件退回，未經拆閱。在信封背面還寫著這些字：「狂傲小子、嫉妒、暴躁、昏庸、自私自利的破壞分子。」

當初將那兩團忠誠部隊調回廣州，原本是有意於陳炯明反叛時，加以制止的。但既然陳已辭職他去，這些軍隊就無需駐紮廣州市內。

在此情形下，孫先生以為他已可放心進行籌劃北伐，繼而率領這些部隊，暢順地開過江西。

在另一方面，陳炯明將軍此時深信他所聽到的一些謠諑並非全然無因。孫先生原想削減他的權力，並將他撤職，如今接受他的辭職，而全無遺憾表示，這就證明了其意圖。於是，他等待時機到來。

介石在滬發動函電攻勢反陳

在隨後的數星期中，介石發了幾封急電及信函給孫先生的心腹許崇智和其他幾位朋友，勸促他們馬上採取主動，驅逐陳炯明。可是這些呼籲都如石沉大海。

此時，北京方面的局勢正在快速惡化，孫先生更是全心全意在準備北伐大舉。現在的確出現了不可多得的機會，因為從前曾幫助直系打敗國務總理段祺瑞及其夥從的東北軍，如今與其舊日戰友發生了內鬨。此外，張作霖將軍已將其大軍自東北開進關內，駐在北京附近，意在與直系軍閥曹錕及其副手吳佩孚拚戰。孫先生本已憾然於浪費偌多時間，將進軍路線由桂林移至江西邊境，如今感覺不耐起來。

但是，陳炯明的參謀長葉舉卻將五十營以上部隊秘密調入廣州，其意圖昭然若揭，但竟無人懷疑有他。

許崇智將軍在其一九二二年五月三日，答覆介石迭次函電的回信中說：（照原文直譯）

你的迭次來函及電報均已轉呈總理。總司令部即將於本月之六日抵達韶關，我將先期親往該地。桂林之第一、二兩師所屬兩團官兵，加以若干其他部隊，將參加北伐。海軍業已轉而加入吾人行列。

陳炯明已宣佈不擬辭卸陸軍部長職務。事實上，他已請我們設法安排其自廣西省垣調回部隊之宿營事宜。如果我們指派此批部隊負責維持兩廣邊境治安，則彼等將難有不良作為。總理和我希望你不久回來。

令介石感覺失望的是，陳炯明的勢力此時反而較前更強大了。他被任命督辦兩廣軍務，仍保持其陸軍部長的職位。雖然他已辭卸粵軍總司令之職，但其參謀長葉舉仍掌控著粵軍指揮權。

由於廣州現無強力駐軍防衛，陳炯明乃決定要求較大的權力。他以葉舉及所屬其他軍官名義，呈請孫先生免議陳炯明前此辭職之事，而公開宣佈恢復陳炯明的粵軍總司令及廣東省長原職。此議對孫先生而言，實無甚差別，因他除北伐而外，已無心他顧，但卻使介石惱火萬分。

一九二二年五月底左右，介石出於盛怒，屢屢致電孫先生之若干忠實支持者，促請他們務必進攻葉舉指揮下的前陳炯明部隊——他真是怨恨無涯了。

廖仲愷是孫先生最信任的一位追隨者，也是我們的一位密友，他答覆介石說：（照原文直譯）

介石吾兄：

來電敬悉。除非廣州確生叛亂，否則無法自前線召回吾人部隊。在任何情況下，此舉將絕難獲准。吾等無人願見此項行動出現。如許崇智將軍麾下第二軍依照吾兄擬議，單獨進行驅逐陳炯明，而不顧他軍，則他軍必一致起而反對之。吾人目前所冀望者，乃在贏得對本省外敵人之戰鬥，而保持省內之安寧，藉免困擾。

吾兄迭次建議，足以且必將引致嚴重困擾。吾兄應速來此，立即前往前線協助許崇智。兄何竟忍令許崇智及吾人等獨受此等艱苦？兄何堪耶！

廖仲愷　一九二二年五月三十一日

翌日，他又致函介石如下：（照原文直譯）

介石吾兄：

我已自韶關返回，閱及吾兄第二通來電，茲奉覆如下：

（一）葉舉屬下部隊已抵廣州。除他已來電呈請恢復陳炯明粵軍總司令職務外，尚無其他行動。

（二）陳炯明已屢次拒絕接受任何與北伐有關之職務。由於他在廣州已忙碌不堪，我們無法責難於他。

（三）陳炯明已允前來廣州或肇慶，並令葉舉部隊回駐原防。

（四）如葉舉之部隊逐漸開離廣州，則相安無事。否則，兄電所建議事項，將為無可避免之緊急措施。我們之立即需要，乃為前線有一能總綰全盤計畫，並對戰場及後方之當前發展情況，能予同等關注之人。弟希望吾兄即日起程來助吾人。請勿再遷延。勿念舊惡，宜示寬宏。

廖仲愷敬禮　一九二二年六月一日

胡漢民說反陳可能引起戰禍

謠言總是跑得很快，而且漸被誇張擴大，以致無法辨識。五月底六月初之時，街談巷議的話題，是孫先生已決定逮捕陳炯明將軍，褫奪其職階，並摧毀其惠州本籍的基地。胡漢民顧慮這種無稽

謠諑可能引出麻煩，就寫信給介石說：（照原文直譯）

……並請勿再勸促總理進攻陳炯明將軍。他前已屢次告訴你他不會這樣做，而我敢確言他永遠不會改變心意。但是，你給各同志許多信件電報，請他們起而予陳炯明以致命一擊，這不但將遭誤解，且將引致重大困擾。為求確保總理的心境平安，即你所應尊重的平安，務祈勿再為之。不少傷害及惡感已因此發生，尤可慮者，設如陳炯明竟然相信此等謠言，則廣州可能輕易成為流血戰場。 胡漢民 一九二二年六月一日

謠諑雖熾，但廣州情勢一時似尚平靜。孫先生為求滅息一般民眾及軍隊的疑慮，遂決定自前線返回廣州數日，下榻總統府內，僅由少數侍衛陪護，以示並無戰意。他於一九二二年六月一日黃昏時抵達，並即拍發一電給介石，促其搭乘最早航輪，返回廣州，協助北伐工作。但是，介石卻仍舊堅持以驅逐陳炯明及其部隊為妥協的先決條件。

介石了解到孫先生不會採取任何行動，便再次寄一封急信給許崇智將軍，懇促其立即出擊。他說：縱使陳炯明及其追隨者撤退或妥協，許崇智仍必須將其部隊帶回廣州，以解決當地的基本問題，否則和平與安全仍難確保。他的信說：（照原文直譯）

如果我們墜入他們的陷阱，本黨將告完結，我們的軍隊也將消失。縱令他們已略有妥協，你也必不可認為其事已了。我們必須搶先出擊，無論他們的部隊主力集中於粵東或廣州。將這些部隊掃蕩消滅，實非難事；但我方之猶豫、延宕或忍讓則將自縛雙手，屆時如欲自救危亡，

恐已為時過遲！不論如何，須儘速行動，其所造成之困擾，究屬有限，但如延宕不行，則終必難逃重大劫難，甚至完全絕望之結局。請運用你的睿智決心，執行我的建議，並請予我答覆。吾心煩極，無法寧息，甚至書寫此信之時，我亦感激動無已。　蔣介石

但許崇智此時很忙，無法回覆。他率軍北進，於一九二二年六月十三日佔領江西省境內的贛州城。這是北伐行動的初次成果，也是令他自豪之事。孫先生認為這表示他心繫已久的戰役已經到達其第一個里程碑，因而欣悅非常。

陳炯明強烈主張粵人治粵

在此期間，我常想到那句俗語：「反求諸己」，這對介石恰好適用，因為我知道他自視困於淺水之龍，無地施展，因此為了其前途發展，他內心極度不滿於現狀。他的這種不滿心態，連帶使他對陳炯明將軍疑慮重重，因為陳是他爭取孫先生寵信的對手。

介石認為他自己較為優越，因為他是當時唯一可用之曾受日本訓練的軍事專家。他曾協同孫先生的親信陳其美為中華民國效力。他既已奉獻此生，誓為追隨孫先生革命而致力，於今當然渴求重用。

而在另一方面，陳炯明自認他才較為優越，因為自從民國初年，他便已為民國服務。他是粵軍總司令，並曾成功的驅逐軍閥陸榮廷，將孫先生迎回廣州。毫無疑問，他是華南最具重要性的軍人。他那響亮的口號「粵人治粵」，是用來號召廣東人民的擁護，因為前軍閥陸榮廷不是廣東人。陳的本

意是祇用廣東人擔任幕僚，所以當孫先生推薦介石這位非廣東人時，陳將軍祇是基於一時寬容，勉強接納了他。

介石了解這些，於是在他們兩人之間，就發展出一股爭強、嫉妒，甚至痛恨的暗流。介石為了保護孫先生，使其免受陳炯明的傷害，曾迭次提醒孫先生留心陳炯明的奸險本性。他曾強力勸請孫先生以大總統身分發佈命令，削減陳炯明正在擴張中的勢力，甚至撤銷其職務，以防其叛亂。

謠言，尤其惡意的謠言，向來流傳如矢，於是陳炯明恐怕孫先生終將被人說服，簽發這種命令，便深懷惶懼不安之心。

孫中山函責介石要忍耐和諧

介石這種不妥協的精神也使孫先生至感困擾。下引來函，其內容將可有助於了解個中內情：

（照原文直譯）

介石吾兄：

當陳炯明兄攻佔廣州之時，他盡其一切力量，為本黨及我國效勞，我們亦傾力助之。我們之間的合作，所持目標及見解一致，誠非一普通之聯盟可比。我盼望陳炯明兄之作為，能如一九一二年以前黃興之所為，或如一九一三年之後陳其美之所為，蓋以我之尊重於他，恰如我之尊重此二位愛國志士也。我所要求於他者，厥在其遵守我的原則及我的政策——即遵行我多年來所致力實現的民主信念。我豈為一專喜他人盲目服從之暴君耶？介石吾兄，你與陳其美共事最久，當知我對之如何付與信任。然你卻性情暴躁如火，你之要求亦常流於過分，由此，你時常趨於辯爭猜疑，而令人益難與你合作。你既有希望於未來肩負本黨之艱鉅責任，則你當改正你的意見，勿拘泥於小節，而嘗試折衷妥協。此語全係為本黨內部之和諧而發，初無涉於任何個人情事。以上所言，吾兄以為然乎？否乎？

孫文

孫先生及其追隨者並不贊同介石對陳炯明之疑慮，亦不聽信介石所提之指控。他們都對此種無止無休的絮聒，深感痛心，但卻能如之何？至少我自己已可看出，必然將有麻煩事件發生，因為沒有人會甘願於僅因他人之從旁煽惑，而遭褫除職位。縱使我們姑認介石之所疑所慮確屬真實，但並無證據可以提出。孫先生為謀和諧，急求妥協，於是對陳炯明將軍給予假定的無辜，而對介石的種種指控，則認為僅屬偏見而已。

在此之前，孫先生曾已多次規勸介石忘掉其對陳炯明將軍之個人嫌惡，轉而致力於共同之事業。

雖然介石和我已回到上海，正從事於安頓新家，但我們仍經由孫先生的秘書林直勉，保持對廣州情況的了解。

他來信告訴我們，我們離去之後，謠諑繁興，已至驚人地步。孫先生乃盡其努力，設法消解，而其上上策厥為直探困擾的根源，因為他可以洞察，如果根源未泯，將可能造成極大損害。他就請陳炯明將軍前來作一次剖心以對的會談，以求端正舛誤。在其後十天中，又送去了三封類似的邀函，但

均無答覆。在其最後一封信中，他委婉的說：（照原文直譯）

炯明吾兄：

請勿輕信所聞之謠言。你必須致力於共同大業。請立即前來會晤，以便擬訂詳細計畫。我正思念於你。餘容面敘。

孫文

第十二章　火燒總統府與永豐艦避難

葉舉叛變，孫夫婦狼狽出走

一九二二年六月十五日將近午夜時分，孫先生經過一整天的繁重工作，已感疲倦，正準備就寢。突然間，林直勉秘書匆匆進來，告訴孫先生及孫夫人趕快逃命，因為陳炯明的參謀長葉舉將軍即將於午夜發動叛變。孫先生不肯相信，表示他要留守崗位。但在孫夫人再三勸促之下，他終於同意離去。他正在著衣時，就聽到遠處砲聲隆隆，而且這轟隆之聲開始快速增多增強，猶如大地崩吼一般。已經快沒有時間了，於是孫先生夫婦、林秘書，暨府內僚屬員工們倉促離開總統府。僚屬員工們都奉命各自疏散回家候命。

孫先生夫婦在林秘書前導下，先走至惠愛路然後轉入旁街小巷，以避開那些已經接管市內，正在巡查街道、訊問行人的叛軍士兵。另有士兵乘坐卡車，駛往其他要衝地點集合。槍炮聲響個不停，從無歇息。

在總統府至堤岸間這兩哩路程中步步為營的行進，的確是一次令人心驚膽裂的苦難。他們隨時都可能遭到阻擋扣留。更糟的是，砲聲仍轟隆不斷，彈片左右紛落。有幾次陣陣火光閃耀天空，重砲彈墜落附近建築物上，迫使他們停步，靠牆貼立。

他們三人終於到達東堤碼頭，都面色蒼白，全身顫抖。在這裡，他們雇了一條舢板，載送他們去珠江一個小島上的海軍司令部。抵達之後，他們獲知這裡的建築無法承受砲轟，於是林秘書又找了兩條汽艇，一條送孫夫人去發堤區（音譯）。到了那裡，她可以暫時寄住友人家中，而另一條較大的汽艇，則載著孫先生及一群海軍忠貞軍官，去轉登正泊於珠江上的「楚豫」號砲艦。

介石與我決定赴孫先生之難

安全登艦之後，孫先生立即下令，要停泊附近的所有艦艇人員進入戒備。當時附近停有七艘艦艇——「永豐」、「永翔」、「楚豫」、「楚章」、「同安」、「廣玉」及「寶璧」各號。這些巡邏艦隻雖小，但用以保護孫先生的安全，則是足夠的。

黎明之時，砲轟仍在繼續，廣州市很多地區都在火燒之中。孫先生的總統府大廈遭受搶掠縱火。市內一片混亂，流氓和士兵趁機搶劫商店住家。其後一連數天，遍處皆是無法無天景象。

孫先生於一九二二年六月十八日拍給介石的一通電報說：（照原文直譯）

> 陳炯明發動叛亂。砲轟總統府。我現在琶洲水面永豐艦上，正準備發動反攻。　孫文

「看這個！」介石說。我也對此消息大吃一驚。「當初我就料到這件事！我料到這件事！」他一邊在地板上來回踱步，一邊拉高嗓子，大叫著說。他很激動，在暴怒之下，全身戰慄。我從未見他如此情緒激昂過。然後，他突然轉身向我，下達命令：

「準備行裝！我們要搭最早一班船去廣州！」

「又去？」我難以相信似的問他。

「是的，再去。」他氣沖沖答說，然後他就破口大罵陳炯明。

我站在那兒，不知所措。我正準備掛上的新居窗帘一下子掉落地上，我就用手將它摺起來。我自忖：

「我祈求神明，到底我給自己許來了一個什麼樣的生活呀？難道我命中注定要過流浪生活嗎？這簡直像兒戲！忽然又要我去廣州。那一次在廣州，忽然間要我去桂林。還沒有在桂林上岸，再要我回上海。現在我們正要在這新居安家，又要我再回廣州。這樣東奔西跑的團團轉，都是由於介石脾氣大和人事不和。這些何時才能終了呢？」

那天夜間，母親和阿本到我們的新居晚餐。她聽說我們又要去廣州，說道：

「我真的以為你們不聰明，你們在找麻煩。為什麼你們又要去廣州？」

「那是介石的決定，就是這樣子。」我無奈的答。

母親就轉向介石說：

「你是一個男子漢，如果你甘冒生命危險，要去戰鬥，我是無法阻止你。但是如果你要硬拖妻子一道去衝撞這般惡劣局勢的危險，我可認為那是大錯一樁。這次帶阿鳳去廣州，就如同羊入虎口。你為何不讓她留在上海？她可以回家來與我們同住，直到你回來。」

介石的臉頰泛紅，而他的耳朵則全紅了起來。他急切的說：

「潔如和我決意在我們所有的奮鬥中，並肩作戰。我去哪裡，她就跟去哪裡，除非她反對。」

他又轉問我：「潔如，妳反對嗎？妳寧願留在上海與妳母親同住嗎？告訴我真話！」

說服母親，匆匆赴粵登永豐艦

我一下子陷入兩難之間，必須馬上作出決定。當然，我本不想去，但在此種情形下，我沒有選擇。我望望介石，又望著母親，想給她一點安慰，就說：

「母親，孫先生現正處於困境之中，急切需要介石，否則，他就不必發出那通電報。而介石又需要我，我不怕陪他去廣州。我們確曾相約過，在我們所有的奮鬥中並肩作戰。我現在不想在這最後時刻，使他失望。我們會很安全，請您不必為我們過於擔心。」

一九二二年六月二十日，介石和我自上海起程前往廣州，途經香港。二十九日，我們抵達珠江，但未上岸。承蒙船上的買辦幫忙，我們雇了一艘汽艇，逕速直駛珠江另端的琶洲。在那裡，我們看見七艘灰藍色的砲艦，煙囪中都正冒著煙。我們登上「楚豫」艦，要見孫先生。但是，幾天前，他已移駐「永豐」砲艦上。

介石和我登上永豐艦時，孫先生淚水盈眶的看著我們，他一下子竟說不出話來。後來他鎮定下來時，又有太多的話要說，於是就滔滔不絕，說個沒了，無法打住。

不久就據報，岸上所有剩餘的忠貞部隊，都被消滅掉，或被陳炯明的部隊制伏了。其後，各砲臺的值勤官兵也不得不投降。

介石立即接掌這七艘砲艦的指揮。他認為應該沿江上移，始為謹慎安全。我們離開那兩處砲臺附近的危險區後，途中還須越過一處名為「車歪」的第三座砲臺。為預防之計，介石堅持要孫先生和我隱避在底艙之中，而他自己則同艦長留在艦橋上發號施令。我們的砲艦沿著珠江蛇行前進，一路開砲猛轟砲臺。砲臺的砲也不示弱，一砲還一砲的回擊我們，其主要目標集中於我們所乘的這艘永豐艦。那天下午天氣很潮濕，我看見孫先生正坐在一張桌子邊寫他的演講稿，我注意到他寬闊的前額上，出現一些如珍珠般大的汗珠，漸漸流至他的眉上。我就拿起一條打濕的面巾，遞給他擦臉。然後，我又手持一把蒲扇，在他背後左右搧風，以使他較感涼爽。

我陪孫先生隱避船底艙之中

恰在此時，一顆砲彈擊中了砲艦的船首，使我們震動得很厲害，並把我震倒在地板上。孫先生抓住那桌子，但他坐的那隻椅子卻壓到我身上。我站起來時，發現我的內褲竟黏住腿，於是本能的知道，在不知不覺之間，我竟嚇出尿來了。這回真是一次慘痛的經驗，尤其是後來一連六發砲彈相繼擊中，爆炸開來。多謝菩薩保佑，我們幸未遭受重大損害，不過我們費了半個多小時，才得越過那個危險區。

日子一天天過去，孫先生的唯一希望，祇有依賴遠在贛州北伐軍基地的許崇智將軍所屬忠貞部隊。在這次困局爆發之前，孫先生決意不將這部隊自前線召回，但到了現在，他已別無選擇。這是唯一可以救他的武力。但是，天哪，這部隊的一個師已經變節，轉投陳炯明那邊去了，因而無法迅即移動。這種情況使他們的士氣不免降低，不久他們就不得不作戰鬥撤退。

及至一九二二年八月一日，許軍竟至後撤亦無可能之境，因為它已遭切斷，無處可退。它的基地已被陳炯明的手下接管，而其新近佔領的贛州要衝，就是那處曾經一度使孫先生十分忭慰的地方，如今又已被原主北洋軍閥奪回去。似此，前個月尚且令人引頸翹望的這支軍隊退兵，祇得改向福建邊境撤退。介石了解那句俗諺：「遠水救不了近火」，因此，他開始承認繼續抵抗已無效用。

於是，在一九二二年八月七日左右，孫先生巴望忠貞部隊前來救他的期待已告完全破碎。介石身為軍事顧問，便冷靜的檢討當前情勢，他說：

（一）韶關，我們原來的軍事基地，已入叛徒之手；（二）贛州，已由北方敵軍奪回；（三）我軍一師官兵已投向陳炯明；（四）忠貞部隊來援無望。因此，我們繼續逗留此處，顯然已無實益可言。諸般情況均對我們不利，如續留不動，則既無意義，且有危險。現在最好於尚有機會之時，趕快離開。

一九二二年八月九日，經由英國總領事的安排，英國軍艦慕爾本號（H.M.S. Moorben）護送孫先生及我們這批人前往香港，孫夫人在香港與我們會合。第二天，我們全體搭上「俄國皇后」號郵輪赴上海，嗣於十四日安全抵達，那正是叛變爆發兩個月之後。

陳炯明將軍把這次兵燹的一切責任推得一乾二淨。他說他對其部屬之所作所為全不知情，因為他已退出現職工作。難道孫先生未曾接受他辭卸總司令職務的請求嗎？

陳炯明、葉舉攻擊孫中山親俄

陳的參謀長葉舉將軍於砲轟總統府後，又大肆搜掠，並且將下述驚人消息電告全國所有報館：標題是「揭發孫中山與蘇俄結盟情形」，主要內容說：

關於廣州軍事政變之新聞報導，多係不符事實之荒謬新聞。廣州當局茲再度保證，所有廣州之外國僑民並無危險可言，毋需撤離。從事政治毀謗之分子曾指控陳炯明將軍為奸詐人物，但仍待社會大眾予以判斷。孫中山之政策為親俄的及布爾什維克的。他正計畫將布爾什維克主義引入中國。在其總統府內之專用上鎖鐵保險箱中，經已發現若干重要文件，即為一項影響廣大計畫之證明，此項計畫擬將中國共產化，以為篡取北京合法政府地位之第一步驟。因此，廣州政府要求孫中山立即辭職。

陳炯明鑒於他已成功的擊敗所有反對他的人，就自行恢復他原有的粵軍總司令及兩廣首長職銜。

於是，孫中山就再度成為流亡者，住在其上海莫里哀路寓所。他發出一份通函如下（照原文直譯）

將近三十年來，我一直領導我的同志們從事於建立民國的奮鬥，在此期間，我們曾於無數次之盛衰成敗中，冒死以赴，但我從未遭受過有如此次之慘敗。在我前此所有失敗中，有一共同之點，即我是敗於敵人。茲於戰勝敵人之後，竟有陳炯明之事，而他是十餘年來經我支持保護之人。其奸險之狀今竟超乎我前此最大之敵人。此不但是國家之災難，且亦是人類及道德之一大污點。　孫文　一九二二年八月十五日

第十三章　股票交易中的蔣偉記

再回上海，孫責介石喪失信心

我們又回到上海了，天氣雖漸趨涼爽，但卻沒給介石帶來什麼心境的平靜。在他一生中，他還從來未感到過有如現在這般全然敗滅。他每想起陳炯明那廝正在遙遠的廣州得意於這次巨大的勝利，就好像他流血的心又被刺上了一刀。他在絕望的深淵之中，就寫信給不同的國民黨員，痛詆陳炯明的奸險種種。他藉此聊以安慰，也正可發洩出他心中蘊積的怒氣。他也寫信給胡漢民及汪精衛，限他們於十天之內發動反擊，驅逐他在廣州的敵人；否則，他將永遠不再同他們說話。

每天他都擺出一副怒氣沖天的模樣，在我們的婚姻生活中，這還是他第一次完全無意於控馭他那脾氣。為了他好，我想必須設法減低他這樣強烈的仇恨心態；否則，恐怕他會變成精神病患。我知道仇恨永遠不會因仇恨而停止，祇有愛才可予以消解。於是，我開始設法使他放鬆他的緊張狀態，並盡我所能，逗他開心。但是，充其量，我祇能說那是極端困難之事。

其後某天，他忽然收到孫先生一封來信，信上說：（照原文直譯）

介石吾兄：

我適纔閱及你寫給胡漢民及汪精衛的信，你說「如果十天之內收復廣州之事仍無進展，那麼就無希望可言」云云。噫！你說什麼廢話，你怎可如此輕率的想到就這樣將前功盡棄？天下事不如我們之意者，十常八九。成功有賴於堅忍及毅力。你必須撇棄嫉妒、仇恨及偏見。如你竟想十天內如無進展，就從此放棄，那麼你將來做任何事情，都永遠不會成功。雖然我們尚無進展，但敵人卻每天都在遭受挫折。舉例言之，他的官兵們已開始覺悟；他的內部團結正在快速瓦解；廣東人民對他愈益痛恨，且每日懷念我們。這些情形雖然我們現在無法親睹，但對我們卻屬有利。因此，祇要我們堅持下去，那就是進展。我誠盼你不要放棄希望，我們仍將達成驅逐陳炯明的目標。

孫文

有一件使介石漸失希望的事，就是那時孫先生的聲望已降落不少。他與布爾什維克分子的聯繫，使輿論反對他。大體言之，人民痛恨布爾什維克分子。一九一七年俄國大革命期間，他們在蘇聯的血腥整肅及殘暴行為，在人民心中記憶猶新，人民對一切俄國事物，均予厭棄。因此，在此時期，若想號召人民同情孫先生，那似是絕無可能之事。

我眼見介石處於仇恨的重大壓力之下，心知必須想個法子來消解那種仇恨，而不可坐視介石因而從此心灰意冷、意志消沉。我認為有責任使他另對某種事情發生興趣，藉以填補他內心的空虛。可是，什麼事情呢？他是一位十足的軍人，要想在他的專業範圍以外，找個適合他個性的機會，是不太容易的。於是，我去問我的好友逸民有何高見。我說：

張靜江拉介石參加投機事業

「介石的心仍在憂思那廣州之事，需要給他找個消遣分心的事情，以使他忘記。妳能想出什麼他能做又能吸引他心思的事嗎？我想了幾天，想不出什麼合適的。我心中真是一片茫然。」

「那就讓他參加我先生的投機事業，」逸民立即說，「他還在籌組一家證券股票公司，介石可以參加。」

「需要很多錢嗎？」我問。

「不，不是很多。」她答說，「我們現在進去看我先生，他會告訴妳一切。」張靜江老先生還是像平常一樣，極為和藹。他告訴我：

「我們正在籌組的公司名叫『恆泰』，專營買賣證券股票。我們的利潤就是所收的經紀費，這費用有時數額可觀。現在我們有十六位股東，如果介石加入，他就是第十七位。我們的資本額是五萬上海銀圓，每名股東至少須認一股，就是一千圓。公司在上海交易所中，將有權佔有四席座位。我自己祇是公司的顧問。張秉三先生是我們的大股東，也是經理。我會請他將介石列入我們這個團體，我相信他會同意。」

介石全心投入證交消磨光陰

因此，通過張靜江老先生的關係，介石在公司裡認購了四股，用的是蔣偉記的名義。他拿了金融書報資料來讀，研究如何在證券股票投資方面作出決定。這對他倒是一種新奇玩意，他就對各種不同類型證券股票的價格漲跌，感到一種興奮，這種興奮不久就使他的心思轉而投注於此，尤其是他可能得到的利潤方面。哪些是績優股？哪些是劣股？這樣，他就漸漸忘卻了心中那股政治波濤。

介石既是可以在上海交易所大廳內佔有一席座位的少數特權人士之一，他就很熱心努力的去做。交易所的交易是上海金融圈的一個構成部分，幾千位投機人賴它營生，所以每天都將那裡的廳室擠得滿滿的。介石像一隻老鷹一樣，注視著股市趨勢，也像一位老手一樣，買進賣出，賺得利潤。最流行的股票是紡織、穀物、土地及公用事業等類，但是並非一切都是那麼平靜。在價格盤動之時，買賣都很狂熱，甚至激烈，因為人們都你爭我奪，拚命買賣，以保住優勢。

每星期五天，星期一至星期五，每天上午十時至下午四時，交易所大樓總是擠滿了急切的投資人。自一九二二年九月至一九二三年二月，介石就這樣將他的每日光陰，用在這種生意方面。

劉震寰、楊希閔趕走陳炯明

與此同時，一九二二年十二月，孫先生成功的促請一位廣西軍頭劉震寰將軍出面驅逐陳炯明離開廣東。為求確保獲致壓倒性勝利，劉將軍又獲得雲南軍頭楊希閔將軍出兵協助，共同努力。有了這兩支訓練精良的軍隊，成功乃為必然之結果。

一九二三年一月五日，這兩軍向廣州發動猛攻，陳炯明並無戒備，就被迫逃出廣州，前往八十哩外東江沿岸的惠州老巢躲避。但是，劉將軍繼續前進，緊迫追擊，殲滅了大部分敵軍。楊將軍也幹得很好。這兩支部隊輕易的收復廣州市及其附近地區，並歡迎孫先生及許崇智將軍返回廣州，以恢復其原有之統治地位。許將軍不但收編了無人帶領的粵軍散兵，而且也重新改編了他那命運不濟、去年不得不撤往福建避難的北伐部隊。

一九二三年三月二十一日，孫先生恢復他在廣州的大元帥職權，重設大元帥府。介石則在未出席的情況下，被任命為軍事顧問及戰略官，並獲得通知，著速來廣州任職。但那時介石正忙著搞交易所的事，無法立即分身。

廣州既已重入掌握，孫先生發現他手下政府所需要的經費比從前更多。陳炯明逃跑時，已將庫存席捲一空，因而孫先生面臨一大難題。他不但要供應政府經費，而且還要撥款給那幾支曾經奮勇作戰，以恢復他的權力的大軍。他實在需款孔急，而且需款更多。

孫中山回廣州，面臨財政困境

在無計可施之中，他想到了和外國人有關的廣州海關。為求了解此節，我要先作個說明。由於中國仍然信守滿清政府從前與外國訂立的條約，所有中國海關都由對中國握有債權的外國控制。依照一九〇〇年義和團事件後簽訂的和約，中國允諾支付九萬萬英鎊的賠款。此一債款依約應主要以中國海關稅收繳付。中國海關既在外人控制之下，海關稅收扣除賠款定額後的關餘，便應撥解給中國合法政府。

依此，廣州海關的關餘款項，一直是依約解交北京。這裡就出現了一個相當具有諷刺性的情況，就是當孫先生正急需款項，以供給那些為他及他的政府忠實服務的軍隊之時，北京政府卻可用廣州解來的這些經費，撥給正擬趕走孫先生政府的部隊使用。孫先生當然認為他有理由請外國使館將廣州海關的這種關餘，交給他的南方政府，而不再解給他的北京敵人。這一請求於一九二三年春季提出。由於這是一項國際問題，他的請求便遭到斷然拒絕。但是，十二月間，他公開宣佈，將不顧一切，以武力截扣並保留廣州的關餘。

各國於一九二三年十二月七日以行動答覆了這項威脅。它們以英國為首，調集了一支國際海軍部隊，共有十七艘灰色戰艦，進泊於廣州沿海，藉求嚇阻孫先生。那支國際武力的總司令是英國駐華艦隊的萊弗森（Leveson）海軍少將，他親來督率這次示威行動。當時的局勢確是很具國際性，艦上所掛各國國旗有英國、美國、法國、日本及一面葡萄牙的。

面臨此一示威行動，孫先生便命令他的外交部長陳友仁將路透社和其他新聞機構的記者召來。他向這些記者宣佈：他屢次請求英國、美國給予同情，均遭失敗，各國此次公然展示其砲艦政策，即為明證，因此，他現在將接受蘇俄所伸出的友誼之手。

受英、美冷淡，國民黨向左轉

但是，那祇是一項恫嚇。實際上，他仍寄望於獲得民主國家的協助。

一九二四年一月，國民黨第一次全國代表大會召開之時，英國工黨贏得大選。孫先生就代表國民黨，致電麥唐納（Ramsay MacDonald），表示友好的賀忱。如果他不是真心想要促進與英國的友好關係，他本不必甘冒遭受冷落的風險。依照政府紀錄所述，英方對他的賀電，竟然連新任首相辦公室一位秘書的回電都沒有。

就在第二天，列寧去世的新聞傳來。廣州的國民黨全國代表大會發去了一通唁電，隨後大會全體靜默五分鐘，以表示對這位革命領袖之尊敬及對蘇俄人民的同情。蘇俄方面有電報答覆，來電係由蘇俄外交部長齊趣林（M. Chicherin）署名，電內表示俄國人民對此一友好姿態，感覺欣慰。這兩次事件有助於使孫先生及其追隨者決定其友誼趨向。

由於國民黨已決定「左轉」，並請求蘇俄援助，孫先生便容納大批具有「左傾」趨向的新人參加工作。以上就是國民黨接受共產黨員入黨的起端。

如上所述，介石當時無法馬上前往廣州協助孫先生。由於判斷錯誤，他在上海交易所的生意招致兩萬圓的鉅額虧損。他買入紡織股過多，而價格卻跌降。結果，張靜江老先生，正如他一向對我那樣和藹，拔刀相助，為介石還清債務，並且將介石和我打發去廣州，以參加孫先生的新政府。

我們於一九二三年四月二十日抵達這個南方之都。介石立即就任他的軍事顧問職務。政府撥給我們亞洲旅館的三間套房。

雖然他的職稱是軍事顧問，但事實上，介石是在粵軍總司令許崇智幕內工作。這樣，他就是一位從屬軍官，地位與許將軍的參謀相當，須接受許將軍的指揮，而非孫先生的直接命令。

介石再去廣州任職許崇智部

但是，介石和他的長官相處得很好。他們兩人彼此完全了解，而且對彼此的長處，互存敬重之心。前此，介石同陳其美合作時，已創下好的軍事成績，而且大家都知道他對孫先生的赤膽忠心。許崇智將軍就以得有如此人才加入其幕僚而深自慶幸。

在另一方面，介石也以一種似乎充滿忠誠的敬意，看待這位長官。許將軍具有榮耀的背景。他的祖父曾在西太后手下，擔任閩浙總督，是一位多財有勢的人。他的父親是一位提倡改革的早期現代人物。而他自己這第三代人，則於少年時即赴日本，成為孫先生領導下的一名革命分子。孫先生有鑒於他多年來忠貞如一，對許崇智也愛護有加，如父子一般。

此外，此職是介石八年來的第一個固定職位，他也希望開頭一切順利。他想全心全力為革命效勞。但是，他有些不高興的察覺到，在所有官員之中，他竟是一個低階而又幾無地位可言的人物。所幸他具有野心，曉得一旦機會來臨，不久他可能會獲得總理與政府的賞識。

孫先生已經從過去學到一個教訓，自不願重蹈覆轍，就同介石商討開辦一所軍事學校的辦法，其目的就是要訓練自己的士兵，亦即忠於國民黨的軍人。

孫先生的理由是：在中國，一軍之長就是有權力統治一省或全國的人物，不論他是學者、竊賊或土匪出身，就像那些軍閥一樣。為求防阻學兵投奔敵方，對於新訓練的士兵，須灌輸以為主義而戰的意志，要使其懷有愛國情操，也要使其研究三民主義。介石心中有了這些觀念，他就以儘早設立此一學校為其主要目標。

第十四章　孫中山說劉震寰是活菩薩

介石與我參加精衛夫婦晚宴

由於許崇智將軍的善意安排，介石和我受邀參加汪精衛夫婦為歡迎「一代英雄」所舉行的晚宴。這位英雄就是劉震寰將軍，他是驅走陳炯明，迎回孫先生的大功臣。孫先生感激之餘，曾給這位恩人劉將軍取了一個外號，叫「劉活菩薩」。我們於下午六時準時到達位於廣州新開發住宅區東山的汪精衛獨棟宅邸。主人夫婦在進門處熱情洋溢的迎接我們。

我高興見到這位女主人，尤其因為這是初次晤識。幾年來，我已久仰她的大名。她是在檳榔嶼出生的華僑，因而得受中文及英文教育。她大約五呎四吋高，有一頭茂密的黑髮、一雙大眼睛、形狀不錯的嘴巴，和令人一望而知其為長於決斷的高下巴。我也很快察覺到，她賦有那種女性估人長短的獨特眼光。我看得出她在很仔細的打量我，注意到我服裝上每一點細節。我對這位富於資財的女主人現出笑容。她的朋友們通常叫她貝吉（Becky），就是她本名陳璧君（Chen Beck-Chun）的縮稱。她和她的英俊夫君都是民國建立前就住在日本的早期革命的志士。尤其我們這位男主人，被認為是孫先生左右的親信及革命領袖寶座的繼承者。男女兩位主人都很吸引人。

客廳很寬敞，有高雅的法國式窗子，窗外是大陽臺。整體色彩設計是偏重黃黑兩色。淡黃褐色的牆上，掛著現代名家的山水畫和書法卷軸。但是，最引人注目的裝飾是遮蓋壁爐上整個面積的兩幅絲質旗幟。這兩面旗幟相互交叉，一面是青天白日滿地紅國旗；另一面是整幅藍底，上有白日的國民黨旗。廳中人很多，或站或坐。他們好像都相當時髦、聰敏、帥氣，穿的不是中式服裝，就是中山裝或軍服。女士們的穿著是各種顏色的中式綢質長旗袍。貝吉將介石和我介紹給「劉活菩薩」。他穿著鑲有金邊的制服，那時正站在壁爐旁同孫先生談話，周圍還站著一群人。我望著孫先生，看見他蒼白臉上的皺紋比去年更增加不少，這顯示他的健康狀況相當不好。貝吉以響亮的聲音說：

孫中山推崇劉震寰是「活菩薩」

「我介紹蔣介石先生和蔣夫人。」

「這是我們的總理孫先生和劉震寰將軍。」

我們握手時，孫先生叫著說：

「你們年輕人要記著：如果沒有我們的『劉活菩薩』，今天我就不會在這裡！為了我，他挨了兩個彈傷。我永遠感激他的勇敢。」

介石以快活的音調向劉將軍說：「聽到總理這樣誇獎之言，真是一大榮耀。」他們兩人就興奮的握手，繼續談了下去。我看著這位天之驕子，他似乎祇有三十五歲，小個子，面略方，下巴突露堅實。他機敏的眼睛上戴著厚眼鏡。他那謙遜的神態、剪得短短的頭髮和一直掛在嘴邊的微笑，這些都使人覺得這是一個青年人的模樣，而不是具有如此不屈意志與精力的勇猛軍人。介石從前曾對我談到過他，尤其最近惠州戰役期間，所談更多。據他說，陳炯明的軍隊向博羅退卻時，曾猛烈轟擊這位英雄所督率的部隊，劉將軍仍窮追不捨，因而他自己肩膀及胃部被兩顆槍彈射穿受傷。難怪孫先生送給他一個如此崇隆的稱號。孫先生看著介石和我，繼續說：

「這就證明了日本嚴格軍事教育的價值。劉將軍就是在日本接受軍事訓練的。他懂得戰爭的藝術，尤其了不起的，是他面臨敵人，總是站在最前線。他愛國，時刻謹記他是為一大目標而戰——我們的目標！他不因機會或財富的邪風吹襲，而輕易動搖。對他而言，投降這個字毫無意義。現在雖然他的部隊不免減少了一些，但是一位不知畏怯的勇者依然健在。他對我及對我們政府的忠貞不二，不是任何獎譽之辭所能完全表達的。他不畏艱難，從來都是勇往直前，為正義而效力。他代表著中國的榮耀和美譽！」

介石也對劉將軍印象深刻，尤其在孫先生大加獎譽之後。他不願離開這位大人物，於是我讓他留在那裡談話，而讓貝吉親切的陪我繞行室內打招呼。在場的四十多位賓客，我幾乎都一一見到。他們有些是大人物，其他也差不多，包括劉將軍夫人、孫夫人、胡漢民夫婦、廖仲愷夫婦和許崇智將軍夫婦等。他們這些人都是孫先生的親近朋友，我對他們或者久仰大名，或者原已見過。

七時一到，大家進入鄰室大餐廳中，坐下來享用一頓精美的中菜盛宴。一共有四個圓桌，每桌坐十二人。雖然我們自以為是新時代人物，但是那天女士們仍然聚坐一起，不要夾坐在男士中間，於是我也不得不追隨眾意。

我幫忙陳璧君招呼女賓用菜

熱騰騰的菜端上桌了，但是我桌上的女賓們卻祇坐在那兒，盯著食物，不肯動手吃。雖然我相信她們心中很想吞下這盤誘人的佳餚，但又不能不顧面子，因此，我也不能不硬裝著學樣。但是當侍役來把等於尚未動過的第一、二兩盤菜撤下，而第三盤菜又已端上來的時候，我就鼓起勇氣，用幾乎像是向小孩子講話似的口氣，向女賓們說：

「兩位主人給我們準備了這麼好的晚餐，我們要是不加品嚐，那就不夠恭敬了。直到現在，大家都太客氣，都還沒有享用。我來給大家幫忙。」我就站起來，拿起一支菜匙，將菜分別盛於各人面前盤中。然後，我坐下來，舉起筷子，請大家進食。真是奇怪得使我一驚，大家果然解凍了，每人都得意的大吃起來。我看見這一手居然靈光，又繼續說：

「正式宴會中像這樣不吃東西，是一個古老的中國習俗，我覺得一定要把它革除掉。我們都是革命分子，從前那種認為吃東西是醜相，吃得開心更失態的老觀念，不但對主人女主人不敬，也是舊時代傳下來的一種虛偽姿態。今天跟往常不一樣，我們大家來吃，不要管那客氣老套！」

恰在此時，貝吉和她丈夫來到我們這桌，請大家不要客氣。他們已看見我給其他客人分菜，貝吉說：

「蔣夫人給我幫忙，妳真太好了。請妳繼續做這件好事，可是不要忘記幫妳自己。」

我們桌上的主要話題是蘇俄最近對中國的友好表示。俄國人向中國獻出友情，而孫先生已接受了，將來得到蘇俄的協助，中國統一大業的前景已非遙不可及了。另外有人說起應當如何將那些軍閥從北方各省趕走，設立一個中央政府。又有幾位女客轉而向我大談從前的所有革命嘗試究竟為何一一失敗，那些壓榨百姓的軍閥又是什麼樣的鐵蹄暴君，好像我原本都不知道這些似的。我還是有禮貌的聽講，不想露出我已在厭煩她們那種一知半解的見地。

介石邀劉震寰夫婦遊香港

宴席終了不久，孫先生伉儷就走了，我們大家都回到客廳。介石同「劉活菩薩」又談下去，談得很久，也很熱切。我們離去前，介石向劉將軍說：

「我想邀請您夫婦兩位去香港玩兩天，您可以賞光嗎？」

「很願意去，真的。」劉將軍答說，「我前些時就想去，但是一直太忙，無法分身。你在那邊有熟人嗎？」

「是的，我認識一些人。我最要好的朋友是住在羅便臣道的李家。他們是總理的朋友。李家已故世的父親李博（音譯），及另外一名商人梅光達（音譯），在上世紀末及本世紀初之時，是雪梨的兩位最殷實商人。他們特別熱心公益，也很愛國，都獲得全體僑界的信任與敬重。總理遭遇困難時，這兩位總是捐款協助，使我們的革命得以繼續進行。李博去世後，他的遺孀和幾個兒子、兩個女兒遷居香港。他們都是西化的中國人，您會高興認識他們的。」

兩天以後，介石和我，陪著我們的貴賓劉震寰將軍夫婦，乘坐上午八時的汽輪去香港。介石先已致電他在香港的朋友李時敏先生，請他接船並預訂旅館。介石從前曾去過香港多次，但我還從未見他心情如此愉快。我知道他對劉將軍極為感戴，甚至超出孫先生的感激程度，因為不就是這位英雄將介石的死敵陳炯明趕下權力舞臺嗎？而且，介石也很想更了解這位英雄人物，並使其對自己有更好的印象。這就是他安排此行的原因。當然，他也想藉此表現他在香港有吃得開的朋友。

劉震寰將軍當然也很想多了解介石在香港的朋友，因為西化的中國人好像都表現出某種豁達引人的氣派。他們兩人就聊了下去，而劉夫人和我祇有坐在那裡乖乖聽講。

「李博，」介石又說，「曾幾度對孫先生捐出大量革命經費。他敬佩孫先生，痛恨康有為所領導、具有實力的保皇派。這位李先生於十年前逝世，遺有太太、幾個兒子及兩個女兒。他們都是華僑，都曾接受良好的英國和中國教育。大兒子李蔭生（音譯）是上海的商人，在福利工作及嬰兒診所方面，非常活躍。二兒子李卓其（音譯）是和豐銀行（音譯）的主任秘書，也是香港歌唱家中的佼佼者。三兒子李時敏是同一銀行電報部門的主管。兩位女兒中長女是蘿滋，嫁給周壽臣爵士夫婦的兒子；次女愛麗絲，已與馬來亞檳榔嶼的一位周君訂婚。他們是英國臣民，在香港社會具有聲望。」

每天任何時間進入香港海港都是一次引人入勝的經驗。它那寧靜似湖的美好景致給我很好的印象。看到扯旗山（Victoria Peak）那許多建築在層層山邊的宮殿式房屋，真使人非常心動。還有香港對面九龍的高聳山巒。九龍就在深圳這處地方與大陸相連。港中的海水一片平靜，世界各地的輪船不時進出，運來各種外國產品，運走籐具、茶、絲綢及瓷器。市內街道層層遞升，如階梯般。很多房屋具有宮殿規模。

李博、李時敏曾捐款贊助革命

我們的汽輪在港邊碼頭泊定之時，介石的朋友李時敏已在等候。介石給我們介紹之後，微笑著說：

「這位就是在我蔣字的英文姓中加了一個『i』的那個李先生。」

「是的，」李先生說，「蔣先生原來把他的姓氏祇拼作Chang，但是這樣拼法通常都是用於『張』姓。由於你的中文姓氏是草字頭加代表鬥士的那個將字，應該唸成Jiahng，但這樣對洋人又太複雜了些。所以我想在中間加上一個『i』字母，拼出來的音就比原來的Chang更近乎你的中文姓的讀音了。」

然後，他堅持要接待我們下榻在他家中。他說他有兩間客房，等著我們去住，要我們非去不可。於是，我們乘汽車去羅便臣道他的家中。到達後，他領我們去看兩間舒適的房間，足夠我們四人之用，而且要我們於兩天行程中都住在那裡。我們略微休息後，就進入客廳，依照習俗，向女主人李博夫人致敬。她很和善的接待我們，表示歡迎。她是一位矮小堅實的婦女，笑容可掬，頭髮灰白，還裹小腳。介石對這位可敬的老婦人，尤其十分關注，彬彬有禮。他立在她的身旁，在她安適的坐下來以前，不肯自行就座。他慇懃的問候她的健康，表現出一種超乎尋常的尊敬神態，以致於我想那中國出名的二十四位大孝子恐怕也不過如此吧。隨後，他轉向劉將軍說：

「李夫人的丈夫就是孫先生時常稱讚的那位李爵士。李爵士在雪梨的時候，曾提供經費，協助孫先生進行革命工作。」他又轉向李夫人再說：

「我曾很多次聽到孫先生盛讚您那可敬的丈夫。孫先生稱您的丈夫是真正的愛國者！」

李家熱情接待我們兩對夫婦

用過點心後，李時敏先生帶我們坐汽車去山邊較高各層，然後到峰頂。從這裡，我們看見香港就綿延匍匐在我們的腳下。那真是一幅引人入勝，值得長久回憶的美景。瀏覽一小時後，我們又驅車到淺水灣大酒店。我們在此處下車，在那寬闊的室外走廊上飲茶。介石對這處地方很有興趣，大加讚賞。我則在想這幢房子確是造得考究，從這裡可以將大海一覽無遺，裝潢既美觀，設備也引人。此時，介石忽然大聲說：

「這家酒店令我最喜歡之處，是它濱海如此之近。我愛聽波濤聲，它可以迷住我的耳朵！」

劉將軍說：「是的。這裡是個理想之處。我們下次再來香港，應當在這裡住幾天。」

「這是您已答應的嘍，」介石欣然答說。

我們又驅車去赤柱灘（Stanley Beach）和其他地方後，就經過灣仔回到羅便臣道，然後又到皇后大道中，這即是香港購物中心區所在。這條行人熙攘的大道一路吸引著我的興趣。路上有各種不同的行人：服飾高雅的女士、穿著整齊的男士、身著制服的各國士兵、穿著中式或歐式衣服的學生，當然還有那成群的商販和窮苦的男女等。這些形成了一幅多彩多姿的都市景觀。

我們回到李府時，已是晚餐時刻了。在客廳中，介石繼續對李夫人盡其孝道式的禮貌；在李夫人沒有就座以前，他不肯坐下，她站起來吩咐僕人或走到房間另一邊拿東西時，他也跟著站起來，並無比慇懃的盡力幫助她。用過這頓豐盛大餐後，我們圍著一張圓桌坐下。在座者有：女主人李夫人和她的兩位千金蘿滋和愛麗絲、介石和我、劉將軍夫婦及李時敏。另外兩位客人是周壽臣爵士夫婦。周爵士是一位年事甚高的老者，談吐很風趣。他向我們講了很多關於上海、北京和天津的笑話。介石和劉將軍都對他具有好感。

餐後，李先生在他新購的一具「勝利牌」留聲機上放唱片。這具留聲機是最新型的，據說香港衹此一架。他放了幾張唱片，其中最吸引介石興趣的兩張，是古諾（Gounod）的〈聖母頌〉和舒伯特的〈聖母頌〉，還特別為介石重放一次，放完後，他還要來唱片的名字，記在他的小記事本上。我自己則很欣賞李家這兩位小姐，她們都很動人，而且知識豐富。我們很快便以姊妹相稱。

第二天，周爵士夫婦邀請我們全體去他那坐落於羅便臣道九十一號有Excelsior Terrace英文名字的住宅中午餐。這餐也頗精緻，但最引起介石注意的，是那宅子的中文名字「妙高臺」。他興致勃勃的告訴我：

「我將來在溪口蓋我自己房子的時候，要借用這個名字。妳記得我曾經指給妳看，位於村中老家左邊的那處地方嗎？『妙高』，這聽起來棒極了，也正恰好形容那裡的景色。這個景色從文昌閣看過去最好，而文昌閣又是全浙江我最喜愛之處。」

我暗中為介石定製黑呢披風

第二日晚餐後，李時敏打電話給他的英國朋友，中央警局的督察布瑞南（Joseph Brennan），請他屆時到港粵輪船公司碼頭和我們見面，以便由這位督察告知值勤人員，讓我們的行李免受警察檢查，逕予放行。這是由於香港稅務官員的查驗手續經常是冗繁而又費時的。當夜九時，我們向李夫人暨其家人道別後，李時敏陪我們乘車到碼頭，並向我們介紹那位督察。督察先生非常友善，親切的陪我們登船，給我們一個最神氣的送行。介石被布瑞南督察披罩身上的那件全身無袖的呢質大氅給迷住了。他向我問了兩次，我知道他喜歡這種披風，想要一件，於是就問李先生可否叫他的裁縫給介石製做同樣的一件。為辦這事，當然需要知道身高若干，我就把介石的尺寸告訴他。到了下午九時五十五分，船上發出鑼聲，請送客的人下船。我們全體都為這次親切招待，向李先生道謝。介石和劉將軍又邀請李先生方便時來廣州訪問，作我們的貴賓。

我們回廣州後，蘇俄為了展現對中國的友誼，自動提出要將東北的中東鐵路控制權歸還中國。它還承諾放棄庚子賠款中俄國應得部分，放棄俄人在中國的所有治外法權，及歸還一切違背國際平等原則的其他特權。

這些舉措似乎真是一樁友好行動。中國經過西方列強，包括日本，一個世紀來無饜的不斷侵凌之後，很多中國人已開始忽視布爾什維克黨的殘暴行為，而不顧歐洲國家對該黨的深惡痛絕，仍視蘇俄為中國的唯一朋友。年輕一代的中國人，尤其是大學生，了解西方侵略剝削中國的種種事情，開始儘量研究俄國情形。於是，價值觀也大為改變了。僅在兩年前，當列寧派遣特使來北京之時，尚且有若干中國高級官員以為中國人民厭惡布爾什維克黨人，因而避免被人看見他們與布黨官員在一起。

俄國抓住此一有利輿情，就派來另一位共黨代表，他名為越飛，是一個精明幹練的外交人員。在此之前，他曾於一九二二年八月來過北京，想代表列寧，依據一九一九年加拉罕所發表的聲明，商訂一項公平並符合正義的中、俄條約。當時的北京政府官員相當不喜歡他那粗魯無文，而又容貌欠整的模樣。甚至於北京的外交團對於這樣一位俄國革命人物竟然厚顏敢來，也感覺厭煩，從而警告中國當局當心不要同共產主義發生牽連。

西方列強是有理由恐懼共產黨人的。如果與蘇俄結交，對它們而言，是有百害而無一利。此外，已故的帝俄沙皇與多數歐洲君王之間，都有表親關係，而沙皇本人及其皇室人士卻遭赤黨分子無情殺害。但是，對中國又如何呢？中國如接受蘇俄的友誼，則正是有百利而無一害。

越飛來華緩和反共產情緒

越飛之駐在中國，受到大學生和激進人士的熱誠歡迎，北京大學校長對於蘇俄慨然表示願意協助中國人民將外國帝國主義逐出中國，向越飛公開表示感謝。這位校長是國民黨的一位元老黨員。越飛心知肚明，他可以往何處建立關係了。

於是，孫先生與這位俄國特別代表進行洽商。他將遠東一般事務的情況及如何解決這些問題的意見，告知越飛。這一切事情都經詳盡討論，但由於輿論尚仍不利，他們二人就對所有商談情形，秘而不宣。

在此時期，孫先生、介石和廖仲愷，在和越飛進行談判之時，都極為慎重將事，以求推展此項對俄政策。直至孫中山與越飛的聯合宣言公佈之前，他們三人都將此事完全保密。為了駁斥若干人士所稱孫先生已將國民黨出賣給共產黨人的說法，那份文件的最重要部分就宣稱：

孫逸仙博士以為共產組織，甚至蘇維埃制度，事實上均不能引用於中國，因中國並無可使此項共產主義或蘇維埃制度實施成功之情形存在故。此項見解，越飛君完全同感，且以為中國最重要最急迫之問題，乃在民國的統一之成功，與完全國家的獨立之獲得。關於此項大事業，越飛君並向孫博士保證，中國當得俄國國民最摯熱之同情，且可以俄國援助為依賴。

這項宣言的其他要點是越飛證實俄國的各項提議：放棄帝俄依照不公平條約（原通用名詞為「不平等條約」）所取得之一切權利及特權；提議召開關於歸還中東鐵路之會議；俄國承諾不鼓勵外蒙古脫離中國。在另一方面，孫先生同意：為阻止白俄人士攻擊蘇俄，並鑒於北京政府無力防止之，紅軍得留駐外蒙古。

這一協議實為任何外國為恢復其與中國之外交關係所曾提出之第一件公平平等條約的核心。最後之協議聲稱：於蘇維埃制度引入中國，進行實驗之前，應首先予以調整。這一點的擬訂目的，是為要安撫中國公眾對共產主義之恐懼。

黑呢披風變成介石的商標

一天，旅館侍役將一個香港寄來的郵包，送到我們的套房，那郵包中裝的就是李時敏先生為介石訂做的那件大氅。這使我很高興。這件大氅是黑呢料製的，襯裡用深灰色綢料，領子則用絲絨。介石從辦公室回來時，拿到這件東西，顯得非常開心。他將它披在所穿的制服上，一看恰恰合身，就在房內大搖大擺，神氣活現的繞圈子走來走去，活像一位魔術師。我還從未見過他為了區區一件衣服，就熱情得如此喜形於色。通常，他對於衣著，不論是質料或剪裁，都很不在意。可是，這件披風就是不一樣，它非常強烈的吸引著他。他在穿衣鏡中自我欣賞時，我注意到他臉頰上竟因這次無法言狀的喜樂，而泛出紅潤，而他眼中也閃出喜悅之光。

他的第一句話是：

「我們要把時敏花的錢付還給他。」

「這張卡片上說這是禮物。」我將郵包中那張卡片給他看。

「那麼，我要寫封信謝謝他。以後我會報答他的美意。」

「你確實喜歡這件外衣，是不是？」我問。

「是的，這是一個我真心喜愛的東西，而妳竟背著我給我訂做了來。任何時間我披上它，妳就可以知道我正在想著妳。」

介石這句話令我激動，沁入我的心坎。我希望他永遠像今天這樣快樂。

「妳不高興嗎？」他問。他大概因為我不講話，又不知我在想什麼，才問我。

「我當然高興。」我說。但或許太高興了，因而說不出話來。

第十五章　莫斯科考察與鮑羅廷來華

孫中山派介石率團赴俄考察

介石和我已在廣州住了幾個月，現在又要踏上旅途。這次旅行是為要履行孫先生與俄國協議的最後一點，就是稱為「孫中山先生派赴蘇俄考察團」的考察之旅。其目的據說是「為作友好訪問，並考察蘇俄的政治情況與黨的組織」，及「為將俄國看待為我們的導師」。介石奉派為孫先生的代表，因此，我們須先回上海，有人已安排介石與俄國代表馬林於一九二三年八月五日在上海會面，以商討並敲定此次訪俄之行的計畫。

我們於七月二十八日離開廣州，一九二三年八月二日抵上海。

馬林很快就將事情辦好。介石將率領一個四人考察團，選定的其他三位代表是：沈定一、王登雲和張太雷。

介石極力勸我陪他去，但是我拒絕了，因為我從來不想去俄國。這祇是我的一個直覺，其中並無偏見成分。一九二三年八月十四日，這一行人出發北上，在滿洲里站越過邊境，進入西伯利亞。介石從滿洲里寫信給我：（以下各函均照原文直譯）

我最親愛的妻：

我於今天中午到達滿洲里。我必須說我十分想念妳。我高興看到這座小城。此地祇住有一千戶人家，大致上華人俄人各半。各方面情況都還很落後。每班火車到達時，都要接受澈底檢查。我們都將換火車，因為車廂不能過境。有人帶領我們這團人去看了邊境實況，他們很有禮貌。我很驚異的發現那祇是一條狹長的路段，沒有值勤衛兵守衛，凡人均可自由越境進出。我抵莫斯科後，會馬上再寫信給妳。請不要為我擔心。我很愉快，正期待學習很多東西。我一天從早至午至夜，都在想念妳。

介石　一九二三年八月二十五日

介石第二封來信：

我最親愛的妻：

我已安抵莫斯科。這裡的海關非常嚴格，我們的行李都被澈底搜查。令我最驚訝的是這裡的歐洲風味，諸事都與亞洲不同。我將往訪彼得格勒，然後返回此間。我並將參觀各種組織，研究它們的情況，還要拜會若干與中國有關係的人員。我很引以為憾的是列寧病得很重，事實上，他已陷入昏迷狀態，訪客不得晉見。我真想假如此行妳能一路陪我多麼好。附上兩張快照。請注意：我身上穿的是妳給我的那件披風，那就是說，我在想念妳！

熱愛妳的介石　一九二三年九月二日

介石第三封信說：

我最親愛的妻：

附奉在莫斯科拍的幾張照片。妳會高興看見我穿著那件披風，其意義就是我愛妳。至今我在俄國見到的第一位大人物是外交事務人民委員長齊趣林先生。我們討論過共產黨及國民黨的事情。我很用心的想使他了解，中國人民非常擔心俄國在外蒙的活動。我曾與加里寧、季諾維也夫、托洛斯基及其他重要領導人士晤商。加里寧現任蘇維埃主席，看起來他似是一位誠懇的鄉農。在我問他俄國以外的大事時，他竟說他不知如何回答。在一個農民統治的國度裡，竟然出了這樣一位國會議長！

我對托洛斯基先生感覺興趣，他認為一個革命者的最基本資格，是忍耐與活動，缺一不可。托洛斯基在俄國是一重要人物。我向他提到將外蒙歸還中國的重要性，但他對此不予置評。

我記下來的「俄國革命成功三大原因」如下：

一、工人了解革命之必要性。

二、農民欲擁有一塊土地。

三、俄國一百五十個不同民族獲得自治權及加入蘇聯的權利。

其三項缺點如下：

一、工廠被沒收後，就再無經理人員。

二、國家將所有小型工廠接管後，專營的效果過於嚴苛。

三、利潤分配仍有困難。

最近的重建情況如下：

一、廣泛的兒童義務教育。

二、所有工人接受軍事訓練。

三、小型工廠租給私人。

餘容再敘。

愛妳的介石　一九二三年九月十二日

介石第四封信：

我最親愛的妻：

今天我去會見了軍事訓練總監，從他那裡，我學到了非常多的紅軍組織情形。這種組織的政治方面，由黨所派的代表掌理。為求獲一實務示範，我去考察了黨代表在陸軍中的工作情形。

我發現在紅軍第一四四步兵團中，部隊長祇能掌管軍事指揮的事，至於政治及精神訓練，以及一般知識的講解等，完全交由黨代表主辦。軍官和黨代表的職責權力，都有明白區分。這種制度實行得很好。我與教育事務人民委員長晤談後，曾記下如下幾點：

俄國教育的趨勢

一、教育制度之劃一。

二、增加技術學校。

三、接近現實生活。
四、特別注重工人學校。
五、廢除宗教。
六、男女同校。
七、學生治校。

除考察陸海空軍外，我也參觀了其他不同地方，以求獲取有關社會服務及共產黨活動與組織各方面的了解。我也出席過若干群眾大會，其中之一竟有二十二萬人參加。我另參加過若干小委員會會議和討論小組。還有正式招待會和宴會。宴會後再觀賞戲劇表演。我還研究過工業農業組織，參觀了莫斯科以外的幾座新模範村。

我已買了馬克斯所著《資本論》來讀。此書上半部似頗難讀，但下半部則深奧且引人入勝。

下封信中再告訴妳更多消息。

熱愛妳的介石　一九二三年九月二十日

蘇俄派新代表鮑羅廷來華

介石尚遠在莫斯科的時候，蘇俄又派一位新任代表到廣州。這人雖沒有俄國正式使節的頭銜，但他的工作卻至少和加拉罕同等重要，假如不是更重要的話。此人是鮑羅廷，原名葛魯森伯格（Grusenberg），他從前住在美國那些年中，常被人叫做伯格（Berg）。他來中國以前，曾由第三國際先派去墨西哥，再去蘇格蘭倡導革命，最後又去土耳其擔任凱末爾（Mustapha Kemal Pasha）的顧問。孫先生於一九二三年十二月任鮑氏為其顧問。

孫先生現在急於加緊努力，鞏固他在廣東的基礎，以備向北擴伸。人民開始了解在北京的所謂合法民國政府愈來愈壞，中國的希望端在孫先生和他的黨。因此，如何使國民黨恢復活力，以重建一個強盛的中國，乃成為迫切的需要，從而達致以俄國為模範的決定。在此情形下，介石的莫斯科考察之行，就是一件合於時宜之舉。俄國的建議與協助受到熱烈的歡迎，准許共產黨員加入為國民黨員的政策也採行了。也正在此時，孫先生開始作關於他的三民主義的一系列講演。林肯所說「屬於人民、為了人民、受人民控制的政府」的觀念，被借用來改成中文的「民有、民治、民享」。孫先生以此為其理念基礎，就在「三民主義」名義之下，予以闡釋發揮，亦即國家團結、民主及社會福利三大原則之意。

這幾次演講後來經出版成書，作為國民黨的政治綱領。

介石的第五封信說：

我親愛的妻：

在俄國，今天我有一大驚喜，也有兩次最不愉快的震驚。我在外交部看到我們總理孫先生寫的三封信，一封給列寧，一封給托洛斯基，另一封給齊趣林。在這三封信中，我們總理都提到我，而且很抬舉我。至於震驚方面，第一次發生在我於十月十日國慶日演講中華革命黨歷史的第二天。有些曾聽我演講的中國學生粗魯的批評我的演講，說我將總理講得好像他是一個神，而那篇演講也使人以為我是一個英雄崇拜者。當我聽到這話之時，我對這些無禮的年輕人感到很煩惱。他們竟然不知道尊敬自己國家領袖的重要。他們自稱為中國人，而又藐視自己的領袖，這豈非一大諷刺。另一次震驚發生於我看到第三國際批評國民黨的那項決議案之時。我看過後，憤怒的大聲說：「呸！看它講些什麼！怎可能對一個友黨無知至此。他們的見解如此褊狹，怎能冀望成為世界革命的核心？」

我打算於十一月二十九日離開莫斯科，可能於十二月十五日左右抵上海。我正在算日子，期待與妳重聚。我很好，不要為我擔心。

愛妳的介石　一九二三年十一月二十日

介石不滿孫中山任鮑為顧問

介石於一九二三年十一月二十九日離開莫斯科，十二月十五日抵達上海。雖然他見到我時，極為熱情，看似非常愉快，但我看得出他心中有煩惱之事。

「我們明天早晨去溪口。」他堅定的說。我很覺奇怪，就問：

「你不是要去見孫先生提出你的報告嗎？」

「不，親愛的，見我們的總理可以等一等。」他唐突的說。

我知趣，於是將這事擱下再說。

那天夜間，他告訴我心中為何煩惱。他說：

「我們的總理太不給我面子了。他怎可於我仍在俄國的期間，接受莫斯科新派來的鮑羅廷做顧問？至少他可以打個電報問問我的意見，或等我回來後商量一下呀！這件事做得不夠意思。現在，我要讓他等我的報告，我要讓他等，等了又等。」

我能說什麼呢？介石氣成這樣，我想當時還是少說為宜。過了一會，我還是憋不住，就問他：

「俄國人自己說願意幫助中國，你認為那是真心話嗎？」

「我們不能信任任何一個共產黨人，」介石答說，「但是祇要我們能控馭他們，他們就不能傷害我們。妳看，俄國怕日本。為了抵制日本的勢力，俄國希望中國強大，能幫助俄國，這就是俄國的動機之一。不過，祇要我們利用俄援，而轉使其對我們有利，那又何所顧慮呢？如果謹慎將事，我們可以接受俄援！」

介石逕返溪口寫訪俄報告

他動手草擬訪俄報告書，每天祇寫一點點，因為他心情欠佳，不容易寫好。他慢慢寫，幾天後，終於完成了，竟長達四十頁，無法在此引敘。現在我僅摘錄其中最重要的幾段：（照原文直譯）

至於我們對俄黨之態度問題，我們必須區分實際與理論。我們不可僅因欲在理論上信之，而忽略了實際的一面。據我觀察，俄黨缺乏誠意，他們所說的話，最多衹能相信百分之三十。鑒於您如此熱烈的信任俄人，我不忍心另作他說，以致使您失望。

蘇俄願在友好基礎之上，與中國合作，提供五十名軍事顧問，若干財務援助及軍火，以建立一強盛之中國。其第一步驟為設立一所軍事學校，以訓練一支現代陸軍。蘇俄願與中國訂立一項中、俄相互合作聯盟，俾求於將來之儘可能最短期間內，達成帝國主義、殖民主義及資本主義之完全摧毀。……

其以個人身分對你懷有敬意者，為俄國共產黨國際同路人，而非俄國政府之官員。至於旅俄之中國國民，則渠等對你僅有誹謗與懷疑。

俄黨之唯一目的，在於使中國共產黨成為其合法繼承者。實言之，他們不相信我們的國民黨能永久與其合作，以達致成功。關於他們的對華政策，我感覺他們想使東北、蒙古、新疆及西藏各自成為蘇聯之一部分，對於中國本土，則他們擬予蘇維埃化。

這篇報告書發給孫先生後，一直毫無覆音。其原因是在廣州，共產主義完全不受歡迎。「布爾什維克分子」這個名詞，在中國到處使人聞而心悸，與他國之情形一樣。孫先生忙於一次又一次提出辯解，強調共產主義不適用於中國，他自己的三民主義才會流行成功。不過，他仍還需要俄國的財援及軍火。

孫先生催介石速去廣州

在溪口心神不安的等候太久了，介石感覺難過，就再寫信給孫先生抱怨：（照原文直譯）

為此次訪俄考察團，我已花了半年時間和一萬多圓錢，不能說我忽視了此事。但是，對於我此行的報告及我所見所聞各節，您卻絲毫未予注意。我確實對此一輕忽現象感覺強烈，而此種現象恐必表示我已完全失敗了，或您已不再信任我了。我的名譽現已掃地了！

但我確實感覺我在俄國的言行並無瑕隙。我未曾做任何有害本黨的事。某次，有人強欲使我加入共產黨為黨員，我嚴予拒絕，曾說必須先得孫先生的許可。為此，他人對我加以揶揄譏嘲，說我過於對一個人效忠，而不忠於國家，說我崇敬一個人，就是倡導偶像崇拜！

三天之後，孫先生有電報來到，要介石去廣州。電云：（照原文直譯）

介石吾兄：

你此行肩負著極為重大的責任。請立即來穗親自報告各事，並詳細籌劃中、俄合作辦法。我們將與你當面討論你的報告書，我欲知悉你的提議。凡你建議之事項均將受到尊重。請邀張靜江、戴季陶二兄同來，有要事待商。

孫文　一九二三年十二月二十四日

由於健康不良，俄共代表越飛已於年前回到莫斯科，加拉罕奉派為蘇俄駐遠東總代表，來到北京。鮑羅廷則為孫先生及廣州政府的顧問。克里姆林宮希望使北京政府接受加拉罕為蘇俄駐中國使節。透過當時北京政府外交部長顧維鈞的靈活外交運用，加拉罕終被接受出任首任蘇俄駐華公使，其後又達成協議，蘇俄將中東鐵路歸還於中國主權之下，蘇俄在中國的特權（治外法權）亦告終止。

國民黨第一次全國代表大會於一九二四年一月舉行，就在介石和我回到廣州之後幾天。我們祇能旁聽，沒有發言權。我注意到，這使介石覺得自己渺小，沒有分量。事實上，介石在會場座椅中，不時侷促扭動。參加大會者，有全國各地黨分支部的代表一六五人，還有海外華僑代表。大會的召開目的是要宣佈、批准並實施國民黨改組事宜。實際上，大會要恢復黨的活動力，所採手段是將它改成一個非閉鎖性而是公開性的政治組織，並使其儘可能趨於民主化。另外還要准許自願的中國共產黨員入黨。經過此次大會後，國民黨的原則始獲公開楬櫫，凡有志者都可予以接納。這次重要會議中，經人提議，並通過了一項決議，決定籌組一支國民黨軍隊，開辦一所軍事學校。

第十六章　出任黃埔軍校校長

籌備黃埔軍校到出任校長

但是，在廣州全市，究竟要去哪裡才可找到一處適合軍校需用的房舍呢？覓址人員出去履勘之後，發現在廣州以外一個名為黃埔的島上，有兩座大房舍，原屬前廣東省軍校及廣東海軍學校，狀況還好。此處是一個合適的地點，如果使用這些房舍，就可於修繕竣事後，迅即開辦新的軍事學校。

一九二四年一月二十四日，介石奉派為軍校籌備委員會委員長，政府撥給他位於東堤的兩間房屋，作為辦公室。我們自己仍住在西堤的亞洲旅館。

一九二四年二月三日，介石又被派為國民黨總部軍事委員會委員。

一九二四年五月三日，軍校成立，介石奉派為校長。這項任命就是介石竄升掌權的第一步。

此一機構的原名是「軍事學員學校」，後來在黃埔找到了房舍和一個大操場，就改名為「黃埔陸軍軍官學校」。這座島位於廣州市外黃埔港，前此聞名，是因十九世紀中葉英美運輸茶葉的快船就在此處落錨，以裝載當季新產茶葉，趕運至歐美市場。從廣州市乘機船或汽輪航駛四十五分鐘，即可抵達該地。島上還有一座長洲要塞，介石也被派為要塞司令。

結婚以來第一個安定的家

一九二四年五月十五日，介石和我遷居軍校二樓，這還是我們結婚後第一個定居的家。那房子因是新近修繕的老舊建築，衹有兩層，兩翼頗長，作為講堂及辦公室之用，而營房則位於這樓後面。

我們的居處在正樓二樓，俯視通往大門的庭院。居處分為兩部分：一部分是位於右側的大會議室，有牆將它與第二部分即我們的私用住房隔開，牆上有門可通。私宅有一間起居室，一間臥室，一間飯廳。房內擺設柚木家具，大致說來很舒適。不過，頭幾天的生活，對我而言，最多衹能說是平淡單調。每天早晨天一亮，軍號聲就響起來，我仍如往常一樣，與介石同時起床，以招呼他上班。

整個學校就像一座城堡，一般人不會願意常常進出，因為每次穿越前面大門，值勤衛兵都會極隆重的舉槍行禮，這使我有點緊張。

會議室寬敞通風，使用不多，於是我就用它。室內僅有的家具就是一張長桌和二十四把高背椅子。一邊牆上交叉掛著中華民國國旗和國民黨黨旗。對面牆上掛有一幅中國大地圖，圖面上插著綠、紅、藍色的小小旗子，成為一條彎彎的線，這表示北伐沿途各城的路線。有些小旗代表部隊，有些代表衝要位置，有些代表陷阱及危險地點。

介石獲有授權，可依其自己意旨，主持校務，而我則獨自掌管我們住宅的佈置事項。最初，他只打算招收約三百二十名學生，但到舉行考試時，發現考生比預期超出很多。例如，原先計畫衹錄取一百名廣東學生，但來考者超出一千二百名，其中多數遭到淘汰。第一期招生總共衹錄取五百名。由於大多數考生都曾受過教育，年輕力壯，因此入學考試辦得十分嚴格。考試科目包括政治學、軍事策略、數學、常識、地理等。

介石獲授權，對校務有抱負

當時廣東省庫存資金頗為拮据，但仍撥發大約二十萬銀圓為開辦費。經向幾個組織請求捐款協助，在起始數月內，學校每月可收到大約三萬圓捐款，這當然遠遠不敷所需。五十名蘇俄軍事教官、軍用設備、槍枝、彈藥都由莫斯科供給。

學校的設計工作，多由介石根據俄國紅軍學校的模式，一手包辦。他草擬課程，決定各科教學期間的長短及教職員薪資金額，規定學生津貼及配給，並選聘考試委員。他確切知道他要什麼，設計時就非常透澈。然後，他將這些列入他的計畫。他幾次向我說：

「我一旦決定了計畫，就不要有任何修改。旁人總是建議改這改那，但是他們會造成混亂。」

「如果發現有些地方不適當，應該修改，那又將如何？」我問他，「有時有此可能。你認為不會嗎？」

「假如有何不適當，我願意作小修正，但我仍堅持一個確定的計畫一經決定，就不可以隨便修改。或許有些小地方需要改，這可等到以後調整。例如，修業時間的長短是一個要點，在心理上對學生的前途很重要。一旦這時間確定為六個月，假如要將我們的計畫和預算改為一年，那就會攪亂我們的課程。」

他將籌備委員會各委員的確切職責分派給他們，並且說：

「我希望各位能多執行各自的責任，少提出建議。我們不要妨礙進展。我在廣州時，各位如有建議，我可予以考慮，但是我不在的時候，你們雖然仍可提出並討論修正事項，不過除非經我授權，不可逕予通過。我說清楚了嗎？」

介石與加倫將軍率領下的五十名蘇俄紅軍顧問磋商之後，將課程排得爆滿。除了軍事操練之外，各學生必須研習若干科目，如軍事學、政治學，另有國民黨史講演及三民主義。最後兩門由國民黨老黨員講授，因為這所學校的主要目標，不獨在訓練好軍人，並在培養國民黨的忠誠擁護者。

這樣，軍校在廣州人民的心目中，就呈現出一種新形象。「學生」這個字比「兵」字好聽，很多小康之家的年輕子弟就紛紛前來參加考試，軍校馬上造成轟動。

孫先生在黃埔開學典禮訓話

一九二四年五月五日，第一批五百名學生入校，六月十六日，舉行正式開學典禮，五百位來賓受邀參加。孫先生在這一重要場合，向學生們訓話。他說：（照原文直譯）

中華民國的基礎幾不存在。原因很簡單：我們的革命一直藉由一個革命黨的奮鬥來推進，而非藉由一支革命軍。由於缺少一支革命軍，民國才任由軍閥官僚來胡亂治理。如果這種事態持續下去，我們的革命將永遠不得成功。今天開辦了這所學校，我們就有了新希望。從今而後，我們的革命開始了一個新時代。這所學校就是我們革命軍的基幹，而諸學生就是革命軍的核心。

實際上，這也是介石和國民黨的一個轉捩點。在他一生中，介石現在初次嶄露頭角，成為國民黨中及廣州政壇上的一位聞名人物。我也感覺很高興，以他自豪。

繼孫先生之後，介石在典禮上致詞說：（照原文直譯）

經由設立這所新軍校，我們正將建立一支統一中國的軍隊。我們軍人的責任是什麼？我們必須一點一點記牢自己的責任，務求大家不能忘記。首先是紀律，長官的命令必須無條件的服從，一支無紀律的軍隊必定失敗。第二，無論你本身的工作為何，你必須盡你最大的能力去完成它，不要逃避工作。第三，你必須以死為榮，為了國家犧牲性命，乃是一項榮耀，因此不可怕死。祇有懦夫才怕死，古人有一句話：『視死如歸』，中國過去歷史上，已有很多勇敢作戰的光榮事蹟，可供我們效法。其中最有名的一件就是宋朝的岳飛大將軍。他極為勇敢，從不畏死，此即何以他被推崇為中國最勇敢的戰士。一個好軍人從不為自己策劃其前途，他的前途就在他的軍中。他和他的軍隊同起同落。如果你們軍人們都努力工作，履行責任，你就是正在對你們的國家效其不渝之忠誠。

學校第一批五百名學生是建立一支強大武力的礎石。因為祇需六個月即可完成訓練，所以學校就像一座磨坊或工廠一樣，在比較短的時間內，造就出無數已具有執勤能力的軍官。一支有威力的國民黨軍就此產生了。

第十七章　扣留廣州商團槍枝

介石支持容共，遭老同志反對

為表示歡迎共產黨員，凡共產黨員都於一九二四年一月獲准申請加入中國國民黨為黨員。但是許多老黨員強烈反對這項辦法，開始抗爭。他們知道布爾什維克黨人的血腥歷史，因此到處放言批評，不但反對加入國民黨的共產黨員，而且也直言抨擊介石。情況愈演愈壞，到了一九二四年七月一日，中央執行委員會竟然收到第一件呈文，要求對若干保有共產黨籍的及無共產黨籍的國民黨員的行為，發佈譴責令。這項呈文中，有幾位擔任國民黨廣州支部執行委員的著名黨員參加簽署。國民黨最高監察機構中央監察委員會的三位委員，經過十八天討論，才投票通過了譴責案。

譴責案通過後十一天，介石在軍校發表了一次公開演說。他對俄國共產黨及其黨員大表讚揚，他說：

「俄國共產黨黨員於任何艱難情況之下，都甘願推行工作不懈，而本黨黨員則不然。俄國共產黨人情願為其國家及一般人民之福利而辛勤工作，並非僅為其本身之私利。我們已看見他們如何聽任他人獲得權力利益，而自己則仍然甘於履行職責，沒沒無聞。從前反對共產黨員加入本黨的人，如今不再反對。這些人不但支持共產主義，而且還要加入共產黨。」

他允許保有共產黨籍的學生組成一個青年軍人聯合會，而不具共產黨籍者，則組成孫文主義學會。這兩個組織的主要目的是討論並交換各該黨的革命觀念，同時也希望它們可以促進相互了解及友誼。

由於介石是孫先生容共政策的堅強支持者，他就被人稱作孫先生在應付廣州反共勢力方面的最可靠助手。

孫、蔣扣留穗商團所購槍枝

此時，廣州商界提出威脅，如果需款孔亟的政府竟又無理的對之增收新稅，就要發動總罷市。他們認為本身已經稅賦過重，說他們還要向雲南及廣西來的駐軍以及十幾個其他部門付稅。此外，商人和知識分子都痛恨共產主義，視之如毒素，而孫先生和介石竟是中國共產黨人的保護者。他們不要與此發生牽連。

於是，一九二四年八、九月間，廣州商團在匯豐銀行買辦陳廉伯的率領下，計畫以他們自國外訂購的九千枝槍武裝團員，號稱自衛。當孫先生獲悉此事時，他認為這是一項反對他的陰謀，因為允許一艘挪威船載運這批武器來廣州的執照，已經以「匯豐銀行買辦部陳廉伯」的名義發下了。孫先生就請介石立即採取行動。介石即欣然照辦，因為他不喜歡任何傭兵部隊，也不贊成任何反共措施。於是，介石就下令扣留那艘挪威船，並將所載危險船貨卸下，儲存於軍校內。

但是，商團對此提出抗議，認為此舉是椿暴行，因為他們原已辦妥輸入執照。滇軍總司令也被人說動介入此事，他竭力為之交涉放行，但未成功。其後，外間軟硬手段相繼而來，但介石不為所動。商團就宣佈總罷市，政府則以宣佈戒嚴回應，以確保公共安全。

當這件麻煩事正在廣州發展之時，北京北洋政府也自有其麻煩事情。浙江軍事督辦已開始與北京所派部隊交戰。而東北軍閥張作霖將軍也正調遣其軍隊，準備進攻北京政府。孫先生認為此乃天賜良機，正好發動他久已等待的北伐，加入這場大規模的戰役。因此，他就透過滇軍總司令的斡旋，打算由廣州政府將這批武器交給商團，但附有交換條件，就是商團須付出一百萬圓罰款，以協助政府發動北伐。其後多日，雙方往返協商，一百萬圓先減到五十萬，後來又減到三十萬廣州銀圓。

孫先生宣布擬放棄廣東

但是，介石仍堅持不讓，不肯信任商團。其後，孫先生收到沙面英國總領事館一封來信，說如果中國軍隊開火攻擊商團，英國海軍就將轟擊中國軍隊。一九二四年九月九日，孫先生發出一件通函，介石也收到一份。函中說：（照原文直譯）

> 廣東現如死地，其原因有三：第一為英人的壓力。如果這種情勢持續下去，必將發生紛亂，英國戰艦之目標將為我的總部、我們的永豐號砲艦及黃埔軍校。幾十分鐘之內，這幾處地方都將輕易的化為灰燼。我們沒有任何抵抗力量。如果我們此次幸而得免，以後任何時間仍可能再度發生。這是第一點。第二點原因，是我們的敵人陳炯明可能發動反攻。他仍在東江基地蓄勢待發。如此事發生，我們不知其結果如何？第三點為我們友軍滇、桂駐廣州部隊的越軌行為。他們雖在為我驅逐陳炯明時，表現出忠實友善，但並不遵守紀律，而且率性施為。
>
> 有此三大隱憂，我們已無法在此地續留一刻。我們必須捨棄一切，再創新生。當今最好的

出路就是北伐。此外，東北之友軍正向長城以南進軍。浙江軍隊足以自守地盤，其人民意欲推翻北京傀儡政府。在武昌及漢口，亦有軍隊將予我們支助。基於此等原因，我們必須下定決心，向前邁進，作長途之奮鬥。我們當以戰場為軍校學生之訓練場所，這將產生奇異結果。本黨同志們，你們不可猶疑，當聽信我的號召！

孫文　一九二四年九月九日

孫先生於是將他的總部從廣州遷至韶關，隨往者有他的衛隊、一小支空軍和許崇智部下粵軍。另有態度友好的湘軍總司令譚延闓將軍屬下的部隊。

學者型而又保守的追隨者胡漢民，奉派為代理大元帥，於孫先生不在時管理政府事務。胡先生經常與介石商討如何解決商團問題。

介石決心不離開黃埔基地

由於孫先生已將陸空軍都帶去韶關前線，當時就有一種令人不安的緊張氣氛存在。介石認為商團為了報復，可能來攻擊軍校，以奪回屬於他們、而又被扣存彼處的那些武器。這確是一項可能的威脅。他所研判的事態如下：駐在廣州的兩支軍隊，即前曾驅逐陳炯明，迎孫先生回廣州的滇、桂兩軍，都駐紮在廣州市內，以求自保，而且已留駐兩年了。雖然他們對孫先生，而且祇對孫先生本人，持續效忠，但他們拒不接受其他任何人的命令。如果事態失控，則軍校及校內所存大量俄援軍火及扣存的商團槍械，都可能輕易被奪回、炸掉或摧毀。因此，介石憂慮這三方面都可能前來襲擊。事實上，他這些恐懼卻無憑據。他曾寫了兩封惶恐的信給孫先生，請求援兵，他以為商團隨時可能作亂。但孫先生僅以一通密電答覆介石的緊急求援。電報中說：（照原文直譯）

介石吾兄：

兩函均已收到，依我的估量，情勢並非如你所說的那樣危急。我既到韶關，已決心破釜沉舟，僅專注於北伐。你既覺廣州具有危險，我希望你離開黃埔，立即前來韶關，並攜來所有武器軍火及學生，以全力孤注一擲於北伐大業。電到時，希立即行動。你不可遲疑不動。我永遠不會折回營救廣州，故務宜剋日決定，勿再猶豫。

孫文　一九二四年九月二十日

但介石仍拒絕離去。他反而變得憂鬱暴躁。他在地板上來回踱步，向天詛咒，有如一隻籠中的動物。我再也受不了他那種行為，就大叫著說：

「這一切噪音都無補於事。鎮靜下來！收斂一些！如果你不要去韶關，不去就是了；可是那就表示你不服從我們的總理孫先生。」

「我永遠不會放棄這所學校。」他肯定的說。在激動中，他坐在桌旁，開始寫：（照原文直譯）

指示奉悉。險惡的商團日益猖獗，如其發動襲擊，我預料黃埔軍校將遭致危險。我決意至死保衛此一孤島，故我仍等候你早日率軍返來援助我們。我們將永不放棄此一基地，否則本黨將永失其根基。如我們堅持，不示畏懼，則叛徒將不敢來犯。如你返回，我軍可發動反攻，必可順暢無阻。以我們現有之俄國武器，我們將可於三個月內有一精良之學生旅。此即我們的根基，可用以掃除一切障礙，而使廣州成為我們革命之一安全鞏固的基地。我將寸步不離此地，並懇切籲請你早日返回。今日乃我們成敗之關鍵。

蔣介石　一九二四年十月一日

使介石大鬆一口氣的事發生了。商團的好戰態度起了變化。其首領陳廉伯發表公開聲明，說他要尋求和平手段，以解決他們的武器問題。他提出一項書面請求，要廣州當局合作謀致此事儘早解決。從此一舉措，介石看出商團的弱點，就等候時機來臨。

和平統一忽有新的轉機

與此同時，孫先生也認為必須變更他的北伐計畫。他不再堅持破釜沉舟了，反而自認必須折返廣州，以便與黨內同志商討他剛剛收到的北京最新提議。為求了解此項情勢，我可說明如下：當時北方軍閥中勢力最大者，是吳佩孚、馮玉祥及張作霖三人。馮、張兩人對孫先生尚稱友善，這兩人連同若干其他領導人物，曾拍電報給孫先生，請他去北京參加一項會議，以討論中國的前途，並探究以和平方式組成一個真正民主政府的可能性。這是一個不可多得的機會，於是，孫先生於一九二四年十月三十日回到廣州，與他的國民黨追隨者會商此事。

孫先生對於祇用和平討論方式，而不必使用武力，就可能統一中國這一遠景，感覺興奮異常。北京方面的研商計畫，是召開一次中國國民代表大會，結合所有團體，包括教育部門、商會、大學學生及一切工人團體，共同提出抗議，並共同反對軍閥禍國行徑，尤其反對最近的篡權者曹錕將軍和吳佩孚將軍。會議並擬要求他們配合中央政府，以冀於最近期內統一中國。

孫先生決定立即前往北京。出發前，他發佈命令，規定所有軍事業務，包括仍有可能的北伐工作，概由譚延闓獨自統率，而胡漢民則掌理政府業務。

一九二四年十一月十二日，一千名軍校學生及教官，由介石率領，連同我和若干其他人，佇立於泊在廣州堤的永豐艦甲板上，歡送孫先生伉儷。

當前是一個非常盛大的聚會，也是一個很隆重的場面。參加的人差不多包括了廣州所有的權貴人物，如汪精衛夫婦、胡漢民、譚延闓、廖仲愷夫婦、劉震寰將軍，還有幾千位其他人士。事實上，廣州政府的所有首長及其隨從人員，連同他們的夫人，都到場了。另外還有國民黨、農民、工業、商業和學生等團體的人們。

「妳想這裡來了多少人？」我們望著人群時，介石問我。

「十萬人，我想。」我大致猜猜說。

「我想妳猜對了。至少有那麼多，或許更多。今天啊！這將永遠留在歷史裡。」他喜孜孜的說。

第十八章　孫中山的最後旅行

廣州盛大歡送孫先生北上

這個場合還有多彩多姿的一面，那就是所有學生和工人團體每人手中都持有各種顏色、形狀的小旗子。旗子上寫有不同的口號、標語，如「打倒帝國主義」、「打倒軍閥」、「和平統一中國」、「歡送我們的大元帥」等。

介石和我，還有劉震寰將軍、汪精衛夫婦、胡漢民、許崇智將軍，都與孫先生和孫夫人站成一行，而我竟得緣附麗於此一歷史性場面，真覺得榮幸萬分。然後，永豐號砲艦緩慢駛離碼頭，沿江下行。眼見人群揮手揮旗不停，耳聞那竟將軍樂壓蓋下去的叫喊聲，這真是令人激動震撼。我們祇能帶笑揮手還禮。

砲艦駛向黃埔，停泊在軍校操場岸邊。孫先生伉儷和隨員們登岸，準備與我們在軍校共度下午和夜晚。

孫先生和孫夫人在我們臥室中稍事休息梳洗後，介石和我就陪他們視察校區。然後，我仍陪伴孫夫人，而介石則陪導孫先生去檢閱學生。再後，又安排了孫先生去不遠處視察士兵們在珠江對岸魚珠砲臺構築工事。同行者有鮑羅廷、劉震寰將軍和十位其他人士。在返校途中，孫先生對介石說：

「我此去北京，不敢說何時可以回來。但是，我希望這次我國的統一得以實現。我親見本校的良好精神，感覺高興。我知道本校將推進我的革命事業。縱使我離開人世，我的靈魂亦將可安息了。」

鮑羅廷說：「先生，我剛纔收到莫斯科來電。我國政府邀請您於訪問北京後，轉赴俄國訪問。」

「我在北京停留期間長短如何，還不確定，」孫先生答，「請你代我向貴國政府表達謝忱，並轉告俟我抵達北京後，再與貴方商談此事。」

孫囑劉震寰赴滇支持北伐

回到學校後，孫先生走進我們的會議室，開始開會。一件最重要的任務落到「劉活菩薩」肩上。孫先生向他說：

「我要再向你說一次，請你依照我的指示，明天就去雲南，去請唐繼堯省長拍發一通電報給我，電報中要表示他對我和廣州效忠。這通電報極為重要，因為它可給予我所需要的威望，並且可以證實我擁有三省的支持，而非僅粵、桂兩省。我手中有了他的電報，就可以拿給北方軍閥們看，這就提高了我在國民會議中發言的力量。它將表示雲南省也堅定的支持我。」

「大元帥，我將遵照您的願望執行。」劉震寰將軍恭敬的答道，「唐省長還欠我一個大人情哩，因為有一次我曾救了他的性命。因此，我敢說當我向他提出這個請求時，他不會拒絕。」

「好，」孫先生笑了，「我不會忘記你的忠誠。你曾不顧自己生命的危險，將陳炯明趕出廣州，而現在你又要協助我提高我的聲望。」他伸出深深感激之手，他們兩人就握手交誼。

胡漢民和鮑羅廷專注的聽著，但一團黑雲似乎罩上他們的臉龐，好像他們很不喜歡劉將軍這番豪語，竟似又將他此次雲南之行看成他的一件大功。

旅途勞頓，孫中山肝病復發

第二天早晨，孫先生伉儷離去，同日下午抵達香港。他們被人送上日本輪船春陽丸號，前往上海。與他們同行者，有汪精衛和其他人。介石和我留在廣州。

這艘船同晚啟航，一路順利愉快。那晚孫先生伉儷去船上餐廳用餐。但是，次日海浪洶湧，一股強風襲來，以致輪船顛簸不已，孫先生因而暈船甚劇，衹得臥在床上。十七日上午，船到吳淞。抵達時，基督將軍馮玉祥和許多人前來迎接孫先生等。但是，這次航行疲勞已使孫先生體力衰竭了。

孫先生抵達上海法租界莫里哀路他的寓所時，仍感不適。暈船已使他原有的肝疾愈益加劇。十八日，他召集在上海的國民黨人開會，商討北京方面的最近提議。

孫先生伉儷又自上海搭乘上海丸輪，經由日本赴天津。他於十二月四日天明時抵達天津，然後轉往北京。抵達古都時，天氣冷極。由於沿途他曾屢次發表演說，談論「打倒帝國主義」、「統一中國」、「驅逐軍閥」等，他已自感病勢很重。一九二四年十二月六日，他已難以言語。七日，他臥床未起，醫生囑他休息。

在此時期，胡漢民在廣州以代理孫先生職權的名義，同意一項妥協辦法，接受了商團的條件。

二十萬圓業經商團以借款名義付出，胡漢民就下令給介石，要他將扣押的武器放行。介石勉為其難的遵命照辦。當這批武器交接之時，發生了政府士兵與商團人員間的口角，繼以一場混鬥，以致幾名士兵被槍擊死亡。翌日，介石便組成了一個革命委員會。一九二四年十二月十三日，介石以粵軍總司令部訓練處首長的身分，對商團發動攻擊。經過兩天巷戰，商團投降，後來又遭繳械解散。這次事件代表了介石對於敵人部隊，及對於內部反對勢力的第一次決定性勝利。

介石患嚴重鼻病，被迫住院

工作過勞或憂慮通常是不與領導者結緣的，但是極為奇怪的是，突然間介石竟罹患了一次嚴重的鼻出血症。大量鼻血流了出來，我嚇壞了。我再怎樣嘗試也無法使流血停止。我使他躺下仰臥，給他敷上幾條冰冷的濕毛巾，仍然無效。最難辦的是，他拒絕安臥不動，經我請校醫急急跑上樓來施行急救，但是他也無力止住那些慢慢流出的血。

既然這樣，我就想趕快將介石送往醫院。雖然他不斷表示抗議——尖銳刺耳的抗議，但我不理，仍將救護車叫來。

「我不要去醫院。我有太多的工作要做！」他大叫。

在許多方面，我總是軟弱讓人，但遇到這樁事，我不聽他的，決心一意孤行。

在醫院中，醫生說我做對了，因為這個病很嚴重。他稱這病為「鼻衄症」（epistaxis），是由一種小腫瘤造成的。用藥一小時後，流血止住一些，但未完全停止。介石流了太多血，因而感覺身子很虛弱。他眼睛閉著，滿面愁容，氣色非常蒼白。真把我嚇昏了。

醫生嚴格要求病人靜止不動，但介石短暫休息一會之後，看見血不流了，便要回家。他真是一位頑固的病人，拒絕聽醫生的囑咐。他不時要說話，到處轉動，於是又淌血了。護士照醫生的交代處理，仍可將血止住。下午黃昏時，醫生再來，叫我多對介石說話，藉以防止他自己多說話。但這事說來容易，辦到卻難。我對他說話，以他的名義給不同的人打電話，替他寫信，還為他做了數不清的各種各樣事情，但這種做法可也真是太難了。就為了設法使他安靜不動，不久我自己也筋疲力竭了。

日暮時光，我看見介石已覺得好了一些，鼻血也完全止住了，我準備回家，明天一大早再來。但介石不願聽到這事。

「妳必須留在這裡陪我！」他不停的堅持。護士說她會安排院方的許可。稍後，她就拿來一張帆布床給我睡。

第二天一早，醫生來給介石開更多藥物，但這位病人還是不能安靜，不肯躺住不動。醫生祇許他進飲鮮橘汁。每一餐，他都堅持要我用一支吸管親自餵他，這種種怪相簡直就像一個難纏的嬰兒。介石甚至拒絕護士小姐們服侍他，使她們都有受侮之感。他硬要我給他做每樣事情。他祇於心中願意的時候，才肯喝下橘汁，因此我不得不又要給他逗趣，又要顧到他心中的奇思異想，這種工作真是難上加難。

鄧演達、徐謙是介石的兩助手

他鼻內的那個裂口終於大致癒合了，這已是他住院第三天。我很高興終可回家照料諸般家務，介石當然也寬心的回到軍校，趕著補辦他那成堆的累積工作。

事實上，介石擁有三個職務。首先，他仍是許崇智將軍部隊的軍事顧問兼戰略官；第二，粵軍訓練處處長；第三，他的主要職務當然是黃埔軍校校長。

軍校有兩名介石的得意助手，就是鄧演達和徐謙。這兩人都是很嚴肅、勤學、活力充沛的人。介石的秘密心願是訓練這兩個人成為他的親信。因此，介石每天給他們二人許多事做，他們也常來我們家中叩訪。他們成為我們住處的雜差，介石和我也把他們當作親近的朋友看待。

雖然介石手下有許多職員，但他做起事來，仍費掉他很多時間精力。當我勸他放鬆些的時候，他再三告訴我：

「如果我能統制軍隊，我將有權力統治國家。這是我取得領導權的大好機會。千請萬請，不要叫我停止工作。」

於此，我或許應當講講介石的性格。作為一個軍事長官，他要求部屬非常嚴格。例如，有幾次他和我走過操場，要去碼頭乘我們的汽艇赴廣州市時，他忽然停步不動，將一名士兵叫過來，問他為什麼制服上衣領口沒有扣好鈕扣，或軍靴上沒有結好靴帶。如果答覆不夠滿意，他就喊來班長，痛罵一番，下令對那犯規士兵予以申斥，甚至於關禁閉。他常常吼叫：「對上級長官談話的時候，應該立正！」我記得另一次舉行紀念儀式時，一位學生站在講臺上，向三千聽眾誦讀愛國論文。這位學生原已背好這篇文章，但誦讀中途忘記一句，於是從褲子口袋中取出一張已弄髒的紙，打開來開始照讀。介石這時也坐在講臺上，便大聲說：「別唸了！你不應該將一張摺好的紙放在褲袋中，那樣紙會弄碎！那張紙應當放在襯衣口袋裡！記住這點，你這個笨蛋！」

此時聽眾們似乎不安於座，相顧茫視，而那位學生當眾受此斥責，滿臉漲得通紅。

介石個性特徵中最突出的一點，也許就是他的主觀意識。他對旁人的批評，是敏感的，也容易為此發怒。他很少讚美他人。在他眼中，他的軍事同僚，甚至於那些公認的天才之士，也不過是平庸之輩。他懷有樣樣都要佔第一的強烈慾望，因而傾向於誇大鋪張。他祇培養那些對他有用，或可有助於他本身目標的友誼，但是一旦那些用處用過之後，無論這些友誼當初如何密切，也就漸漸疏淡而自然消逝了。由於這種態度，他曾於旦夕之間，造出不少敵人。我們的親近朋友可以在一隻手上數出來。除孫先生而外，他祇有四位最要好的朋友：他的導師兼財務後臺張靜江老先生、他的長官許崇智將軍、財政部長廖仲愷，和國學家戴季陶。我始終搞不清楚哪些友誼他仍要保持，哪些已不在意。例如，「劉活菩薩」就無緣無故變成一個敵人。

介石個性易使朋友變敵人

介石越來越出頭了，而且很快，但是他在推出任何計畫或從事任何新的變革以前，仍然需要先得到國民黨的先進智囊們的認可。在此期間，共有三個部：粵軍總司令也是軍事部長，這兩個職位都屬於他的長官許崇智將軍；財政部長是廖仲愷；外交部長是元老伍廷芳的兒子伍朝樞。

但是，還有許多其他部門是由共產黨員擔任首長。譚平山在革命委員會中代表共產黨員，也是組織部部長。宣傳部代理部長是毛澤東。另外四個部，如勞工、農民、青年、婦女各部，也由共產黨人主持。大體言之，國民黨中的國共勢力成六一之比。

為要熟悉所有部門首長，也因他很想影響政府的改革，介石就習以為常的去拜會這些人物，至少每星期為此出訪三次。革命委員會的委員們總是耐心的聽他陳述，認可他大部分的請求。在另一方面，他時常對他的學生鼓勵有加，親自將臂章掛上他們的軍服，還給他們作打氣的談話。此外，他也時常公開露面，告知他的軍官們：「我們是一個大家庭，都需奉行三民主義。」

雖然在初期，介石故作謙遜，寧願讓人居先，但不消說，軍校仍漸漸對華南政治界，發生了強大的影響力。依照規章，他有權向他的長官長輩們提出意見，但這些領導人士仍是互相嫉妒。那時，在孫先生之下，按資歷排列，尚有以下幾位要員：

（一）汪精衛
（二）胡漢民
（三）許崇智
（四）廖仲愷
（五）劉震寰
（六）吳稚暉
（七）蔣介石

這些人各有千秋，互不相同。在擁護孫先生發展革命運動方面，每一位都被公認為具有熱烈的革命精神，並對革命大業卓有貢獻。他們可以說是孫先生革命工作的真正繼承人。他們的繼承資格是依資歷及重要性而定，而且僅於孫先生掌權之時，才有職務。他們憑其才幹、背景及經驗，獲得了本黨領導人的頭銜。介石以他軍校校長的身分，敬陪末座，名列第七。

第十九章　三千子弟兵驅逐陳炯明

「統一中國，先統一廣東！」

介石以為他有熟諳國民黨所有事務的責任，而一旦熟悉了，他每一介入黨務之時，就使他表現出專家的權威。事實上，他確也時常介入有關政策的黨務工作。這當然引起很多疑忌，因為大家都將他視作新進人員，跟別人比起來，算是後輩。這點介石也完全了解，但是，他認為自己才是孫先生真正而唯一的繼承者，遠遠超乎派系、黨別或階級之上。他為此目的，也戮力以赴。

在天性上，介石富有侵略性、倔強、敏感、任性不羈、急躁易怒。最小的挫折可以使他發怒，他還不在乎有誰看見。我常勸他克制這項缺點，但我心知這是天性使然，他也勢難自禁。因為他將全部頭髮剃光，大家就給他取了個「蔣光頭」的諢號。這種形象在華北士兵中，非常普遍，但在粵軍中，卻屬罕見。

孫先生遠在華北，共產分子的影響力便開始大為擴張，不但在軍校內，而且廣及全廣州的各工會、學生團體、工人互助會和農民協會等等。

列寧的照片到處掛貼。共產分子這樣穩紮陣腳後，就加緊努力，想在國民黨內部和軍校學生間，製造分歧，其目的是要擴大他們的勢力，進而接管這些機構。

我在旁觀介石處理軍事工作之時，使我印象最深的一點，就是他的堅忍執著。他雖然已為校務和其他政治工作而忙碌不堪，但仍找出時間來思索如何消滅陳炯明將軍。他每一想到他那老仇家仍在不到九十哩外的惠州老巢安享清福，就不免憤怒填膺。他急欲將這人消除於地球之外，不計後果。他這種仇恨似毫無止境，我常見他坐著沉思，想找到達成這個目的的最佳方法。

一天，我被他嚇了一大跳。他突然從座椅上跳起來，放開嗓子大叫：

「有了！我要用的口號是：『統一中國，先統一廣東！』我將把那廝打得粉碎！」而就從那時起，軍校便拿這個口號大作宣傳，要讓每個人都將陳炯明說成一個奸險小人。

介石在與敵人鬥爭的時候，心智仍能保持機警，知道他所面臨的是一個難纏的敵人。陳炯明手下有三萬名裝備精良的士兵。事實上，他逃離廣州之時，帶走了粵軍的大部分，還是一支完整的軍旅。這就是為什麼外間依然認為惠州是一座「軍火庫」。但是，介石卻在精細的籌畫他的策略。

周恩來係由介石介紹入黨

介石既是一個中蘇友好關係的促進者，和孫先生聯俄政策的熱誠擁護者，他就每天打上一條紅領帶。他曉得，他在校中所掌握的紅色軍火可以幫助他消滅陳炯明。於是，他認為共產主義的支助乃是中國的唯一救星，當然這有一個先決條件，就是他自己能藉此而成為僅次於孫先生的革命領袖。

職是之故，國民黨就容許更多中國共產黨人入黨。其實，在此之前，國民黨內的共產黨員原本祇有很少數人。由介石介紹入黨的一位，名叫周恩來。那時周已被任命為介石所轄部隊的軍法官。這是因為周能寫出一篇好的呈文，而且軍法官這種職位的待遇也很不錯。在那個時代，中國還沒有須經認許合格的律師，猶如當時沒有受過良好訓練的醫師一樣。所有認許合格者都是西化人士。周恩來是一個很進步的人，富於機智，有些學問。

雖然國民黨和政府中，有不少具有影響力的人士一再提出反對，但那五十名莫斯科派來的俄共顧問仍然接掌軍校教官的重要工作，其理由是黃埔軍校本身就是模仿紅軍學校開設的。這五十名俄籍教官盡其所能，以使那些中國學生蘇維埃化。

但是，在政府中，也有一批死硬保守人士及知識分子，自始就恨共產黨人，恨之比恨毒藥還深。如果為此暴動起事，那麼廣州政權又可能因而垮臺。所以有些祇想除掉這些共黨分子的人就認為還是暫不作聲為宜，他們盼望終有一日政府會了解其政策錯了。

介石在這種困難的局勢中，扮演了一個重要的角色。由於他是支持孫先生政策的人，所以他認為主要敵人是那些反共人士，這些人也是他看不順眼的人。但是，這種反共情緒有時候也可以適合介石的目的，因為他校中的軍官們都是他的已畢業學生，而他的親共及反共學生們又是當時最進取、最具活力的分子，既然這些人都已集合在他手下，他便可隨意掌握運用。

學生們入學時被編為教導團。除普通軍事教官外，每單位還有一個黨代表，在大單位中，有政治部，部內有主任和幾名職員。這些政工人員照顧學生們的社會福利，並向他們灌輸政治知識。學生訓諫也包括如何運用機智，和如何於部隊長作戰陣亡時代理其職務。換言之，就是教他們如何採取主動。

在起始時期，介石軍中很多職位都由兼為共產黨員的國民黨員充任。原因很簡單，這些人的政治知識平均較多數其他人為高，而也有必要讓他們懂得一些國際事務。當時這種辦法似尚運作順利。

周恩來原是軍法官，後來又被介石保舉擔任第一軍政治部主任。這第一軍就是介石最初的革命軍。他們兩人成為好友。

介石決定率學生攻打惠州

第一批兩千名學生畢業時，介石下定決心，他與陳炯明攤牌的時間到了。在此之前，他沒有屬於自己的軍隊，現在有了，他認為最好用這兩千名學生儘早出擊。

介石是一個軍事專才，當然深知惠州摘取不易。他從事策劃，籌備編組，漏夜加工，想法子解決那些巨大的困難。他很快就將他新訓練出的學生們編組成形，做為精密的攻擊準備。惠州的飛鵝嶺就好像一個小型的直布羅陀，是陸軍眼中的一座攻不破堡壘，是一座天然的阻敵屏障。專家們都認為如謎一樣的這個問題，介石還是要設法去解決，其法就是置之死地，否則攻打惠州終將失敗。所有計畫的每項細節都細心的完成了，同時率隊軍官也選定了，祇等他們在攻佔惠州之役，協助爭取榮譽。

一九二五年二月一日，此際孫先生正在北京住院療疾，介石率領兩團官兵，大約三千人，去攻打仇人老巢。他用上了他的口號：「統一中國，先統一廣東！」

介石的上司——粵軍總司令許崇智將軍，被派為這一戰役的司令官。但因這是介石自己的戰爭，所以祇有許將軍麾下一部分粵軍參加此役，他的兩千名學生仍須自任戰鬥主力。

一九二五年二月十五日，一次決定性的戰鬥在惠州以南約二十哩的戰略要鎮淡水打了起來。此處就是敵軍總部的第一道防線所在。戰鬥進行了一天一夜，兩團學生終於攻入並佔領了這座城鎮。第二天，親自指揮作戰的介石，向他的官兵們作了一次精神講話，他說：

「敵人在淡水的失敗，是由於你們大家的勇往直前。我們祇以兩千名革命學生，就擊敗了敵方六千士兵。我們擄獲兩千多敵兵俘虜。我們奪得一千多枝槍。我已經將這項好消息打電報到北京，報告我們的總理孫先生。他收到這個喜訊，一定會欣慰萬分。這可給他打氣！

「你們官兵們已經以忠誠和勇氣表現出紀律和勇毅。你們已使每個人驚奇不已。由於你們的訓練時間並不算長，這次的好成果再次證明了本黨的主義深入人心，是偉大的。現在敵人實力已經損失一半，肅清東江一帶，也將指日可待。我為你們大家的勇敢致賀！」

三千青年性命打敗陳炯明

一九二五年三月中旬，惠州基地遭受襲擊，發生猛烈的戰鬥。一千多名學生及兩千名步兵擊潰敵軍一萬餘人。當然，為獲得這場勝利，介石所部也付出了很高的代價。

惠州是陳炯明的不破基地。在他精心擘劃之下，單是惠州的外城牆就有四重不同形式的障礙物保護。這四重是：（一）帶刺的鐵絲籠；（二）一條寬地段，上面鋪著厚木板，木板上佈滿三吋長的突出尖釘；（三）木製拒馬，裹有更多的帶刺鐵絲；（四）城牆外側築有十五呎高的鋼網，網上通電流。

一批士兵奉命前進拆除那些帶刺鐵絲籠時，城牆頂上槍砲齊發，彈如雨下，射倒若干學生。然後一批一批前仆後繼，終於將一部分鐵絲籠衝垮。隨之命令又下，要衝過三十呎寬的尖釘木板地帶。

學生們猛衝上去，這個走釘子的劫難造成了重大傷亡，因為這些步兵祇穿著便宜的薄皮靴子，士兵們向前衝進之時，靴底陷在釘上，無法自拔，因而成為敵人的固定彈靶。前面的士兵倒地後，其他學生和士兵又踏著成堆屍體前進，攻到第三重障礙物。然後，另一波學生又帶著大量乾草衝來，放火焚燒通有電流的鋼絲網。熊熊大火猛烈燃燒之時，越來越多士兵帶著乾草往前衝去，城牆上槍彈砲彈如雨般射下。最後鋼絲網燒倒了，城牆多處就遭炸藥爆炸。

惠州已岌岌難保，陳炯明及其將軍們就坐上他們泊在惠州灣的砲艇逃之夭夭。

惠州之役的勝利損失了三千名青年的性命。介石認為這也值得，因為他的死對頭終於被擊敗了。

許崇智輕易將惠州交還原主

他接管了城區，施行了必要的肅清工作，並將降軍重加編組。一個月之後，他的工作已告竣事，他就急欲返回廣州，辦理軍校及其他業務。他將這座新佔領的城市移交給他的長官兼導師許崇智將軍治理。介石離開前，作了一次勝利演說，其間他說：

「……陣亡士兵和完全殘廢人員共達三千餘人之多。第一批隨我前來的學生和其後前來的學生中，一半以上已經捐軀。當我想到他們的時候，我心痛欲絕，但，今天，勝利已屬於我們了！」

惠州最多祇能說是一座小的古老城鎮，全無現代風味，也沒有夜生活的刺激可言。雖然許崇智將軍喜歡身為全城首長的威風，居住在最豪華的一幢宅邸，裡面有紅漆大柱、綠瓦飛簷的屋頂和一群服侍他的靈巧僕役，但不久他就煩膩於這種鄉居生活。他渴盼那神奇、燦爛、引人入勝的城市風光。他懷念那些歌女們唱出的悅耳歌聲、汽車的風馳電掣、充滿快樂氣氛的夜總會，和他那些俊逸多趣的朋友們。不行，惠州不適合他。於是，過了一個月乾澀生活之後，他決心返回廣州。他就選定他的朋友洪將軍（按應為楊坤如）代理他的職務，將惠州的官印交給這位中將。

但是，許將軍這樣做，並未經過深思熟慮，也未先與人磋商。事實上，這位洪將軍是陳炯明親信洪兆麟將軍的堂兄弟。因此，許將軍前往廣州後不到四十八小時，洪將軍就打開惠州城門，讓陳炯明和他的徒眾回來。他們當然馬上返巢了。這樣，惠州再度落入陳炯明之手，防禦工事也很快修復補強。

這個消息傳到在廣州的介石時，他幾乎發起瘋來，他氣憤得全身發抖，臉上一片慘白，雙手抱拳，來回踱步，然後兩手向上揮動，詛天咒地，又罵出我從來不相信會由他口中說出的連串穢語。我能怎麼辦呢？換做是別人又將如何呢？在這種情況下，即使是做妻子的人，也不好說什麼，於是我默然端坐，讓他將心中之氣發洩個淋漓盡致。其實，我眼見他如此喪氣，自己心中也一樣痛苦。夜幕低垂，他坐在桌旁，兩手抱著垂下的頭，似在深思中。他整夜都是這樣坐著，拒絕就寢。

第二十章 收編許崇智軍隊

介石要接收改編許崇智軍隊

犯錯的人是他的好友兼長官，他能如何懲罰此人呢？這樁罪行牽涉到三千多條人命，他強烈感覺有責任要求懲處。是的，這些年輕人的生命都僅僅是因著他個人的想法而白白犧牲了。如果交軍法會審，許崇智不得不判槍決。但介石經過深思熟慮，另有計策，他考慮如何逆中取利。現在，他們兩人之間，已有一種不愉快的緊張狀態存在，他們見面時，介石鎮靜的說：

「發生這樣的事，當然很不幸。這表示我那麼多學生士兵都白白送了性命。我將帶一支軍隊去奪回那城。不過，你必須撥給我一些你的士兵。」

「當然，我願意照辦。」許崇智說。他似很想討好介石，並深悔犯了這個大錯。

「但是，你的整個粵軍，從上到下，都毫無紀律。」介石傲然的說。

「你建議怎麼辦好？」

「讓我把你的全軍重新編訓。你准我這樣做嗎？」

「凡你建議的事，我都同意。」

「可是，為求完成此事，我必須有一年時間，並且可以自由行事，來個澈底整頓。」

「你是什麼意思？」許將軍弄不清楚，就這樣問。

「你人在廣州的時候，我無法重新組訓你的部隊，這點你定會了解。我需有一年，才能辦好這事，你必須去上海度個假。你的軍隊整頓好之後，我會請你回來接收它。」

「那太好了！」許崇智將軍驚喜而叫。他想到前面的快活時光，他將有一整年時間，去上海盡情享受一番！

整飭軍紀拿張國楨二人開刀

一切談好了，次一星期召開了一次交接會議。所有粵軍大小將軍、次級指揮官及軍官們都出席了。總司令許崇智將軍宣佈說：

「從今天起，黃埔軍校的蔣介石將軍接掌我的粵軍總司令職務，為期一年，以重新編訓全軍。我已授權給他，擔任你們的新長官。從此你們大家都要聽他直接號令。」說完，他就把粵軍總司令的大印遞給介石。當時粵軍有五旅十團，共十萬名士兵。（編者按：粵軍五旅十團，按當時編制不超過三萬人，此處數字有誤。）

第一天諸事順利。但是，後來張國楨中將（原文誤為梁鴻楷）和楊錦龍少將兩個人拒絕接受新總司令的命令。事實上，他們完全不理介石。張將軍指控介石虛偽、諂媚、奸詐。楊將軍向老上司許崇智說：「你落入圈套了！你索性向本軍說聲再見罷，因為即使三十年後，本軍也不會還給你！記得借荊州的故事嗎？那塊地方就是有借無還！」

介石向來將紀律看得很重，認為這兩人簡直是叛變造反了，但他暫且讓這事擱一擱。兩天後，他以黃埔軍校的名義，在位於繁華的廣州堤的大三元餐廳私人餐室中，設了筵席，邀請張、楊兩將軍赴宴。兩位將軍以為可能會有妥協安排，便欣然應邀。這家餐廳是當地一家比較好的餐館，那夜相當擁擠。大家碰杯互敬，酒過三巡之後，突然進來一位軍官，帶著一批士兵。軍官手持捉拿這兩位抗命將軍的逮捕令。他們二人被押到東較場，未經軍法審判，就被槍決。

「活菩薩」拒合作成肉中之刺

現在身為粵軍總司令，介石的權力大增，我可以清楚的察覺到，連他的氣質都突然變了。這個重要職位給予他一種新的心態，他以正崛起中領袖的姿態，常自以為是，得意忘形。他不滿意於現況，提出一些專橫的新變革要求，甚至超出他的職責範圍。他變得有點像一個自封的專權者。

前面說過，那時廣州除粵軍外，還有楊希閔將軍的滇軍和劉震寰將軍手下的桂軍。為了再度派兵去奪回惠州，介石想到使用駐在廣州的這兩支友軍，以求提早獲勝。這兩軍的首領收到參加驅逐陳炯明離開惠州的請求，但都保持緘默，而緘默就意味不行。介石看見這樣情形，忽然覺得這兩人也是他的肉中之刺。他發了一個通報給他的粵軍，裡面說：

> 廣州收復後，至今已將近兩年。今天廣州仍有劉、楊兩人手下多達十萬人的友軍士兵，但叛賊陳炯明仍在惠州安然自得，而廣東人民之痛苦日益加深，難道這是因為駐在市內的友軍過於疲勞羸弱，以致無法以其十萬之眾肅清那區區三萬叛徒嗎？不是。真實的原因是，猜疑與嫉妒瀰漫，他們之間沒有配合。當此不同部隊甚至無法統合精神之時，則不但他們將永遠無法擊敗敵人，而且可能反遭敵人擊敗！

介石的這通訊息並未獲得回響，但這種不願合作的情形卻在介石胸中燃起了對這兩位將領的痛恨之火。他視他們為新的敵人，祇知享受榮華富貴的人。如能將他們除掉，那麼從此一勞永逸，廣州將是他獨自控制指揮的天下。因此，介石就傾注於策劃這兩人的垮臺。當然，他還須等待時機。

第二十一章 促成經國留學俄國

漢民、仲愷均不能推心置腹

在軍校，介石每天的生活自清晨五時起床開始。六時，他視察所屬操練。七時，回家來同我一起吃簡單早餐。早餐通常是稀飯、蔬菜和魚，肉類祇有少量。八時，他下樓去辦公室，常有軍官或廣州重要官員來同他商議公事。接見訪客祇安排每人二、三十分鐘。親近朋友則到我們樓上的住宅來談。由於介石總是非常忙碌，所以我就掌管他的函件整理事宜。我根據來函所述，寫出一個清單，上面寫著請見人的目的等節，或對所詢問題擬具答覆要點。每天上午，我將單子交給僕人阿順拿去放在介石辦公桌上。上午十一時至下午一時之間，他去給學生們講課或宣佈各種事項。

胡漢民和廖仲愷至少每週一次來校。介石對這兩位要員表面上頗為敬重，但是他仍私下向我抱怨，說他們從不向他傾吐肺腑之言。他們總是對他保持距離，不論在任何場合，老是一番客套。他試了很多次，總是無法太接近他們。

雖然介石是黃埔軍校校長，每月薪資卻祇得一千五百圓，當然不夠支用。他每月祇分給前妻福梅戔戔之數五十圓，還是我在居間協助，才使這筆款子按月匯去，以略微貼補她的生活費用。

由於介石為一校之長，所以我們總可以在多數商店中賒賬。如此，雖然我們經常缺少現錢，但家中倒沒有遭遇多大困難。事實上，幾個月省吃儉用下來，我還存下一點現錢，以備不時之需。

在工作壓力下，介石還是不時回復到他從前那種壞脾氣。俗話說：「江山易改，本性難移」，旨哉斯言。現在，我發現婚姻生活相當困難。每當他同軍方交往的事情進行得不順利的時候，他回家時常是面色陰沉，帶有惱意，有時竟至爆發出來。這對我特別困難，因為我不知道他究竟心意如何？如果我知道他究竟有何心事，我就可留心提防，或特別謹慎。但是，就介石而言，我真是很難測斷。平常他有乖戾的言行，我可以讓它過去，不發隻字怨言，但突然間，他會小題大做，誇張渲染起來。我們的生活真變成了一連串的脾氣爆炸和無謂的吼叫。

屢屢的退讓就是永遠的屈服，但為了家庭和諧，我馴服的盡力承受他的爆發。

介石勤練字，為黃埔寫校訓

介石下午六時下班，多數晚間都在安靜中度過。我繼續研讀中國經書，或瀏覽故事書或時事雜誌。介石則坐下來用舊報紙練習書法。他常一連寫滿十大張舊報紙，才肯放筆。他儘可能每天照此持續練字，我可以明顯看出，幾個月來他已大有進境。

一天晚間，我坐在他對面，看他認真在練字。我指著那張紙說：

「那個字有勁，可是這個字又太欠力道。你要多放點『鐵畫銀鉤』進去。」我這句話觸及他的自我意識，他突然笑了出來。然後他問：

「妳想，用我這書法來寫校訓夠好嗎？」

「寫嘛，讓我看看。」我答說。他就展開幾張白紙，用毛筆寫出我已經看他練了幾個星期的那四個字。它們是：

校訓：「親愛精誠」。然後，他又在旁邊寫上他的姓名。我老實告訴他，我不喜歡這張。他表同意，說他自己也不滿意。於是他再寫，一直寫到第七張，才使我們兩人都覺得滿意。後來，這張校訓鑲上銀底，裝了框子，掛在軍校辦公室牆上。

夏季燠熱中，那股潮氣真是窒悶難受。我就將住處窗子統統敞開。我每天喜歡在平常不大使用的那間會議室中做事。從這裡可以清楚看見正在下面的水泥車道的大部分。值勤衛兵仍如往常一樣，向每一位進出正門的軍官舉槍行禮。我常納悶他們何必這樣做。那似乎不必要，但這是規定，於是叫聲和敬禮聲仍然持續下去。

會議室的長桌上，通常都堆放著文件，這些文件是我每天幫介石理好順序，準備歸檔的。因他除軍校外，還有許多其他職務，他就把他的大部分文件工作託付給我。我也高興能幫上一些忙，因為這可增加我對廣州事務的了解。換句話說，我已成為介石的檔案管理員和私人秘書。

我為介石管理機密函電

做介石的私人秘書，我必須特別當心一件事，那就是一部分函件是他認為機密的。這些文件他不給一般職員，甚至軍官們知道。後來這類函件愈來愈多，多到我感覺難以應付，因為我還有正常的工作要做，而這些工作也已增加不少。

例如，在一堆給介石的信中，有幾件就在信封左角以較粗的字寫上「機密」標誌。多數信封都很大型，這是官府特徵之一。一件機密信說：

據報：湖北吳佩孚將軍近已經由中央銀行，匯出一筆一萬圓款項予雲南楊希閔將軍，作為茶資。此舉可認作匯款人嘗試收買楊將軍之支持。請將本件視作機密。

另封信說：

汪精衛與胡漢民昨日下午舉行會商，討論如何約束你不對國民黨事務強行干預。他們認為你並非二十五位創始黨員之一，無權提出激烈要求。

又有一封說：

你的快速竄升正被人以敵視態度觀察中，尤以廣州海軍司令部之若干人員為然。

這些訊息令我震驚，我不得不立即通知介石到樓上我們住處來看信。

「因為這些信都標示機密字樣，」介石說，「妳必須在一個特別本子上將它們摘記下來，那個本子我會給妳。每封這類信都應該放在標示有『機密』字樣的卷夾中，放在樓上家中，還要鎖好，但記住要先給每件編個號。」

這些信件使介石陷入沉思。他常一坐就是好一陣子，一言不發。好多分鐘後，他拿起筆，寫一封信到上海，請陳果夫前來軍校擔任他的秘書。他給我看這封信，又說：

「我要找老朋友陳果夫來幫我成立一個情報部門，以便我可了然於廣州的政治陰謀。這很有必要。」他了解到，他增長中的勢力已經引出不少嫉妒。我內心倒因此高興，因為我將可免除這一類

「機密」責任。

在介石的前長官陳其美的姪兒陳果夫到達以前，我仍繼續照料我丈夫的函件工作。一天，我正在處理案卷時候，僕人阿順帶進來一個年輕孩子。這孩子怯懦的走向我。

經國擬赴俄，不敢面告父親

「姆媽！」他深深鞠躬，十分有禮貌的叫我。我看見介石的兒子經國來到，當然感覺奇怪。他穿著一件白色的棉布長袍、歐式皮鞋，很像一位小紳士。他意外的出現，確使我吃了一驚，但是我望著他那模樣，又聽他叫我姆媽，這倒喚起我內心的一種母性本能。我也對他油然而生一股深深的摯愛之情。

「請坐下，隨便一些，我的好兒子。你什麼時候到的？現在住在哪裡？」我問他。

「我是昨天到的，現在與幾個朋友住在城內。我已經在上海南門萬竹中學畢業。」他偷偷的瞥著我，似在觀察我的反應。他看到我臉上的笑容時，就鼓起勇氣說：

「李石曾校長交給我一個世界獎學金協會頒發的獎學金名額，供我在莫斯科讀書，我打算十天後起程。」

「那太好了！可是，你這樣年紀輕輕，就要單身去這麼遙遠的國家。」我說。

「妳不必為此擔心，」他答，「馮玉祥將軍的兒子將同我一道去，他會經常和我作伴。實際上，我們都會彼此照顧。」然後，他笑了，露出一排不整的牙齒。

「那真好！」我說，「你很高興這趟遠行嗎？」

「啊，是的，我很高興。」

「你已去過溪口將這事告訴你母親嗎？」

「是的，我已去過。」

「聽你這樣說，我很高興。你母親愛你，你永遠永遠不可以忘記她。你需要什麼？有夠穿的衣服嗎？莫斯科冬天很冷，你必須帶一些羊毛內衣。」

「陳叔叔（按指陳果夫）已經供給我許多東西。我的衣服夠了。謝謝妳。」

「但是，我可以幫忙什麼呢？我要給你弄一件絲棉上裝和另外幾件羊毛內衣，使你身上暖和些。」我說。當我正在想年輕人出外旅行需要些什麼的時候，他不安的說：

「姆媽，有一件事妳可以幫助我。我請妳將這事告訴我父親，並且請他同意。」我看著他那方方的臉、大大的嘴和剪得很短的頭髮，和藹的勸他說：

「經國，你一定要自己告訴他。你現在已經是一個大孩子了，如果你打算去另外一個國家，你必須學會凡事自己做。」但是，他忽然變得激動起來，緊張得身上顫抖。我又以同情的語調向他說：

「經國，他是你的父親，我知道他很愛你。你是他的兒子，我知道你也愛他，尊敬他。既然這樣，你們兩人必須習慣於相互交談，彼此信任。我祇是你的繼母，要我做你們父子之間的中間人，恐怕不太好。這根本不對嘛！你懂得我的意思嗎？」

他點點頭，眨眨眼睛，我又看見他在顫抖。幾分鐘後，他懇求似的說：

「祇有這一次！請──請幫幫我，姆媽。」我可以看出他已受到如何的驚怖，很為他難過。為要使他放鬆，我帶些責備的口氣說：

「經國，為了你，祇有這一次。但你必須學著直接向你父親說你所要做的事。你懂得嗎？」

「是的，姆媽，我懂。謝謝妳，謝謝妳。」他囁嚅而答。

「你一定要學到同你父親和諧相處，不要這麼怕他。我已向他談到你好多好多次，他也答應不再責罵你，也不再對你那樣嚴厲。所以，請你照我說的去做，不要再那樣怕他。你答應我嗎？」

他點點他的小方頭，再眨眨他那厚瞼的眼睛。我想他更像他母親毛福梅，而不像父親了。雖然他完全沒有貴族風貌，但我在心中仍保有一份溫情，他使我想到一顆未經切割的金剛鑽。

「我答應過你母親，我要盡力幫助你。」我告訴他，「我的願望是，你長大能成為一個非常重要的人物。因此，你必須用功讀書，能學多少，就學多少。」這些話說完後，經國就離開，去會見朋友。我們約好明天再見面。

介石終於同意經國去俄國

那天夜裡，我告訴介石經國來了，並說他要請求父親准許他去莫斯科。我還未講完，介石就突然說：

「那塊木頭沒有用！」

「不要這樣說，」我求他，「他是你的獨子，也很敏感。他正在成長階段，心靈的接受力很強。你現在同他講什麼，他永遠都會記得。請你務必對他溫和善良一些。」介石沉默起來，沒有回答我。我又催問他：

「你可不可以更和藹的同他講話，不要再那麼嚴厲不可親近？他就要離開這裡，我要他記得你對他很好。」

他問我：「那麼，妳是贊成他去嘍？」

「是的，我贊成。」

「他去那麼遠，有什麼用？」他大聲說，「我付不起他的費用，告訴他不要去。」

「不要這麼說，」我同他爭辯，「這孩子的整個心都放在這趟出國上，你要是反對，他會非常失望。他特別來到這裡，就是為要得到你的准許，所以請你說贊成。此外，他有獎學金，不會花你什麼錢，頂多一丁點。還有，朱執信的兒子和某某人的姪子也要去。他們三人會彼此照顧。你許他去嗎？」

「你總是放縱年輕人，」他以一種責備的口氣說，「妳既然為此事這樣開心，那我就准許他吧。」

「你太好了，」我恭維他，「我相信，經國畢業時，你會以他為傲。他是一個很好很知趣的孩子，我有信心他會做得好。」

「妳要留意他當真做好。」他喃喃而言。我知道雖然介石話說得粗些，但心地還是和善的。

拉近父子關係，偕同吃飯照相

我說：「明天我們帶經國和他的朋友去午餐，同他一起照張相片，留做紀念。他能帶幾張照片去莫斯科也好，那會使他經常想到我們。」

「如果他需要一張照片來使他想到父母，那他就不會有什麼好。」介石悻然說道。

「但那總是一件好的紀念物呀！」我又辯白，「你為什麼總是扭曲事情。你為何有這樣的想法？」

第二天下午，介石和我按照計畫，帶經國和他的年輕朋友們去東堤南雲餐廳共用午餐。我們一共八個人，都吃得很開心。介石向這些年輕朋友切實講說紀律、端莊和禮節的重要。然後他又提示他們要盡孝道，最後再強調為國效力的責任。我也高興見到經國在他父親面前，居然放得輕鬆自然起來，不再那樣緊張兮兮。從前，他老是一直緊張，不敢吭聲。現在我們都開心的在一起。午餐後，我們去附近的照相館照相。介石那天心情不錯，他讓我去安排各事，沒有反對什麼。

介石和我合照第一幀相，我坐著，介石立在我右邊，姿勢莊重。然後，我們合照一幀，介石和我坐在椅子上，經國站在我們中間，經國的兩位年長朋友站在我們左右各一。攝影師說「準備」以前，我看看大家的姿勢，發現經國的神情非常僵硬，很不自然，那個站相就像一根木頭，於是我說：

「經國，同你父親坐在一起，要更自然些！」但攝影師不贊成，說那樣子會太擠。他當然不知道我的用意，我就堅持原議，並說：

「經國，坐在這裡，靠著你父親！」

介石就在座椅上移過去一些，給他的兒子空出一些位置，於是他們父子二人坐在一張椅子上，像我所想要的那樣。我希望這個動作可使他們父子之間更為接近。過去，他們之間似乎總有一堵看不見的牆。

第三幀照片是照經國和他的三位小朋友，其中兩位是汪精衛的兒子、女兒，另一位是著名革命志士朱執信的小女兒朱小姐。他們照相的姿勢都自然好看。

照完相後，我們向攝影師道別，坐汽車去遊覽廣州市。介石和我雖是廣州的常客，但我們至今還沒有機會或心情去看看全市的任何名勝，因此我想何不一石兩鳥，同經國一道去遊覽一下這裡聞名的景致。我最近看過一本書，名為《廣州十八景》，對廣州有些了解，就向經國講解一下。

陪經國瀏覽廣州名勝古蹟

我告訴他：「廣州同我國北方城市相比，可說是中國歷史上的新興地方。在孔夫子時代，廣州人被人稱為『南蠻』，意思就是未開化的蠻貊民族。據當地傳說，最初有五個雲遊術士從北方騎羊來到此地，每人帶有一根稻禾和一道靈符，勸促廣州土人要生活在和平康泰之中。後來這幾位術士不見了，而那五隻羊都變成石頭。這五塊石頭至今仍陳列在當地五神廟中。因此，廣州又稱『羊城』。」

介石也說出他所知道的情形。他說：「廣州之比較進步，是因為早期沿海居住的中國人很多出國去歐洲、美洲、爪哇、暹羅、馬來亞和日本。他們在國外積存財富之後，就回到國內，鼓吹良好的政治觀念。他們既在國外居住過，多獲有較為廣闊的世界觀。有一句俗話說：『新事出廣州』，尤以政治方面為然。推翻滿清的計畫就是孕育於廣州的，革命的主角人物就是孫先生領導的一批廣東人。」

汽車沿堤駛行，我們看見街道都鋪砌良好，有八十至一百五十呎寬。幾哩長的珠江岸邊水上，停有幾千條舢板船，船上住的是「蜑民」。聽說他們有十萬人之多，在水上靠船謀生，一如幾百年來他們的代代祖先。他們的船也叫水上計程車。江堤過去了，我們看見沙面島。這島靠近一處原名十三行的，從前歐洲商人交易地方。百年之前，這塊小島祇是一片泥沼地，當初於十三行毀掉之後，就撥給外商作居住交易之用。島上三分之一面積由法國人管理，另三分之二歸英人管理。

我們又參觀了花塔。這塔建立於宋朝，雖已長壽千載，但仍保存得不錯。此外，還看了五重塔和大佛寺。然後到達黃花岡。

謁七十二烈士墓默禱致敬

我們下車走進一片寬闊之地，看似一座修整很好的花園。地上整齊的立著一排排的七十二革命烈士灰石矮墓，蔚成一片墓園，每座墓上刻有烈士姓名。墓園的遠端豎立一塊灰色花崗石的大碑，碑頂有一座小型的自由女神塑像。這座石碑也當做祭壇，碑上刻有孫先生寫的「偉蹟永存」四個大字。這處聖地使我們一致肅然起敬。一九一一年四月（宣統三年三月），這七十二位革命志士參加起義行動，一心要自滿清總督手中攻佔廣州市，但不幸他們的計畫被察覺了，他們都被逮捕刑虐，終至砍頭。此地就是他們瘞葬之處，成為我們革命同志的麥加。介石對我們說：

「我們大家在這裡站好致敬。」我們遵命站成一排。然後他繼續說：

「我們恭立此地，與為推翻滿清暴政而捐軀的英勇烈士們同在，內心深感肅穆自豪。這七十二位英雄是我們的同志、兄弟、叔伯。他們在此永息，今後世世代代的人民將永遠紀念他們的光榮勇蹟及犧牲。」接著，我們一致鞠躬三次。我說：

「祝這些英靈長此安息，永享榮耀神聖的平安。」

隨後，我們繞著墓園行走。介石佇立良久，若有所思的欣賞孫先生寫在石碑上那四個塗金大字：「偉蹟永存」。

介石將手指放在碑上，親暱的沿著孫先生那四個字的筆畫描摹。他對我說：

「現在妳知道了為什麼我很想改進我的書法。這幾天內，我要練寫很多這樣的大字。」

「你有恆心練下去，一定會有好結果的。」我恭維他，「這三個月來，你已經大有進步。」

「妳這麼覺得嗎？」他很滿意的笑了。

經國說謝謝妳使父親喜歡我

我們坐車子回家路上，大家都很愉快。經國綻現出男孩子的歡忭笑容，在同他的小朋友們閒聊，這表示他很快樂。後來，經國和他的小朋友們在太平門一位朋友家門外下車而去，介石和我則去坐汽艇返回軍校。

經國在廣州一共住了十天，每天我們都同他見面一次，或一起吃頓飯。我之以繼母身分對這孩子關愛有加，倒不是因為我已答應過他的生母福梅要照顧他，而是因為我不要他在一個陌生的城市中，感受冷落。到了第十天，他上樓來到我家中說：

「姆媽，我此來首先是要向妳辭行，然後再下樓去向父親道別。他現在正在辦公室忙公事。謝謝妳使父親喜歡我。」

「真可惜你不能多留幾天，經國，」我情緒有些激動的說，「你真非走不可嗎？」他瞪著我，說道：

「我也不願意離開你們，可是我們的計畫都已確定了，無法更改。」

我交給他兩包東西，裡面是羊毛衣物、襪子、手帕、一些食品，還有一百塊廣東銀圓，供他買喜歡的物品。

他向我稱謝不已，我也悵然看著他，恍如失去我自己的一部分似的。有一陣子我說不出話來，滿眶皆淚。我還是結巴著說出兩三句：

「經國，自己珍重。我希望五年之後能再見到你。一定要好好用功，隨時寫信給我。」

他很親切的注視我的眼睛，足足有一分鐘之久，也說不出話。然後，他恭敬的向我鞠躬，快快的下樓去向他父親叩別。

第二十二章 中山艦事件真相

重陷惠州日，總理病逝時

一九二五年三月初，介石滿懷著近乎狂熱的自信，率領他的學生和士兵們，再度去攻打惠州。他深切知道在前次那場可怕的大戰中，他曾經歷過什麼，也知道這次決定驅策這幾團人走上可能絕滅之路，其責任及嚴重性如何。他在發號施令之際，祇能看見一個前景，足以向他證實犧牲也是值得，那就是對於陳炯明這個死敵，必須不計代價，予以剷除。於是，在他無比的人格力量、部隊的高昂士氣、政治技巧、人數較多的兵力，和充實的軍火交相運用之下，介石指揮下的這批黃埔學生們猛攻惠州。他們表現出神奇的攻擊術和令人難以置信的勇猛，一舉攻取了那座關鍵性的砲臺，於是惠州這座堡壘也就隨之崩潰了。由於此次新的勝利，人們就給他加上「打不倒的蔣介石」這個頭銜。

一週前攻佔東江上的梅縣之後，介石就派人接我前去。我們先在這座老舊小城住了幾天。如今又已佔領惠州，掃蕩工作已在進行之中，我們正準備入駐惠州。此時，孫先生不幸逝世的噩耗自北京傳來。我們都傷慟欲絕，我立即叫阿順去買些黑布，剪成布條，給介石和軍官們製做黑臂章戴上。我們暫住的沈府也將所懸掛的國民黨旗降下半旗以誌哀。

介石實在太忙於擬訂治理惠州的計畫，以致沒有如我所預期的那樣悲傷逾恆。他乍聞此項消息之時，確很傷感，但跟著他就提起精神，去因應他所面臨的情勢。為了國家，他所待做的、所值得做的工作太多了。他自認為他當然是孫先生革命事業的真正傳承人，雖然大家都十分清楚了解，孫先生的所有追隨者應該按照其在國民黨內的地位，依次爬升他們那看不見的位階。依資歷而言，汪精衛和胡漢民當然是繼承領袖地位的合理人選，胡漢民還是管理政府的代理大元帥。但是，領導權的熱流已然進入介石的血管之中，於是他就勇往直前，要以驚人的方式，達成他的雄心大志。

介石擬回師驅逐滇、桂兩軍

其後，我陪他進入惠州，正式接管全城。過了幾天，情況趨於正常，他以代理粵軍總司令的身分，接連召開會議，向大家揭示他的計畫。這計畫就是回師廣州，驅逐在那裡盤據肆虐的兩支大軍，也就是劉震寰和楊希閔。他告訴我：

「我可以感覺到我們總理的託付。他說：『向前邁進，先統一廣東，然後立即發動北伐大業。』」他說這話時，相當嚴肅，但是他似乎看得出我面有疑色，就趕快向我保證：「我不要妳以為這其中有什麼迷信，但那是真的事。那些話就是孫先生臨終時心中的確實意念。」

「你怎會知道？」我問。

他答道：「我確實有此靈感，雖然不知其所以然。」

「但是，孫先生不會贊成你去打劉活菩薩，他總歸已把劉看做活菩薩！」

「過去已成過去，」他率直的答，「劉震寰的效用已經完結了，必須把他同別人一起消滅。」

「但是，他曾冒生命的危險，將廣州奪回，交給孫先生和你。這也不再算數了嗎？」我爭辯說。

「不再算數了。」介石斬釘截鐵的說，「他已向廣州人民徵收了一年多的稅捐，無論他曾作出何等貢獻，他都已得到充分的回饋。」

「但是，公平來說，他所徵收的稅捐都用於維持他們守衛廣州的軍隊。我記得孫先生曾指定這些稅捐專供這項用途，不是嗎？」

「老實告訴妳，」他向我說私話，「我正計畫接收廣州所有軍隊的控制權。如果這兩位廣西、雲南軍頭擋在那裡，這就辦不到。唯一的辦法就是利用這個機會，把他們一下子都趕走。請妳照我這樣看事，可以嗎？」

我未再講話，但這使我反覆思索。也許廣州的政治就是這樣子吧。一個人可能為了本黨，為了政府，甘冒生命危險，但一年之內，他的自我犧牲和精忠赤忱就被忘得一乾二淨了。我可以看出為何須將這兩個廣西、雲南人趕走，因為他們妨礙了介石的作法，阻擋他掌握最高軍權的企圖。

戴季陶函告總理病逝詳情

次一星期，我們收到戴季陶自北京寄來的孫先生病情報告。這報告說：

在北京，孫先生的狀況持續惡化。他的肝臟不僅已經鈣化，而且還有一個腫瘤，醫生主張立刻動手術。因此，為便利起見，決定換住其他醫院。於是，十四年一月二十六日，孫先生轉入協和醫院，在德、俄、中、美四位不同國籍醫師的監督下，接受手術。

手術後的宣佈說，孫先生罹患肝癌，已無生存希望。除孫夫人和孫公子外，孫先生病榻旁當時有八位信徒，是汪精衛、陳友仁、古應芬、吳稚暉等人。

西醫們既已對孫先生的康復放棄希望，大家就決定試用中國草藥治療，這樣不會有害處，也許會使病人更好受些。

按照規矩，這在西醫醫院是辦不到的，於是又將孫先生移居顧維鈞宅中。施行草藥治療後，孫先生可以安然熟睡八小時，這還是幾星期來的第一次。他的腳腫也消退了。

雖然有此佳兆，但孫先生的病況又漸趨惡轉，終於在民國十四年三月十二日薨逝。

介石採共產心理戰，凱旋廣州

為了慶祝惠州大捷，介石對他的部眾說：

「我們的總理奮鬥了四十年，以謀求全體中國人民的自由。但他所得到的，僅限於廣東這個立足之地。他的目的是利用這個基地做為解放全國被壓迫同胞的大本營。現在，如果我們喪失了這個基地，那麼孫先生的全部努力將屬枉然。我們現在班師之行，比我們來征東江，更具重大意義。無論盤據廣州的桂、滇軍隊威力如何，我們要將他們逐出我們的基地。我們接管廣州以後，我將採行一項新政策，將財務控制統一於我們政府之下，重新編組我們的軍隊為一支大軍，並且將我們的革命主義付諸實行。在此一大業上，我如無諸位協助，無法進行，所以我要求你們大家一致，向我們的政府表現忠誠。」

鮑羅廷向介石建議使用心理武器，將恐懼注入敵人心中。於是，介石依照計畫，率領部眾開返廣州之前，廣州及附近的所有鐵路工人和公共運輸工人，為表示認同返穗大軍，於一九二五年六月十日實行罷工。那兩位滇、桂軍頭驚聞此一突變，便心生畏懼；他們既已不能快速移動部隊，以應付這種緊急情況，就完全手足無措起來。鮑羅廷的共產心理武器戰確實靈驗異常。

一九二五年六月十二日，介石率領部眾凱旋進入廣州，無何抵抗，因為敵人已先逃跑了。他就出任廣州衛戍司令，而這項新頭銜也更提高了他的重要性。

敗軍祇有小部分逃跑，大部分都投降了。有些仍散處廣州郊外，新任衛戍司令自然忙於掃蕩事宜。

大權獨攬，老同志對介石不滿

現在返回廣州之事已經成功的結束了，大本營的領導人物祇剩下四人，即汪精衛、胡漢民、廖仲愷和介石。因此，介石自國民黨內排名第七，一躍而為第四。

關於廣州的應興應革事宜，介石自有主張，他便按照自己的意見，不客氣的扛起改組政府的工作。欲求此事迅速實現，祇有一個途徑，便是實行政變，自己出面接掌廣州的全盤權力。他竟當真精密的照此幹了出來，其情形如下所述。一九二五年六月二十日，中央執行委員會開會，會中他要求選他為中央執行委員，並任命他為所有各軍的總司令。大家懍於他新近大獲全勝的餘威，無人敢予拒絕。此時會議仍在進行，他便立即宣佈戒嚴，然後在他的總司令部中，派設與黨部各機構實際相同的各部門及人員，而其本人則當仁不讓，獨攬所有文武官員公務行為的否決大權。然後，他向中央執行委員會提出一套決議案，這些決議案當然也經會議在緊張中快速行動，多以通過。中央執行委員會成為政府的最高機構，從前具有革命政府職權的大元帥府，改組為一個正式的國民政府。前此名稱互異的各種軍隊，改組為國民革命軍，介石自任總司令。

不消說，國民黨內許多人士，尤其老幹部們，都很憤慨，對介石攬取獨裁大權，大加反對。他們發動一場反對介石的抨擊運動，所打出的口號有：「新軍閥出現」、「寧波拿破崙崛起」、「如果你想被捕，就留在廣州」、「廣州已成警察國家」等。

在介石的指令下，大批逮捕行動展開了。此時，許多國民黨員恐懼因直言不滿而遭受拘禁，便遠走北京，在西山碧雲寺孫先生靈柩暫厝之處舉行會議。

這些憂心的黨員們向孫先生的靈柩鞠躬致敬，哭訴他們心中一長串的憤恨，指控介石背叛本黨，攫奪權力，以及迫害他們的行徑。他們要這位已故總理的在天之靈俯察他們的憂憤之情。後來，這些人士組成一個反對派，人稱「西山會議派」。有一段時間，嚴重的分裂確實存在，幾乎又引發叛亂。而共產黨人呢？他們也作出回應：他們加緊活動，期盼造成黨內分歧。其手段則是散佈疑慮，挑撥事端。他們稱胡漢民和所有反共分子為「右派」，汪精衛、廖仲愷和所有親共人士為「左派」。不久，左右兩翼的摩擦變成非常嚴重。

廖死胡走，介石地位僅次於汪

廖仲愷是一位極端左派分子，也是死硬的共產黨員，因此，所有保守人士都恨之入骨，認為中國共黨勢力就是由他造成的。由於廖全力支持共產主義而使其地位及勢力益形膨脹，他的敵人便陰謀暗殺他。一九二五年八月二十日，他前往出席中央執行委員會會議途中，就遭人槍擊，同日傷重死亡。

此事的疑兇是誰？眾信那不是別人，正是右派胡漢民之堂弟。鑒於事態嚴重，政府各部門便舉行一次聯合會議，以應付此項緊急狀況。汪精衛及介石兩位領導人物便獲授無限制權力，以因應此一政治事件。

介石以其廣州衛戍司令的身分，派出教導團第四、五兩團的一部分官兵，去搜捕兇手。

廖仲愷原是黃埔軍校及革命軍的黨代表，一項追悼會便在軍校舉行。在會中，介石說：

「我們黨代表廖同志之死，完全係帝國主義者及反動分子共同安排的一項陰謀所造成。我們必須了解：攻擊廖黨代表的人並非僅以他個人為目標，其實際目標乃在將我們大家、本黨和本軍全盤消滅。他們計畫摧毀你，也計畫摧毀我！」

一九二五年九月一日，一個特別委員會於十二天中，舉行了八次會議，在第八次會中決議：由於其堂弟之罪行，請胡漢民出國作考察旅行。胡之堂弟及涉案人等均被監禁。如今，廖仲愷死了，許崇智不在廣州，胡漢民又走了，再加以「劉活菩薩」也趕走了，介石在國民黨中的排名，便穩居第二，在領導權上，僅次於汪精衛。

由於廖仲愷夫人（何香凝女士）的推介，介石在東山她家隔壁，租下一幢西式雙併小洋房的一半。許多高級官員也住在這一帶。這對我們很方便，因為介石在廣州擁有幾項職務，需要常在市內。

這個房子設備齊全，有兩間臥室、一間餐廳、一間客廳。一間臥室中，有一張大雙人床，是新式的，床比較矮，上有繡花床單。還有兩臺床頭几和胡桃木的屜櫃。櫃上置有幾件裝飾品，包括幾件瓷花瓶、一座鐘和兩小盆花。臥室有門通往浴室。浴室內全是白色，另有鍍鎳的水龍頭和配件。每樣東西都是新的，清潔又整齊。客廳寬敞，有深綠色窗帘、綠色彈簧椅和一張沙發。最好的是那具電話，介石可用以與軍校聯繫。

我發覺汪精衛夫婦有陰謀

一九三六年三月十八日，我們的電話響聲大作，是貝吉打來的。她問：「介石在嗎？」

「不在，」我說，「他去開會了。」

「妳知道他今晚何時去黃埔嗎？我們有急事，想同他見面。」

「我說不上來，」我答道，「但是，我知道今晚他要在軍校開會，很可能六時前要離開廣州。」

「他會在哪個碼頭上船？」她又問。

「妳為什麼問這個？」

「因為精衛和妳先生有約，想同他一道去黃埔。那裡有兩個碼頭，所以我想知道介石用哪一處。」

「介石不在這裡，所以我說不上來，等他一回來，我馬上打電話給妳，好不好？」

「請妳就這麼辦。」貝吉說，然後掛斷電話。

以後兩小時內，貝吉又一再打來，一共五次，仍是急切的問我同樣的問題。

「這很奇怪，」我心中自忖，「她為何如此之急？她在搞哪種陰謀？大家都知道，高傲的貝吉做任何事情都有一個目的。」我越想，就越發懷疑。

那天下午介石回來時，我問他：

「汪精衛已經同你約定今晚一道去黃埔嗎？」

「沒有，他沒有約我。」他漫然答說。

「但是，貝吉說她先生同你約好了。」

「我不知道。」介石說。

「如果是這樣，我覺得大有蹊蹺。」我說，「你今晚最好留在家中，明天再去黃埔。我有預感，有人在搞鬼。」

「但是，下午七時我要去參加一項重要會議。」他大聲說。

「那就延期好了。」我仍堅持，隨即拿起電話，撥給軍校。

擬利用中山艦押介石赴俄

我接通電話後，介石就接過去說話。他吃了一驚，軍校教育長告訴他，中山艦（原永豐艦）已經奉命自廣州下駛到黃埔來添加燃料。

「誰下命令叫這條船離開的？」介石以激動的口氣問。

「命令是汪精衛下的。」

「那麼，我要他負責。」介石憤怒的叫著說，「他沒有通知我，無權下達命令。」

第二天，介石徹查此事，發現果然有一項陰謀，要綁架他，將他送往莫斯科。居然有人想搞綁票，真太荒謬了。介石所蒐集的全部事實如下：

一九二六年三月十八日，海軍局代理局長、共產黨人李之龍接到一項神秘的命令，要中山號砲艦自廣州駛往黃埔。他就通知軍校教育長，說他奉到司令官（介石）的命令，要將這條船派去黃埔加足燃煤，準備遠程航行。該艦加煤竣事後，即返廣州。但介石當時人在廣州，完全不知此事。自晚至夜，艦上輪機開動未關，電燈始終通明，並採取了最嚴密級的戒備。在當時，原僅懷疑有陰謀分子意圖發動叛變，尚不悉此一共黨計畫之範圍。事後始悉，此項陰謀是要於介石該晚搭乘該艦，自廣州前往黃埔軍校途中，予以扣押，並將其作為俘虜，經由海參崴送往俄國，藉以排除共黨利用廣州及國民革命為媒介，以達到建立無產階級專政目的所遭遇的主要障礙。

汪被捕請求就醫，秘密離粵

是夜，介石做出一項決定，次日上午付諸施行。他以廣州衛戍司令的身分，宣佈戒嚴，將汪精衛逮捕，扣押於觀音山。李之龍和其他涉案共黨分子遭受監禁。由共黨分子控制的省港罷工委員會所有成員均遭繳械，所有罷工均被撤銷。同時，介石又派部隊登臨那艘砲艦，重加控制。

這自然是一次驚人的行動。

一九二六年三月二十二日，蘇俄駐廣州領事館一位代表來東山見我們，他向介石問到這次事件。

他問：

「這次突擊是針對汪精衛，還是針對蘇俄？」介石告訴他是針對汪精衛。

「但是，我們不贊成你這種獨裁方式。」他反駁說，「首先，你對鮑羅廷完全置之不理。他是蘇俄派駐貴政府的代表，此事應先與他諮商。第二，汪精衛是你的長官，你怎可未經貴黨認可，就自作主張，將其逮捕？我要求你立即召集一次中央政治委員會會議。」

同日，介石召開這項會議，汪精衛也被帶至會中。在八十位國民黨委員面前，汪否認他曾頒發任何命令，叫中山號砲艦移動。他望著介石，咆哮著說：

「你以為你是老幾？你祇是一個暴發戶而已！你的名字既不在國民黨二十五位創始黨員之中，也未列為五位監察委員之一，你不過是一個新進者，一個後輩委員，但是你卻以你那無恥的軍閥作風來叱責你的長輩。如果你想奪取我的地位，你就幹下去嘛！我們敬愛的總理會自上蒼看著你的勾當，全國人民都會看著你幹，歷史會予以記錄！但是，不要虛構指控，誣陷於我！」

介石一躍而為國民黨新領袖

他隨即轉身朝向主席，要求許他遷至一家醫院接受診療。他並請張靜江老先生——我這位乾爹是中央監察委員之一——為他作保。依照這樣安排，汪精衛被送入醫院休息。他於四月間住院，直至一九二六年五月十一日，他無隻字留言，秘密離開廣東，前往法國，表面上說是健康原因。汪精衛一走，介石就晉至他所冀望的位置，成為廣州最重要的領導人。在廣州的政治階梯上，他已登峰造極。

在此後幾個月中，華北的情勢變化無定。某省忽然發生內戰，一下子又快速平息，跟著另一個省又如法炮製，就像月球的朔望盈虧，變中有常一般。但是，不論北方如何內鬥，兩廣在其新領導人之下，則是堅強的結合在一起，強調孫先生救中國的三民主義理念。這個口號就如同一座燈塔，從高處揭出中華民族主義的大纛，照耀著中國四境，給那些厭亂思治的苦難人民以重見天日的希望。他們自感慶幸，渴待偌久，終於有可能得到一個堅強誠信的新政府，而這個政府中又出現了一位新的領袖，這位領袖就是蔣介石！這種情形給他的姓名加上一重迷人的魅力，因之他的聲名遠播，被人譽為本世紀最重要的中國領袖。人民稱他為具有拯救中國的無比威力的勇敢青年鬥士，這是民間一般的信念。

但在另一方面，我母親自上海寄給我一則剪報，是一九二六年五月二十日上海《申報》的報導，它說：

> 目前廣州最流行的遊戲之一，似是將政府高層大員趕下臺這個玩意，而被趕的人幾乎都是廣東人。例如，許崇智將軍、劉震寰、胡漢民和最新版本汪精衛便是。一般咸信，這些人之被迫離開廣州，係因他們阻礙了新領袖蔣介石將軍的政治野心，眾信蔣氏企圖取得政務及軍隊的最高統治權。事實上，他是當今最出色的國民黨領導人物！

第二十三章　宋家姊妹的乳鴿宴

孔祥熙夫人乳鴿宴請我早到

時間是一個星期六的晚上，地點在我們那幢新居，也是我們經常同度週末的地方。介石下班回家了，他突如其來的對我說：

「明天晚上孔夫人請我們吃飯。她告訴我，要特別為妳和我準備一席很別致的乳鴿餐。她要我們三點鐘到，但是我五時以前無法離開軍校，所以請妳先去。」他邊說邊在室內來回踱著，好像非常興奮。他的喉嚨似乎因為緊張而收縮了。「請客！」他自言自語，「我從來想不到會有這件事。而現在，這麼久了，妳我終於有緣跟這位大人物同席共進晚餐了。這真是太妙了，妙得難以置信！」

他像一隻孔雀一樣，在地板上昂首闊步，趾高氣揚，不肯坐下。他誠然很少這般舉止失常。

「何必這麼興奮！」我輕鬆的問，「祇是一餐晚飯。天氣這麼熱，我還真不想出門呢！你何不一個人去放懷開心一下，你可以為我設詞婉謝。」

我從熱水瓶中倒了一杯開水給他，他將杯子放在桌上，沒有喝。

「妳怎麼還沒有搞懂？」他一下子就責備我起來，「妳必須要體會了解，對我十分重要的一件事，就是更接近宋家。妳應該知道，這幾年來我都未能如我所願的接近我們的總理，而這次吃飯就是一個機會，可以更接近總理的親戚。這，妳懂了嗎？」

當然，我不能否認他說的是事實。

「妳同我一樣了解，」他耐心的再說，「廣州的軍事專才多的是，可是，我完全是因為走了點運，才當上軍校校長。我有了地位，但缺少聲望。因此，我要走的路線是培養與總理身邊的親人間的友誼。我要把孫、宋、蔣三家緊密的連接起來，要越來越緊密。」

我望著他，心知他說的運氣那一點是什麼意思，因為當初孫先生挑選軍校校長時，心思總是在湖南譚延闓將軍身上打轉。不過，由於譚將軍堅決反共，所以推辭了這項職務。

在孔宅第一次見到宋美齡

介石伸出手來握住我的手，滿面愛意的牢牢握著它，以哄勸的口吻對我說：

「我們就要跨過重大成就的門檻，在我們革命事業方面，和在培養友誼關係方面，妳都必須同我站在一起，爭取成功。妳知道這對我是何等重要。妳千萬不要不肯去參加晚宴。」

「我答應你。」我向他保證，「我會盡我所能，幫助你實現你的願望。我願意去任何你要我去的地方，你現在滿意了嗎？」

介石快活的笑起來，抱著我緊貼他的身軀。

「妳真太好了！」他喜孜孜的誇獎我，「我知道每樣事情妳都同我意見一致，這正是為什麼我如此深深熱愛著妳，但是妳愛我嗎？」他不等我答，又說，「我要妳每天每分鐘都愛我，永遠不可以停止愛我。這，妳答應我嗎？」

「我答應。」我熱情的說。

翌日下午，我穿上我最好的那件白色縐綢套裝，白色小羊皮鞋，拿著一個白色飾珠手提包和一把檀香扇，想給人以清新時髦的感覺，好使介石以我為傲。因為他五時以後才能去，所以，下午三時我就獨自去孔夫人暫居的標準石油公司經理寓所，地址是南園附近廣州堤東段三〇九號。我很熟悉這一帶地方。

那是一幢獨棟的、不太高的兩層白色樓房，旁邊有許多西洋杉樹蔭蔽著。廣州人叫這種房子是「洋樓」，就是外國式房子之意。它位於一座綠草花園之中，通往房子的行道舖著大石板，都嵌在修剪整齊的青綠草地中。草地上四處擺置形形色色的盆栽、鮮花。這裡的景色雅致迷人。

我到達這幢房子的時候，其他客人差不多都已先到了。孔夫人身上散發出薰人的法國香水氣味，熱切的歡迎我，但又擔心似的大聲說：

「介石呢？他肯定地答應過要來的！」

「他過一會兒會來。」我告訴她。

然後，她就領我進入客廳。在場的人我都認得，有她的妹妹宋美齡、名外交官及學者陳友仁及廖仲愷夫人。我同每個人握手後，大家就愉快的談起來。

客廳和餐廳是打通的，中間祇有一座大型美觀的黑木鏤花屏風隔開。房內全部陳設也和這房子一樣精巧新奇，擺有漂亮家具、波斯地毯、古老瓷器和半長的厚蕾絲窗帘。

女主人和她妹妹穿著上海最新款式的鮮色中國綢旗袍。她們的滑潤黑髮按照髮髻款式，打成一個圓髻，盤在頸背上，一般人認為這是很俊俏而具有高貴氣息的髮式。看起來，她們實在好像是上海時裝書上刊登的時髦模特兒。

兩姊妹款客，大家漫談天氣

孔夫人叫著說：「蔣夫人，這樣酷熱的天氣妳能惠臨，真是太好了。今天實在熱得不得了，真讓人難受，可是妳看起來如此清爽，妳是怎麼做到的？」她用蕾絲手絹拍拭額上的汗水。這時，她和她妹妹站在置於旁邊桌上，正使勁來回轉動風扇的三架十八吋電扇前面，眼睛瞅著我，好像她們兩人是歌劇女主角似的。宋美齡還用一把雕花牙骨大絹扇不住的給自己搧風，使人覺得她正在擺出照相姿勢。

「八月的廣州，本來就是這樣。」陳友仁穿著白色麻質西裝，咧嘴笑著說，「上海也是一樣熱，也許更糟。每個夏天都是一樣。祇要天氣不更熱，我們已算幸運了。」

「今年夏季比去年好些。」廖仲愷夫人說。

「可是，上海不像這裡濕熱得讓人實在難受。」宋美齡插嘴說。

「那是潮濕的關係。」我輕鬆的說，「我倒同意，這情況實在太窒悶得讓人不舒服。」這時兩個女傭端著托盤，送進來高杯子的冰水冷飲和幾碟小點心，送給我們分別取用。這飲料使我們覺得涼爽一些。

「藹齡，不要再提天熱了，」宋美齡說，似乎在逗她姊姊，「下星期我們就要搭『日本皇后』號輪回上海了。」

「那好，我喜歡那條船。那是這條航線上最好的一條船。妳認為是嗎？」孔夫人向我問。

「平常我都是搭乘多拉輪船公司的船，有機會也想試試日本皇后號。」

「一定要坐那條船。」她向我強調，「客艙寬敞，飲食服務好，妳會永遠記得它。」

陳友仁陪同參觀孔、宋住宅

陳友仁開始談論政治，忘了有我在座。但我是一個好的聽講人。談話一下子又轉到金圓的價位、證券股票、投機生意、最近的銀行買賣、盈利額度、不動產和幾千幾萬圓的紅利等等。他們談的這些，我完全不了解，因為我一點也不懂金融市場，而且也毫無興趣。他們看到我對金錢投機興趣索然，一定以為是件可憐的事。

「陪蔣夫人去參觀一下這房子吧。」孔夫人向陳友仁說。陳就有禮貌的站起來，我們走出這間客廳。我對陳友仁有些敬意，就告訴他我非常欽佩他的演說。他是聞名老練的外交官，雖然有些激烈。外面有不少傳聞，說他與宋美齡是可能的一對，但從他們二人在客廳裡相互對待的舉止來判斷，好像這些謠傳沒有實現的徵象。依我看來，其原因之一可能是雙方都過於驕矜。但是，我必須承認，我倒喜歡陳友仁的敏銳頭腦和愛國心腸。同時，我認為宋美齡不過是一個勢利眼，因為從她的虛飾外表上可以明顯的看出來。

「這座房子屬於標準石油公司的經理，這位經理正在紐約度假。」陳友仁陪我參觀房子時對我說。看過那三間臥室，我們走進一間小廚房，看見閃亮的鋁鍋、發光的餐具和架上的玻璃器皿，都整齊的一排排擺列在那裡。

「當然，這房子的建築是著眼於實用，而不像我們中國房子那般寬敞宏偉。」他又向我解說。

「我從來沒有見過像這樣精巧玲瓏的房子。」我說，「我們在東山的小房子沒有這裡設備好，現在我得到一些點子，曉得如何照這樣子安排了。」

「妳喜歡住在東山嗎？」他問。

「是的，那邊很好，很安靜。」

「你們常請客嗎？」

「我在廣州的朋友很少，」我說，「我們也總是太忙，沒有工夫請客。此外，我要在東山和黃埔之間來來去去。實際上，軍校就是我的家，因為多半時間我都在那邊。」

「黃埔離市內太遠了，來回跑浪費太多時間。」

「這的確是。」我完全同意他的話，「但是，介石和我現在已經習慣了。介石是因為廖夫人的勸促，才從她那裡租來我們東山的房子。自從她先生去世之後，她很寂寞。那裡房租低廉，地區也屬高級。現在我們通常都在城內家中度週末。」

宋家姊妹諷刺我祇配做主婦

然後，陳友仁和我漫步走進花園。當我們走到房子旁邊的時候，客廳中的快活笑聲吸引了我的注意。那是宋藹齡的高亢聲音，我聽到她說：

「她祇能做一個中等人家的主婦，怎麼配做一位新興領袖的妻子？一定要想個法子。」

「是的，」宋美齡表示同意，「她就象徵我們國家生活中一條寬闊的社會鴻溝。」然後，她帶點諷刺意味，又說：「不過，我必須說她也有好的地方，她可以做一個寧波鄉下人或農人的好主婦。」我可以意識到這些話所蘊含的尖刻輕蔑之意。

「妳們要她怎麼樣？」廖仲愷夫人叫著說，「她還是一個孩子，還沒有甩掉她的小包袱。啊！她需要一個自我發現的機會，她會學習。我必須指出，她實在是一位好女人，比她那個壞脾氣丈夫高明多了。」

「甩掉她的包袱。」這句話倒提醒了我。我曾經聽過這個說法。不錯，是幾年前逸民曾對我說過的那句話。

陳友仁和我回到客廳中，她們三人都閉口不言了。

這時介石仍未到來，我就微笑著坐下，陳友仁則過去同廖夫人談話。宋藹齡和宋美齡在座位上扭動不安，似乎是在想到底我聽到她們那些話沒有。她們從頭到腳打量我，好像在評判一個女學童。孔夫人終於開口問：

「蔣夫人，妳買了不少寶石首飾嗎？妳買得起，妳知道的。」

一連串盤問，不知目的何在？

「別人常問我，國家統一之後，我想買那種寶石首飾和衣服？我總是回答說，我真是說不出來，等到那時候再看吧。妳一定聽說過那句俗話：『雞還沒有孵出來，不要數有幾隻雞！』」

「妳真是聰明，親愛的。」廖夫人對我說。

「唯有鑽石和白金才配得上一位偉大領袖的妻子。」孔夫人以公爵夫人的口吻說，「我不會接受次於這個的東西！」

宋美齡眼睛睜得大大，以一種造作的恍惚神態，大聲叫著說：

「我愛白金，也愛單粒大鑽石，它們實在迷人！」然後，她轉身向著我問道：「蔣夫人，妳愛白金嗎？我認為金子真是俗氣、低賤樣子。」

「我一點也不喜歡寶石首飾。」我無表情的答道，「金子、白金、鑽石，對我並沒有特別的吸引力。」

宋美齡關心介石以前妻妾

這以後，接著就是一陣盤問，打聽有關我丈夫的情形。這兩位姊妹一定認為我是一個蠢女人，於是我就故意讓她們問下去，要看看她們究竟目的何在？

「蔣夫人，妳對婚姻生活感受如何？妳跟妳丈夫吵過架嗎？」宋藹齡問。

「沒有，」我佯作正經的答說，「我們還沒有可以吵架的事。介石尊重我的意願，我也尊重他的。我們就是透過彼此尊重而相安無事。」

「但是，介石那討人厭的脾氣是出了名的，難道他沒有責怪過妳嗎？」孔夫人帶著狡滑的微笑問我，「沒有？那麼，妳一定是耐性的化身了，竟還沒有同他吵鬧過！」

「聽孫先生說，介石一受到小小的刺激，就爆炸發作起來，不是這樣嗎？」宋美齡問。她看著我，又說：「當然，我不相信這一點。但是，一個有壞脾氣的男人，總比一個沒有脾氣的男人還要好些。妳不認為嗎？」我點點頭，裝做同意她的意見。她再問：

「告訴我們一些關於她第一位妻子毛夫人的情形。她反對妳嗎？她故意找妳麻煩嗎？她對你很不客氣嗎？」

「毛夫人是我所認識的最可敬愛的婦女。」我照實答覆，「她是虔誠的佛教徒，已經不問塵俗之事。當然，我們結婚以前，介石已徵得她同意分居。」

「那第二位妻子姚夫人又是怎樣情形呢？妳見過她嗎？」又是宋美齡問，「她什麼樣子？」

「姚夫人住在蘇州，我沒有見過。聽說她相當守舊，喜歡打麻將。我們結婚之前，她同意接受一筆五千圓的款子，同意放棄將來對介石的一切贍養要求。不過，介石每月還是另外給她一點不算多的補助。我們現在將她當做一位親戚，介石對別人稱她姨媽。」

我望著孔夫人，看見她和美齡交換著寓有涵義的眼神。這樣子的盤問又不休不止的持續下去。

宋美齡教大家怎樣吃乳鴿

五點鐘，介石進門來了，滿口抱歉遲到。孔夫人佯作慍狀，狠狠的瞪他一眼。但是，他走過去，向她咕噥一些討好的話。

隨後，我們都走進餐廳。座位的安排是：介石坐在孔夫人和宋美齡之間，而我則坐在陳友仁和廖仲愷夫人之間。

晚餐是歐洲式的。第一道是濃肉湯，接著是煎鰈魚，然後是一隻大肉鴿。每隻乳鴿置於一片鑽石形狀的烤麵包上，這片麵包放在一只盤子中，每人一盤，盤中另配有一根水芹菜和一些蕃薯片。金褐色乳鴿的胸肉爆裂出來，令人望而垂涎。

我們開動以前，宋美齡作了一項宣佈，我們都望著她。她說：

「吃乳鴿就像吃芒果，這兩樣東西都應該用手指頭撕著吃，而且祇能在浴室裡吃，不能給人看見。這座房子的浴室這麼小，所以請大家在這桌上靜靜的吃。不過，我警告大家，誰也不許同別人講話，也不許看別人，直到吃完這隻乳鴿為止。大家都贊成嗎？如果無異議，那麼我們現在就開始享用它。當心要兩眼注視你的盤子，不要東張西望，否則就難為情啦！」

奉此警告，我們都遵命行事，靜悄悄的吃將起來。我完全沒有看望任何人，我祇覺得這隻乳鴿真是美嫩可口，甚至骨頭都是酥的。

餐後，我們大家閒聊不已。我從介石的神態，看出一項重要的事實。他此來孔夫人家中作客，心花怒放得無法以文字形容，而孔夫人則不時將她妹妹捧到天上。她說宋美齡是天下第一聰明人。

到了辭別的時候，我向女主人握手稱謝。她卻說：

想不到乳鴿餐竟是奪夫宴

「啊呀！蔣夫人，不要回家嘛！請妳在這裡過夜，陪陪我們嘛！還有好多事情我們可以談談。」

「不錯。妳何不就在這兒過夜呢？好像每當我們相處正好的時候，總是要說再見。」宋美齡也附和著說。

我想：哦，這話不錯，我們聚會一堂，總嫌其太短。我們到了最融洽的時刻，正可開心暢談一番的時刻，也總是分別的時候。然而，我可以本能的嗅出，今晚這兩姊妹問我的每一點都有其目的，那個目的就是要得到有關介石的資訊，越多越好。我當然不甘願被人這樣汲取資料，於是，我說：

「天氣這麼熱，我既未帶來換穿的衣服，又無睡衣可用，我看還是算了吧。不過，我還是謝謝妳們兩位。今晚我實在感覺非常愉快。」

「蔣夫人，難道妳愛到這種地步，一夜也離不開妳丈夫嗎？」孔夫人戲謔似的說。

「啊，留下來嘛！」宋美齡也幫著勸，「我真想同妳好好長談一番，我們本來就準備妳留下來，而現在妳讓我們失望了！」

她們越勸，我就越堅定心意。我討厭別人向我盤問關於我丈夫的事情。任何女人都不應當在她丈夫背後，談論她的丈夫。於是，我搖搖頭，直截了當的說：

「請讓我來個預約。下次妳們要我留多久，我就留多久，但不是今晚。」

我看得出她倆如何喪氣。她們怏然眨眼，但我仍堅定不移，並盡我所能，向她們大方地稱謝告別而去。

這個小晚宴祇是一次普通聚會，我再也想不到，也不能相信，這竟會是謀奪我的蔣介石妻子地位的長期陰謀之開端。

何香凝不齒宋家姊妹所為

第二天下午，我已約好與廖仲愷夫人一道午餐。她閨名何香凝，父親是富於貲財的何炳桓。曾於孫先生從事革命初期，提供經費給孫先生，所以她和她的先夫都被視為革命元老，屬於國民黨核心人物。自我來到廣州之後，她同我就成為很好的朋友，我也為她丈夫不幸遇刺，傷痛不已。但是，她非常堅強且極為勇敢的承受了這個創痛。

她一見到我，就談起前一天孔夫人的乳鴿晚宴。她怒不可遏，痛罵不休，甚至氣喘吁吁，語不成句，柳眉深鎖，比手劃腳起來。

「我真為妳的安全擔心不已。」她懊惱的大聲說。我為此嚇了一跳。

「沒有什麼好擔心的事嘛，擔心什麼呢？」我問，「到底是什麼麻煩事？」

「啊！我的好妹妹，妳太天真了。妳看不出在妳身邊冒出來的危險嗎？妳一定要當心。敵人就躲在妳的四周，那樣的生活就成為可怖的夢魘。你必須小心謹慎，不可太輕信別人！」

我明白她這樣說是為我好，因為我們是知心的朋友，她喜歡我就如同喜歡親妹妹一樣。她的友愛屬於純真無私的那種。

「離開那個女人遠遠的，」她以嚴肅的口吻警告我，「不要讓介石落入她的圈套。我對妳這麼說，是因為我喜愛妳，我不要看妳受苦。真的要小心。」

「但是，她能傷害我什麼？」我迷糊似的問道，「我們不是陌生人，我們已經認識她至少四年了。我知道她從前根本不理介石，好像他祇是一個普通士兵。她從來沒有真正尊重過他。事實上，我清楚的記得，當孫先生給我們介紹相識之時，她曾粗魯的把頭扭轉過去，不看我們。孫先生也為此感覺非常難堪。」

「我不放心那個女人，」她輕蔑的叫說，「今天的情況不一樣了。介石已是廣州最重要的人物，也是一個引人垂涎的獵物。妳必須記住她還有一個待字閨中的妹妹。啊，這就是主要危險之所在，我看得一清二楚。」

「可是介石和我已是結髮夫妻。她應該不會介入我們夫妻之間。而且，她是基督徒呀！」

廖夫人忠告，日後不幸言中

「我的好妹妹，妳真是太天真了！」她搖著頭，反駁我，「那個女人惡名昭彰，盡人皆知她會不擇手段，祇要她想得到，她就不顧一切，搶給你看！她對她先生就是如此。我知道我在講什麼。基督教義跟這個全無關係。」

她對此事如此認真，以致我也不得不認真起來。但是，在我心中，我還是覺得她的疑慮可笑。當然，我很懂得她的意思，但是就介石方面而言，我還是覺得沒有問題。他不曾向我誓言永愛不渝嗎？他不是曾想斬斷手指，以示忠誠嗎？當然，我不便告訴她這些往事。

「我實在感激妳的關心，」我滿懷謝意的說，「我會牢記妳的忠告。以後再也不會接受那個女人的邀請。」

「這才聰明。」她告訴我，又擁抱我、吻我，拍拍我的手，「妳畢竟太年輕，太容易相信別人，以致於別人很容易欺騙妳。這就是為什麼我要及時警告妳而不能等到那個時候。」

感激之情籠罩著我，我就伸出雙臂抱住她，抱得很緊。她確實就像我的母親。誰知我們這次的擁抱，竟還蘊蓄著當時我尚無法理解的悲哀。

「當然，這事說來奇怪？」她再開口說，用她那疲憊傷感的眼光看著我，「在惠州大勝以前，介石雖是黃埔軍校校長，但在廣州以外，卻依然沒沒無聞。但是今天，妳看，他已是華南最有權勢的人物，他的影響力已是無與倫比的。我的好妹妹，妳是我們新領袖的妻子，在社會福利工作方面，妳正有許多可做之事，可以幫助廣州那些不幸的人們。妳願意做這些事嗎？」

「我當然願意盡力幫忙。」我告訴她，「告訴我究竟可以做什麼，我會盡我的全力，在每一方面幫忙的。」

「這種精神真好。」她說，又拍拍我的面頰。

午餐擺好了，我們就坐下來大快朵頤。

託陳果夫為經國匯款購冬衣

回到軍校家中，我正在處理介石的一大堆信函。我一封封拆開，看到一件信封上貼著俄國郵票。它是經國寫來的信，其中一段說：（照原文主譯）

去年，我的箱子被人偷去，因此我多半的衣服都丟了。今年冬天，我急需一些厚衣服，以保溫暖。莫斯科冬季的刺骨嚴寒是我所無法承受的。現在，我祇有身上穿的這些衣服。請儘速匯些錢給我買衣服。我極為需要。這是急迫的……　經國當天下午，我把這封信給介石看。他草草看了一下，就將信遞還給我，沒有說話。

那天晚上，我問他：

「匯點錢給經國買冬衣的事情怎麼樣？那邊不久就會很冷，他急切的有此需要。」他僅僅答說：

「一定要給他一點教訓。他怎可如此粗心大意，讓衣物被偷了？他一定要為自己的疏忽負責。我不能匯錢給他。」

三天過了，介石仍未再提此事，於是，我又問：

「你到底決定要匯多少錢給經國買冬衣？他正在等待你的答覆。」

他漠然答道：「我不會匯錢給他。」

陳果夫這位被外間稱作介石姪兒的人，新近循介石之請，來到軍校就職。他暫時代理私人秘書的工作，每天早晨來會議室幫助我處理介石的大批信件。我仍在擔心經國在莫斯科的困境，就問陳果夫這事該怎麼辦。他答說：

「介石既然拒絕幫助，逼他也是沒有用的，祇會刺激他，傷感情。妳是知道他的壞脾氣的。好不好借筆款子，作為應急之用？以後我們再要介石還這筆債。」

「但是，我們去那裡借呢？」我問，「過去，我們常向陸軍籌備委員會拿錢用，但那個單位現在已經裁掉了。你能想到另一個來源嗎？」

「我想想看。」他答應了。我又擔心了一個星期。到了第八天，當我們一起坐在會議室中把一大批信件分類時，我又急切的問陳果夫：

「你已籌好借款了嗎？」

「沒有，」他答，「到處銀根緊縮，我接洽的每個地方都不答應我的請求。」

我就走進臥室，從我的小首飾匣中取出一疊廣東鈔票，這是兩年來我僅有的積蓄。我為省下這筆錢，自己曾忍心捨不得買許多東西。為了親愛的福梅，我將這筆錢交給陳果夫，並說：

「這是我手中的全部現金，一共兩千圓。這孩子遠在外國，今冬連保暖的衣服都沒有，你最好立即給他匯去，讓他獲得他所需要的東西。請寫信告訴他這些錢是他父親給的。」

「妳真是一位善良又慈愛的繼母。」他說。我看得出他受到感動。

「經國比我更需要這筆錢，請馬上將它匯出。我曾答應過福梅，要照顧她的兒子，所以我要信守我對她的承諾。」

「是的，」陳果夫答，「我馬上去電匯，三天後經國就可以收到。」

第二十四章　險遭謀刺速組藍衣衛隊

許崇智堂弟謀刺介石未遂

許多保守人士由於忿忿不滿介石的獨裁作風，變成他的政敵。但是他手中緊握軍權，仍是最後的裁決者，這些人士也不得不屈服於他的意志之下。他每要他們如何如何，他們總是不得不任他一意孤行。但在骨子裡，他們的憤懣浸假形成各種的仇恨。

介石為提增效率，堅持要求更多的激烈改革。於是，一天下午，介石要去參加一項會議，俾與議員們研商這個問題。他一定要我陪他前往。

午餐後，議員們聚集在財政大樓的國民黨總部中，等候聽取介石最新要求的詳情。我們到達議會二樓，在走廊上並肩行進，後面跟著一群政客、議員和衛士。此時，我們遇到一位年輕人，身著制服，兩手捧著一疊摺好的報紙，走向介石說道：

「你霸佔我堂兄的軍隊，還把他手下兩位最好的將領槍決，現在就給你這個！」

霎時間，他握著一支手槍的右手從報紙下面伸出來。

介石的衛士看見有槍，就跳上去搶奪，但還沒有搶到的時候，槍彈便發射了，祇是已經偏離目標。介石和我大吃一驚，就沿著走廊跑開，讓那些衛士與刺客拚鬥。另一名衛士上前奪下那支槍，第三名衛士則向刺客身上連發幾槍。介石和我這時都混身顫抖不已。有人過來告訴我們，刺客不是別人，而是許崇智將軍的堂弟許楚〔音譯〕。

這件新聞登上報紙以後，廣州的情況顯得混沌不安，因為任何領導人物的死亡就會引發政府的變動。幸好，介石雖然為之飽受驚悸，但仍能安然度過。

提高警惕，介石組藍衣衛隊

自從中山艦案和新近這次謀刺事件之後，我注意到介石變得忐忑不安，做任何事情顯得無精打采。他對那些企圖遏制他權力膨脹的各種陰謀，深感困擾；而在這兩次事件中，他原都可能輕易送命，這些就是他身處險境的具體明證。他深深相信：外在的敵人，無論多強，都易於擊敗，但內在的叛徒卻遠較可怕，因為你不知道他是誰，也就無法適當的防護自己。介石沒有向我再提這次謀刺之事，因為他覺得那人對他懷恨，並非全無道理。但他曾屢次對我說：

「妳真機敏過人，當初妳懷疑陳璧君的頻頻來電話，及時給我警告；否則，現在我可能已是海參崴的一名囚犯，或許已經命歸黃泉。妳確實救了我的命，我最親愛的妻！」

他每次說到這事，總是表示感激不盡，於是，一次我就答道：

「你現在已經是一位位高權重的人物，當然會有許多敵人；因此，你去任何地方，都須特別小心謹慎。」

自此之後，他不但對陌生人常懷疑心，而且對所有的人，甚至前來探訪我們的朋友，也都不敢信任。這對我帶來一些不便，因為他不能信任任何人，連帶使我也不得不疏離我的友人。

但是，當前迫切的問題，是如何有效的保護他的安全。幾經考慮，他終於對我說：

「我要組織一個藍衣衛隊！」

「為什麼要藍衣呢？」我不解的問。

「藍衣衛隊將是一個由私人諜報員組成的完整而秘密的系統。我知道日本的綠黑龍會及上海的三合會。但是我比較喜歡義大利墨索里尼的黑衫黨系統。我想到這個好主意，要組織屬於我自己的團體，稱他們為藍衣衛隊。」

「你是說他們要穿藍衣嗎？」

「哦，不是。他們將是便衣偵探，祇是為了取個好名字，我才想稱之為藍衣衛隊。妳喜歡這名字嗎？」

「聽起來還滿合適的，因為中國常被稱為藍袍之地。」我答說，「正如你所說，就在我們跟前，任何事情都可能發生，這個藍衣衛隊將可給我們保障，他們將使我們知道別人正在策劃什麼樣的陰謀或罪行。是的，我認為這是一項重要的措施，可是隊員們必須接受高度的專門訓練。」（譯者按：此處所謂「藍衣衛隊」，與以後被稱為「藍衣社」組織有別。）

「是的，會這樣訓練。」介石答，「他們的工作將包括從我們的敵人那邊蒐集基本資訊，並防範陰謀實現，秘密逮捕，撲滅一切抗拒政府的行為。」他隨即在一大張紙上勾畫出他的計畫。他說：「看這個。將來的組織包括兩個部門：一個是調查處；一個是統計處。有了這個組織，我將消滅一切反對勢力，強化我們的政府，制伏所有陰謀分子。」

果夫、立夫奉命籌組藍衣衛隊

有了這個旨在保護自己的全盤計畫，他就設法以最低的費用，付諸實施。他所依賴的主要助手，就是那兩位他所信任的「姪子」，也就是他的老上司兼導師故陳其美先生的兩個姪子。其中之一是幫助我處理信件的陳果夫；另一位是他的弟弟陳立夫。這兩兄弟奉命籌組這兩個處。我覺得哥哥比較機敏，富有見微知著的智能。

介石急欲在短時期內完成這件事，因此他撥出很多時間，幫助這兩兄弟從事籌組。當然，這件事是絕對機密的進行，絲毫沒有洩露出去。陳氏兄弟奉命成立組織，我則保管文件紀錄，也擔任許多紙上作業。這計畫的要點在於組成一個密探及線民的秘密工作網，其任務不但在對社會大眾刺探情報，而且也對政府人員施行。此一機構在重要性方面，將凌駕警察之上，因為它是直屬於介石總部的一個私人專用單位。

陳氏兄弟負責挑選隊員，這些隊員後來都成為忠貞不二的幹部。陳氏兄弟就逐漸負起這個組織的全部主控任務，他人不得插手；他們兩人在若干幕僚協助之下，也曾做出奇蹟般的事。

每位藍衣衛隊員都是依照一般情治人員所信從的守則的偵探，其任務在於以秘密方式獲取情報。其方式是先妥適的設立一套由偵聽點和監聽站構成的工作網，這使陰謀分子策劃陰謀時難以掩人耳目。這些隊員展開工作之後，每天都向介石提呈一份報告，列述他的敵人們正在想什麼、做什麼。這些報告就是足以令人安心的資訊，介石因而得到一種強有力的安全感。

為了激發這些隊員的極度忠忱，他們都須聆聽關於效忠之道的講述，吸收關於孫先生三民主義的知識，培養民族主義的狂熱精神，並須接受領袖的命令為至高無上、唯一無二的法律。他們所受到的教導是：除了效忠領袖一人外，不顧其他一切職責，經常準備對所掌握到的任何嫌疑人物或罪犯，加以逮捕、暗殺、刑虐或身體殘害。

陳氏兄弟充分了解他們的工作定將形成介石手下政府中一個勢力非常強大的組織，隨著介石權勢的擴張，這個組織也會更加壯大。他們二人宵衣旰食，推展工作。其所挑選的隊員大多來自廣州中下層家庭，也有些是從我的家鄉寧波選來的。這些秘密幹部如果能談論孫先生的三民主義，則他們所受的待遇就會好些。至於從寧波選用隊員，這牽涉到一項重要的心理因素，就是說鄉親們比較不易變節反叛，所以至少基於感情因素，這些人較為可靠。不論是廣州人或寧波人，所有隊員都必須同樣的宣誓，以他們的生命保護他們的領袖。隊方允諾每年發給隊員們一筆獎金，服務滿十年，發給退職津貼，以資激勵。

歷年以來，這些藍衣衛隊員已克盡其保護主子的職責，這一點是無可置疑的。但為了留下紀錄，我不能不提到一樁必須歸咎於他們的罪行。

這是一樁使全上海震驚的可怖事件：老政治家唐紹儀一天在他位於上海北四川路的自宅中，被人以斧頭砍殺身亡。

這位高齡七十五歲的政治人物，在袁世凱手下完成他那多彩多姿的事業後，就退職閒居。他之橫遭刺殺，有人懷疑其動機是因他曾公開表示反對國民黨政府。

這次刺殺是經過仔細籌劃的。唐是一位中國藝術鑑賞家和瓷器收藏家。刺客偽裝骨董商，打電話給唐紹儀，請他指定時間，以便親往宅中給他看一件宋朝大青瓷花瓶，並佯稱可以很低價格讓售給唐。唐先生就約定翌晨十時見面。到了約定時間，那位刺客攜帶花瓶，抵達唐宅，進入客廳。這人將花瓶遞給唐先生品鑑的時候，一隻手卻同時從瓶中抽出一把用紙包著的斧頭，隨即高舉利斧，忽地一下，砍在唐老頭顱之上，被砍者登時殞命。刺客行事既畢，就丟下花瓶和凶器，逃之夭夭。

慘案發生後兩小時，一位女傭手捧托盤，想將兩杯茶送給主客二人時，才發現此事，將其聲張出來。

警方偵緝人員發現了那隻花瓶和染滿血跡的斧頭，斧頭上的血塊中尚黏著幾縷頭髮。

上海市警察後來捕獲一人，經過連日密集偵訊，那人終於簽下自白書，招供他是國民黨政府下的藍衣衛隊員之一。（譯者按：此處原作者誤將一九三八年九月三十日前國務總理唐紹儀在滬寓被刺客暗殺事歸咎藍衣衛隊隊員所為，時間與事實均誤。）

第二十五章　誓師北伐直克武漢

介石就任總司令，誓師北伐

廣東全境既已在他的控制之下，介石便開始放眼於中國復歸一統的遼闊全景。此乃他夢想中至大至極的目標。一旦全國統一，中國以其地大物博，必將躋身於世界列強之林，而他將成為中國獨一無二的領袖。這是他的熱望所在。

全國人民久已憎恨軍閥的胡作非為，以及無盡的壓榨，莫不衷心期盼國家統一，因而群起支持介石。介石既獲得人民的擁護，等於已贏了戰爭的一半。我固知他終將成功，也時時向菩薩虔誠禱告，祈求神明降福於他，保佑他。

其後某天，他獲選為國民政府委員會的一員，接著又成為中央執行委員會主席及軍事委員會主席。同時，他也擔任國民黨中央黨部組織部及軍人部的首腦。發動北伐討逆的時機似乎已臻成熟，屆時他便將擔負起領袖的重責大任，使他成為華南所有政治及黨務機構公認的最高領導人。

透過鮑羅廷的安排，蘇俄的財務、武器及軍火援助陸續到來，現已相當充實，解決了這些大問題。所有出師計畫都經透澈研討，並會同鮑羅廷和加倫將軍擬訂完成，甚至細微末節，亦經研商決定。

至於在廣州的安定方面，介石已指定他最信任的幾位人士負責。李濟琛將軍奉派為廣東省主席及粵軍總司令；張靜江老先生奉派為國民黨監察人；政治部由湖南譚延闓主持。這三個重要職位的人事既告確定，介石終於大大鬆了一口氣。

一九二六年七月九日，一項宣誓儀式在東較場舉行。儀式的名稱是「就任北伐軍總司令宣誓效忠典禮」。屆時，介石身著他最好的全副戎裝，我穿上淡藍綢旗袍，與其他六位官員，坐在司令臺上。典禮簡單隆重，由新近指派的政治首腦譚延闓監誓。幾個人講過話之後，介石向大家致詞說：

「這次北伐討逆是遵照故總理的遺志實行的，其目的是要恢復中國及其人民的獨立。我將率領全軍官兵向前邁進，絕不退縮。我依照革命精神，準備為國犧牲效命。我也要求我們所有官兵服從命令，嚴守紀律。我們在精神上團結一致，就可以摧毀敵人，否則敵人將摧毀我們。」

詞畢，聽眾掌聲如雷，然後國民黨中央委員吳稚暉以一面藍旗交予介石，旗上以大字寫著「打倒帝國主義羽翼下的軍閥」。介石接過這面旗幟後，即宣誓說：

「余誓以至誠，實踐三民主義，服從本黨命令，保國衛民，恪盡余之軍人天職。」

北伐對象吳佩孚、孫傳芳、張作霖

政府及國民黨所有要員都參加了這次典禮，來賓及觀眾達五萬人之多。這確是介石的一個大日子。此時，我能陪在他的身邊，自然也感到難以形容的興奮。我想：臺下這一大群人，如果與介石麾下的士兵比較起來，真是有如小巫見大巫了。在他統轄之下，有八個軍，計二十餘師，官兵總數超過十萬人。我感覺非常驚奇，他竟有幸能於如此短短時間內，掌握偌大的勢力。但是，這麼偉大的雄師卻要去完成一項更偉大的工作，那項工作就是要去消滅全國的軍閥，以求中國的統一。這些軍閥手下的官兵總數，據估計在百萬以上，與介石的國民革命軍相較，大約是十與一之比。我默默祈求勝利終歸於他。我果然低聲禱告起來：「啊！菩薩呀！求祢保佑他，庇護他！」

典禮後，介石檢閱部隊，並對他的參謀人員作精神講話。然後，廖仲愷夫人和我便協助他草擬一些通報、宣言及給各部門的電報。

他在通報中，一再提醒他的官兵們，這次北伐的目的在於統一中國，以建立一個強盛的國家，使足以抵禦所有外來的侵略者和帝國主義。士兵們就是國民革命軍，因此他們必須不計代價，維護全軍的令譽。他在致全國同胞的宣言中，宣稱他之領軍出征，是為了拯救人民於暴政下之苦難，非將帝國主義者及其軍閥傀儡們完全驅除，決不罷休，並希望人民與他的部隊合作，共同致力於打擊敵人。這些宣示經所有報章廣為刊佈之後，就如同炸彈在軍閥頭上轟然炸開一般，軍閥們心知他們已來日無多了。

主要的討伐對象有三個：吳佩孚、孫傳芳和張作霖。如果對這三個敵人同時作戰，就等於要同時打一百萬士兵，當然殊非易事。但也有補苴之道。雖然介石的部隊人數較少，但他是一位出色的戰略專家，採用了「遠交近攻」的正統軍略；換言之，就是「攻擊吳佩孚，敷衍孫傳芳，不惹張作霖」。不過，當他正調集軍隊，準備進入湖南與吳佩孚的軍隊作戰之時，孫傳芳卻動手搜查上海國民黨分支機構，拘捕工作人員。介石機警的偽作不知情，而繼續有禮貌的與孫傳芳互通電訊，若無其事。他們兩人相互保證，如一方不先發動攻擊，則對方絕不採取任何可能傷及彼此良好友誼的行動。

黃沙車站揮淚與介石話別

一九二六年七月二十七日，介石已準備妥當，即將率領北伐大軍出征，以求統一全國。中央執行委員會授權他會同蘇俄的加倫將軍，統籌此番大舉。

我們不少人都齊集在黃沙車站月臺上，恭送介石出征。一位攝影師請我們在列車前面站成一排，以便拍照。照過兩張之後，介石見我眼淚已有奪眶而出之勢，便握著我的兩手，作臨別之狀，並說：

「我就要出發作戰，請妳不要哭泣，否則會給我帶來霉運。請妳拿這張照片去加印二十份，等收到我的電報後，就帶到韶關來。這些照片對於我們的革命工作，將具有很重要的歷史意義，所以務必將底片留在自己手上。」他見我仍是一副黯然神傷的樣子，就又安慰我說：

「等到各省都統一了，妳就有機會參加國家的重建大業。記著，我正將跨入實現我的第三個願望的階段，所以請妳祝福我，並且對我一笑。」

這時，我已淚如泉湧，便微笑一下。他再說：

「這是我們北伐的第一階段，等到全國各省都已光復，我們大功告成之時，妳我將是中國最幸福的一對。請妳拭目以待吧！」

我哽咽著勉強說：「我會照你所有的指示去做。」然後，我又衝口說道：「哦！你讓我們去前線幫助你吧！」他就盯著我那悽愴懇求的淚眼，大笑起來。「哈哈！哈哈！」他大概以為我竟會有這種念頭，非常好笑，因而不禁大笑。他說：

「女人聽到砲聲隆隆，準會嚇得屁滾尿流！記得永豐艦上的往事嗎？」為了反駁他的嘲弄，我便喊著說：

「未語先笑，性必狡詐！」

「妳應該說『性必精明』才是。」這時廖仲愷夫人出來更正我的話語。介石便靠近我問道：

「我是狡詐呢？還是精明呢？」

「兩樣都是。」我嘟著嘴說。他就轉向廖夫人說：

「我真是愛她至極，請妳務必替我照顧她。」

「介石，你知道我會的，因為我也愛她，就如同愛我的親妹妹一樣。你去專心打仗，我們會帶慰勞品到韶關來。」

火車在轟隆聲中開駛了，我心中掀起一陣扭痛，向介石不斷揮手送別，眼中滿是淚水。他也向我們揮手示意，直至人影消失。如今他已遠去了，我卻沒有時間整理我的思緒。我立即要做的事，就是監督搬家，將我們放在軍校宿舍中的所有私人物品遷到東山家中。這事使我忙了兩天。介石帶著我們的僕人瑞昌走了，但阿順則留下幫助我處理各種雜務，他仍如往常一般得力。

何香凝陪我赴韶關慰勞傷患

廖仲愷夫人真太好了，她是我的一大慰藉。她每天來我家中商量：接到介石來電之後我們該帶些什麼物品去韶關？因為我們已安排好，要去位於廣東邊境的這處地方，看他率軍踏上北伐征途的第一階段。廖夫人真了不起，她既見多識廣、頭腦清楚，又腳踏實地，似乎無所不知。我們按照她的擬議，買進大批做繃帶用的棉布、罐裝藥膏、棉花、兩大瓶碘酒，還有其他醫藥用品。然後，我們將棉布裁成帶狀，分別捲成繃帶，並把棉花分裝成小包。我們當時尚無紅十字會這一類組織，因此，我們這兩個女人就自成一支運輸隊，要去充實介石大軍軍醫部門的藥物供應。

次一星期，我們收到介石來電，說那邊已很安全，要我們即去韶關。廖夫人和我就乘火車前往戰區。女人居然出現於這無人之地，這當然是件新鮮事，但也是我們的目的和決心的一個明證。我們祇想克盡棉薄，以求儘可能協助減輕傷兵的痛苦。我們一路暢順，抵達之時，天氣還算暖和。介石帶著他的衛士及藍衣衛隊員已在車站迎候。他面上顯得又黑又瘦，但仍然是精力充沛，精神抖擻。

寒暄過後，我把前些時在黃沙車站所攝照片的二十張拷貝遞交給他。他很高興，非常仔細的一一檢視。

「照得很好，比我想像的要好得多。」他歡愉的說，「以後，這些照片必將呈現其無比的重要性，因為它們顯示我們北伐大舉的開端，以及當時參與其事的人們。千萬不要失掉這些底片。」他便很滿足的將這些照片夾在腋下。

介石原已將我們的男僕瑞昌帶來此間，於是我們就將攜來的醫藥用品全都交給這個能幹的人，叫他送交軍醫部門，作為廖夫人和我的一點小小捐獻。

前線短暫相聚，小別勝新婚

介石告訴我們，邊境敵人已經肅清，官兵們都士氣昂揚，各自準備履踐天命。然後，他帶領我們到韶關聞人吳先生宅中。此宅是一座高大雄偉的建築，房間很多，裡面陳設著傳統式的高貴黑木家具。我們的男女主人都是斯文之士，熱烈的歡迎我們。介石先將廖夫人帶到她的房間，然後帶我到他自己房間。

他將房門關上以後，就野性發作似的一把將我抱在他的胸前，喁喁示愛。他恁般狂熱的愛撫我，可以看出他這陣子是多麼想念我。

當夜晚餐後，我們提早回到臥室。介石擁我在懷，說道：

「軍人的生命是很無定的。我隨時可能殉國身亡，但是我要妳永遠牢記：無論如何，妳是我唯一愛戀之人，妳是獨一無二抓住我心之人。當初我遇見妳以前，我的生活一塌糊塗，我浪費幾年時間於醇酒婦人之中。現在我已悔改前非。自從妳我成婚之後，妳確實帶給我好運，而我的三個願望都已次第實現。妳還記得那三個願望嗎？」他熱吻著我，我也點頭示意。

他又若有所思的說：「我從未想到我的三項願望竟能這麼快一一實現。這是妳帶給我的好運道！」然後，他又提到那些照片，說道：「妳和我都照得很好。請妳為我好好保管這些底片。這些照片和我們的北伐必將永垂青史。」

我臥在床上，他的雙臂環抱著我，我自忖：

「這還是他第一次向我提到那個死字。我祈求菩薩在此次戰爭中，自始至終，保佑他、庇護他。」然後，我緊貼著他，我倆就合而為一。

翌日一早，介石去和他的軍官們會商，廖夫人和我則出去參觀軍營。我們眼見成群的傷兵零零落落的向附近的野戰醫療站前進。我們跟著他們去看看實況，赫然發現這些臨時手術所的設備竟是如此可悲的簡陋，實在無法處理那麼大量的緊急病患。我們親見傷兵們躺在那裡幾小時，仍然無人給予照顧。我們發現有很多事情可以幫上忙，於是我們就動手幹起來。那一整天，廖夫人和我出於愛心，戮力服務，以協助醫師及護士們的工作。但是，雖然醫師護士們悉心照護，再加上我們自願協助，許多傷兵仍然命歸黃泉。

北伐軍進展神速，直克武漢

第三天，北伐全軍向北方開動，廖夫人和我向介石黯然道別之後，就回到廣州。回去後，我便料理家務，並準備返回上海，以等待介石預定自江西九江拍發給我的下次電報。九江距廣州大約一千五百哩，估計需時約兩個月時間，才能光復其間的一大片地區。

介石的遠征軍自韶關出發後，進展極速。就近重組的第八軍，獲得剛從兩廣補充來的第四、七兩軍增援部隊，發動反攻，在半個月之內，湖南首府長沙克復了。

八月底以前，湖南全省幾乎已無敵蹤，而次一個省份湖北的爭奪戰則在激烈進行。吳佩孚的精銳部隊與北伐軍的雄師於八月底前幾天，打了一次決定性戰役，敵軍慘遭敗績。此時，介石已將他的總司令部遷至岳州。這是位於湖南北方邊境的一座城市，距離雙方正在進行大戰的戰場祇有約六十哩，距離武漢三鎮也不過略超出一百哩。

吳佩孚為了這次重要戰役，親來督師。他和他的將領們自戰場北方僅數哩之遙的咸寧指揮作戰。經過四天四夜的慘烈戰鬥，雙方都遭受重大損失，敵軍終於匆匆撤入湖北省會武昌。介石的北伐軍緊追不捨，於一九二六年九月七日攻佔漢陽，然後渡江佔領漢口，而另一部分我軍則包圍了武昌的兩萬多名敵軍。第二天，介石前進到武昌附近，要求被圍的敵人將領於二十四小時內無條件投降。但是敵軍繼續頑抗十幾天，武昌終於還是克復了。至此，國民黨的旗幟飛揚於武漢三鎮的上空，歡迎鮑羅廷、國民黨各領導人士，以及隨員們自廣州進駐漢口，接掌政府事務。

介石一封情意纏綿的家書

幾天後，我接到介石的信：（照原文直譯）

我的愛妻：

妳必已看到我們武漢大勝的消息。我現在已到漢口，正為鞏固我們的形勢而忙碌異常。一俟各部隊重新整編之後，我將前往南昌及九江，然後將派人接妳前來歡聚。來這邊的最好途徑，是搭乘太古公司江輪。我巴不得妳現在就在此地給我慰藉。近來本黨中有許多分歧現象，等見面時，我再告訴妳。這種現象仍不出偏見、嫉妒和爭權奪勢的那些老套。

由於武漢是我們迄今所獲得的最大勝利，我堅持要實施幾項新辦法。每天早晨，我們舉行一項紀念儀式，以紀念我們偉大的總理孫先生。這儀式有些像黃埔軍校所舉行的那樣，祇是更為隆重一些，而且配有軍樂隊。士兵、軍官和官員們全體立正向孫先生遺像行三鞠躬禮，而我站在臺上，則朗讀他的遺囑。我每讀一句，臺下聽眾即跟著重讀那一句。讀畢，我們靜默三分鐘。然後，我們討論軍事情勢及其他問題。

鮑羅廷和他的顧問們，還有些別人，表現出不大願意參加這些晨間儀式的態度，但我仍堅持他們參加，並向他們解釋孫先生是我們中華民國的偉大領袖，必須要這樣崇敬他。

有一件令我驚喜的事，就是我收到宋美齡一通電報，為我的勝利致賀，並稱我為英雄。我已覆電致謝。

我離此前往南昌以前，將再寫信給妳。在這期間，盼妳多多想我。我身體很好，但不免疲累之感。代我問候令堂、令兄和朋友們。我真心熱愛著妳。

中正

孫傳芳與介石撕破友好面具

如今武漢的地位已臻穩固，介石對東南五省聯軍總司令孫傳芳的友好面具就撕破了。前此，他們二人相互稱名不道姓，並且彼此以「兄長」相稱。而現在的用語則已大異其趣。從前所採敷衍孫傳芳的策略，如今已無必要，因為介石接到孫的最後通牒，限他於二十四小時之內，將所屬部隊撤離孫氏地盤的邊界。孫傳芳在其致全國各界的一個通電中，竟說：

蔣介石這個從遙遠海邊某地出來的無名小卒，無權威嚇我，甚至兵臨我的邊界。他假冒孫中山的旗幟，但實際上卻依照列寧的政策行事。他已在華南散播布爾什維克主義，造成人民極大痛苦。這種行為表示他已成為一個侵略者，摧毀和平者。他罪大惡極，神人共憤。

介石的答覆是：

孫傳芳亟欲荼毒湖南、廣東的陰謀詭計，已如司馬昭之心，路人皆知。他在自欺欺人。去年他佔據江蘇、浙江，以卑劣的手段，巧取豪奪，然而仍野心勃勃，貪求無饜。他佯稱保衛他的地區，為他治下的人民維護和平，但實際上，他是一個侵略者，已使人民飽受痛苦。

打鐵趁熱，介石就統率大軍，殺向東南方，進入江西，目標是攻佔古城南昌。他一路勢如破竹，屢戰屢勝，終於克服敵軍的強力抵抗，進佔南昌。然後，他又揮軍北進，準備佔領九江。

第二十六章 有母無父的一段流言

介石急電要我去九江相會

在此期間，我已將廣州家務摒擋就緒，就搭乘「加拿大皇后」號輪返回上海。介石接管九江後所做的第一件事，就是拍發一通急電給我，要我立即前往與他會合。他已為我安排好太古江輪「四川」號的艙位，該輪定於一九二六年九月二十八日啟碇。

從上海至九江的長江航程約四百哩，需時兩天。九月的天氣和煦宜人，一路江流蜿蜒，有許多勝景可看。我常安坐甲板上，瀏覽沿途景色。在船上第二天，我站在甲板欄杆附近，見江岸一邊是滿佈松柏的山巒，而另一邊岸上，則是幾大片茂密竹林。竹莖優雅閃亮，枝葉蔥綠多姿，呈現出一幅絢麗的畫面。我心想：難怪中國畫家喜愛繪竹，現在我可以理解他們何以愛竹。當我正在忖思之時，有兩個人也站在近處觀景。他們沒有留意我在附近，談起政治情勢和北伐勝利。其中一人向另一人說：

「軍閥孫傳芳一定會被蔣介石打敗。」

「何以見得？」

「他有俄國顧問、俄國槍砲軍火。但，他是一個私生子，沒有父親！」

「你怎麼知道？」另一人問。

「哦！他為他的亡母造了一座墳墓，但這多年來，從未提到過他父親。」

「不錯，我也不知他的父親究竟是誰。」

我徐步走開，決心要把這件事告訴介石。

抵達九江時，介石帶著他的衛士和藍衣衛隊員，前來接船。介石臉色紅潤，舉止靈活，但卻相當清癯。他對我眷愛有加，溫柔備至，以致於使我覺得夫妻倆偶爾分居兩地也好，這樣可使彼此情意更濃。

介石有母無父的一段流言

介石和我借居九江社會名流方棟〔音譯〕夫婦家中。這座宅邸美輪美奐，周圍是一座典型中國庭園，內有柳樹、紅漆橋樑和涼亭之類。主人夫婦極為熱切的招待我們，使我們有貴為上賓之感。僕人們也把我們伺候得無微不至。

我到了這座九條江流之城，感覺非常興奮。此城以其美觀的寺廟寶塔著名，它的瓷器、銀器及絲綢，也是名播遐邇。瓷器是自著名的景德鎮運到九江的。幾百年間，所有供奉宮廷的瓷器都在此鎮製做，至今收藏家們仍視為珍品。銀匠們的巧工也很令人發生興趣，因為他們使用原始方法，主要是用鎚工，其成品極為精美。至於絲綢，則很多就在九江城內或附近一帶織成。我在當地商店貨架上，看見一捲一捲的華美織錦及各種花樣的緞料。我趁機訂做了幾套新裝，以補充我的換穿衣服。

一天，我對介石說：

「有一件怪事。我在『四川』輪上，聽到兩個人講話。其中一人說你是私生子，沒有父親！」

「妳對他們說什麼？」他驚慌的問我。

「當然我沒有講話。我不要露出我的身分，祇是走開而已。」

「妳應該叫人逮捕這兩個人。」

「我在船上怎可這樣做？我一開口抗辯，就會引來許多人注意。」

這個問題令我不安。這個流言好像並非全無道理，因為幾年來介石的確總對他母親頌揚備至，但卻從無一次提到他父親。我就寫信給在上海的我母親，請她雇一位調查員，對介石的父親進行一項深入的調查。

節節勝利要依賴莫斯科軍火

現在，介石統率的國民革命軍在人數上已大為增加，但是隨著數量擴增，其素質卻降低了。自九月以後，戰事進行了兩個半月，才將孫傳芳的部隊逐出江西。

十月初，又開始進攻福建，到了十一月底，這一省也被介石的部隊佔領。至於介石的本籍浙江，雙方鏖戰很久，孫軍幾度獲得小勝，但至一九二七年二月中旬，革命軍終獲全勝，攻克該省。此時，安徽南部已被三面包圍，原在孫傳芳轄下的安徽省總司令陳調元決定向介石輸誠附義，宣佈就任國民革命軍第三十七軍軍長，於是安徽亦告底定。

此時，介石的勢力已膨脹到無可遏制的程度，因為他絕對掌握了威權的根源。他每趕走一個軍閥，便以征服者姿態，耀武揚威的接掌新增的權力。他所依憑的是他的無量膽識、足智多謀及充沛的精力。但這些輕易得來的勝利，卻也給他帶來一連串令人惶惑的問題與混亂。他已經爬到成功之梯的頂端，但他所有勝利都是依賴莫斯科的武器軍火得來的；因此，他無法不聽從莫斯科的指示。無論如何，孫中山當初的口號也是「以俄為師」。所以，他雖不得不屈從俄方的意旨，但卻是勉強為之，這就使鮑羅廷認為他傲慢不羈，而心存忿懣。

不過，我們的私生活卻沒有受到公務的纏擾。介石對我的熱愛始終如一。他仍體貼如常，就他所要做的一切待決之事，同我商量，並且重視我的意見和建議。而我也因效忠於他，分擔起他的一切利害與憂慮，就如同這些都是我自己的事一樣。

革命軍師出有名，天下景從

革命軍連連獲勝之中，介石一直忙於接受敵軍的投降，以及應付若干保守中立的將軍們前來情商合作。北伐發軔之時，他僅有八個軍，共約十萬人。如今，五個月之後，他麾下已有二十六萬四千人之眾，分作兩百個團。許多新近投降的軍頭們，都獲擢升至將軍階級，或得到軍長頭銜，以示激勵，縱使他們手下祇有區區幾團士兵。於是，國民革命軍的編制，陡增至三十個軍。當四川軍閥們的代表前來請求和談時，介石曾向我大叫著說：

「這班傢伙到處找我請降，他們祇怕我不肯收容。他們不是甘願充當附庸，就是心想玩弄雙方，左右逢源，藉求自保。這班人都是不要臉的投機分子！」

「不要這般嚴厲嘛，」我勸他，「你還記得曾說過要飄然退隱嗎？你現在已是一位偉大人物，一定要對人和善。如果他們向你讓步，這表示他們已自承失敗了。」

我可以說，當時介石的確自信他手下的革命軍是所向無敵的。有些部隊的主要結構，祇是將新近來歸的敵軍重加編組，雜湊而成的隊伍。其中有經驗的戰士不多，大多數官兵則是因向北征伐，離開較暖的家鄉，而來到這個寒冷地帶。那麼，他們打起仗來，怎會如此之好，贏得偌多勝利，而推進如此神速呢？這其中有幾個原因。

其中主要的原因是，軍閥們是為私利而戰，而介石則為國民黨挽救中國的政治綱領而戰。民國自肇建以來，全國遭受內戰兵燹之苦，已歷經漫長的十五年，而在一九一五年以後，軍閥們趁機崛起。大多數的中國人民，包括這些軍隊中許多士兵，都已厭憎戰亂，渴望太平。因此，他們寧願擁戴國民黨人，以求中國成為一個強盛、繁榮、統一的國家。

此外，在軍閥手下的士兵們通常被稱為「穿上黃制服的強盜」。他們漫無紀律，所到之處，輒洗劫全城，強拉民伕，並勒索大量金錢食物，作為民間對戰爭的捐獻。他們自然為人民痛恨。於此，我們就可理解何以革命軍一路勢如破竹，連戰皆捷了。

目標京、滬，密邀杜月笙等來贛

雖然介石日日忙於籌劃下一步以南京、上海為目標的戰役，但我們在九江的停留時間不得不多少延長，因為這兩大目標的敵方防衛，都較已克復的地區更為堅強，因而也需有更多的規劃。至於我自己，此時除了自行研讀中英文以外，也恢復了私人秘書的工作，照顧介石的函件事宜，拆閱他的所有來信。

上海黑社會的三位大頭目，徇介石的秘密邀請，來到九江，彙報那邊的情況，並商討如何攻佔上海。

這三人就是大名鼎鼎的杜月笙、王曉籟、張嘯林，通稱上海「三巨頭」。他們對上海的幫派勢力，掌握操控大權。一個人失掉任何東西，可以透過他們，不出幾小時，便找回來，這已是一件歷歷可證的事實。他們對介石的拜訪為時雖短，但卻很融洽。會後大家形成一個共識，就是欲掌握上海，勢非動用銀彈不可。這一點對介石而言，是完全可行的，因為他知道，一旦佔據南京，他就可啟動南京造幣廠的機器。

由於工作過勞和憂心不斷，介石忽感不適，體溫高達攝氏三十九度半。我堅持要他臥床養息。此外，他體重亦見減輕，食慾欠佳。他不得不婉謝訪客。

介石忽接宋美齡函擬來漢口

後來，我突然收到一封自廣州寄給介石的信。我拆開信，見有一張卡片，就拿給他看。他看過後，又交還給我。那卡片上說：（照原文直譯）

親愛的大哥：

我已幾個月沒有見到你，聆聽你的教益。你在軍務倥偬之中，給我來電，邀請我陪同家姊及家人往訪武（武昌）漢（漢口），以參觀我們國民黨的新猷。為此，我很感激。但是，我已於前天離開廣州，前往上海探視家母。大姊仍在廣州，不久可能返回上海。一俟得暇，我必當陪她參觀長江各城。我趁庸之（孔祥熙）前往漢口之便，聊草數語，敬候起居。

美齡

介石看過卡片後說：「這是為答覆我那通謝她致賀的電報。我曾邀請她來漢口，自從那次乳鴿宴之後，我還沒有再見過她。」他又拿起卡片再看一遍，狀似深思。他再說：「這表示權位何等重要。有朝一日，你爬上去了，所有人就一窩蜂跑來巴結你。」他躺在那裡，默然不語。

我握住他的一隻發冷的手，緊緊握著，以使它得些溫暖。我覺得他在顫抖。我將他那隻手握了好像有一小時之久，感覺他已慢慢鬆快些了。

「假如我邀請她和她姊姊來九江看望我們，妳在意嗎？」他躊躇似的問我。

我立刻想到廖仲愷夫人的警語，就猶豫起來。我又想到介石從前說過的話：「我要更接近孫、宋兩家人。」我默然呆呆坐著。他又問道：

「妳會同意嗎？」

「如果邀請她們可以使你高興，我自然沒有異議。如果這樣可以使你快樂，那就請她們來吧。」

「現在不急，過些時候再說，」他愉快的說，「也許是下星期，那時候我就不會這麼忙了。」

提振介石精神，陪遊牯嶺名剎

由於介石在精神上已露疲態，我想去牯嶺一行，或許可以提振他的精神，因為他喜愛戶外生活及大自然。他已好多次提到牯嶺，以致於好像我也知道這個地方。他告訴過我，遠在東漢末年，佛教傳入中國之後，牯嶺曾是傳播佛門教義最有成果的地區。那裡的山巒大約有四千五百呎高，山上處處建有著名寺廟，每年都有數以千計的信徒前往朝山進香。於是我一提議，介石就很高興的同意這個構想。我便去安排上山之行。

在九江之南十五哩處，我們開始登山旅程。在牯嶺，我們預定下榻於靠近慈善寺（音譯）的一座精美平房中，此房乃我們居停主人方棟先生的別墅。為抵達目的地，我們需乘坐滑竿，由人抬上那座陡峻的大山。介石的十二名衛士和六名藍衣偵探都徒步陪行護衛。這事似無必要，也像是有些矛盾，但那是他們職責所在，祇是有如我們的累贅罷了。我們的兩名僕從阿順和瑞昌，還有方棟先生派來的一名嚮導，都很賣力，照顧得我們一路舒適，並且得宜的執行介石交代的事情。

在兩天中，我們深深飽吸山上那清新甜美、酥人心胸的空氣；享受那燦爛耀眼、舒適宜人的陽光。我們爬山登高，飽覽遠處長江峽谷的風情。我們參觀了各具情趣的寺廟，每到一處佛壇，都向佛像鞠躬行禮，並叫阿順付給「香油」錢，作為我們的奉獻。這是傳統習俗，因為這些寺廟大多無何收入，僅賴善人香客捐獻維持。如果和尚自行栽育蔬菜，或在梯田上種植小麥，所得仍屬有限。

在我有生之年，我永不會忘記我們到達牯嶺之日的那個下午。介石和我步行幾哩路，參觀了白鹿洞，目睹當年唐朝詩人李渤用做書房的地方。那是他用人工鑿造的一座大洞。據說當時他有一個寵物，是一隻溫馴的白鹿，此洞即因而得名。由於李渤的名氣，後來唐朝社稷將傾的那些動盪歲月中，這洞便成為儒士們的避遊勝地。他們來到這裡開設一所具有大學程度的書院，由是此地又得到中國

「最古老大學」的美名。

絕妙景色，聖山前再互示愛意

由於介石愛山，我們就爬了更多的高坡，直至腳累趾痛方止。時已黃昏，我們就坐在一塊大石上，觀賞日落美景。整個西邊天空上，滿佈著一片深紅如火的奇觀，這真是絕妙的天色！這是悠悠上蒼無比光輝的展現。介石和我都陶醉於一輪火球沉下遠處地平線時刻那種無法形容的絢麗奇景。我們靜靜的，神魂被攝似的望著此一神奇場面。我不禁遐思：人類竟是多麼渺小啊！我們營營掙扎，竟是何等的無謂！宇宙何其偉大！而我們芸芸眾生不過是天地間一粒塵屑而已！此時，西方天上綻放出燦爛的光彩，可以說有一千種由金色和朱紅調配而成的紅、橙、黃、綠、藍、紫各等彩色，交相輝映，真是璀璨絢爛、光耀奪目。我自己從未看過日落，因此一看之下，竟驚喜到閉目默禱：「祈求老天保佑介石北伐成功，長壽不老，永保健康。」介石也很沉默，我知道他深有所思。我終於說道：

「難怪佛家認為此是聖山。我們正站在聖地之上。」

「是的」，他立即表示同意，「這是一處奇妙的地方，得暇時，一定要再來。」

介石全神貫注的看著我，有數分鐘之久。我以為也許我臉上黏附著什麼東西。我提起手想去擦抹臉上，但他一把抓住我的手掌，對我說：

「我愛妳之深，非比尋常。剛才我祈求菩薩佑護妳，妳也許不信，但這是真的。在前線，我一有時間，就想到妳，無分晝夜！妳也想我嗎？」

「不想，」我逗趣的說，「我不是一個感情主義者，也不是一個情緒至上者。」跟著，他就撫摸我的臉頰，說道：

「我不相信，因為我知道妳同樣愛我。」

暮色已開始籠罩山頭，我們便安靜的走回那座平房，心中湧起一股喜樂幸福的奇妙感覺，因為我們看見了偉大的菩薩，而祂也祝福了我們的愛情。

第二十七章 被摒除武漢政府之外

樂極生悲，介石被摒棄政府之外

有句俗話說：「樂極生悲」，這句話用在介石身上，再恰當不過了。我們剛從牯嶺回來，他接到的第一件東西是一封漢口來的急電。我倆剛要走進客廳，介石就打開電報封套來看。他看後，就將電報甩掉，好像非常厭惡。然後，他以雙手抱拳，頻頻捶頭，從桌上拿起一隻花瓶，摔成粉碎，整個人垮在一張安樂椅中，垂下頭，痛哭起來。一下子，我驚惶失措，向他懇求說：

「噢，鎮靜些，發生了什麼事？」

「他們剝奪了我的領導地位，我的一切計畫都完了，我所有的希望都破滅了！」

我從地板上拾起那封電報來看，電報大意是說：

「八十位國民黨員、國民政府委員，及新任中央執行委員會已投票通過其本身為漢口國民政府，掌有最高權力。希候命。」

這當然是一個決定性的打擊。介石原是政府首長、國民政府委員、中央執行委員會主席、軍事委員會主席。何以他沒有被邀出席會議，而遭到完全地排除？是要讓他丟臉，或是玩什麼表示不信任他的把戲嗎？難怪這個訊息來得如此令人大感詫異。此外，介石本來有意於克復南京後，成立一個南京政府，但是現在共黨人士先發制人，搶先一步；換句話說，他們掠奪了他的辛勞成果——我可以完全理解介石的暴怒。他耿耿於懷那一切領導希望都已告破滅。他被出賣了！那是一樁暗鬥！黑暗勢力在威脅他，要將他殘酷的鬥垮！

前後有一小時之久，介石的舉動就與瘋人無異。他搥打桌子，對天怒吼，口不擇言的詛咒鮑羅廷。我給他一小時來宣洩怒氣，然後勸他說：

「何必這麼難過？為何不拍個電報去漢口，請他們派一位國民政府委員會的代表馬上來同你當面把事情談清楚？漢口距此不過一四五哩。這樣比較合情合理。至少你可以知道究當如何自處。我可以替你草擬一份電稿嗎？」

電邀何香凝來九江細說原委

他的眼睛發射著仇恨之光，但他點頭同意了。我就草成電稿，遞交給他。他看過，改動幾處文字，以加強其效果。然後，我叫阿順拿去馬上拍發。

自發出這個電報，以至代表到來，其間幾乎過了二十七個小時。這段期間，我在極度痛苦中度過，介石則仍苦惱煩躁、心亂如麻。我實在無法使他那煩亂的神經鎮定下來。

翌日傍晚時分，我們的老朋友廖仲愷夫人何香凝到了，我很欣慰的獲知她是代表漢口政府來的。她是他們那些人可能派出的最佳人選，因為她是我們的至友，也是一位誠實正直的婦人。以她來做介石與新政府之間的斡旋人，的確是一件明智得體的措置。

我們熱切的歡迎她，陪她進入客廳。她馬上談起公事。

廖夫人先表明自身的立場。她說：

「在我開始談事情以前，我先要你們兩位了解，鮑羅廷和汪精衛都認為我是代表漢口政府來將他們的決定告訴你們的最合適人選。他們和你們都是我的朋友，我所要說的話，不一定都是我所贊同的。我所以答應來做這次聯繫工作，是因為我對本黨懷有一種類如家庭關係的親切之感，而這件事又攸關先夫及我自己自始參加的本黨。我向你們提出報告之後，將於今晚搭乘同一條船返回漢口。」然後，她打開她的公文箱，拿出一張紙，看著它，繼續說：

「自韶關之後，已有很大的變化。國民黨已經由廣州遷到漢口，現在本黨已設立一個政府，由最近從法國回來的汪精衛擔任主席，陳友仁是外交部長，宋子文是財政部長。事實上，孫夫人支持這個政府，她和她母親及兩位姊妹，以及孔家子女現都在漢口，以慶祝這件大事。現在，我準備答覆你們的任何問題。」

介石怒氣沖天，大叫著說：「這些事都是偷偷摸摸幹出來的！完全沒有同我商量！他們故意這樣做，要我丟臉，還是要威脅我？」

「都不是，」她堅定的反駁，「漢口政府是合法組成的，以求實現故總理孫先生的願望。它象徵著早日達成我們的革命之希望。直到現在，你和鮑羅廷兩人都成就了一些大事情。孫夫人已經宣佈，漢口政府是孫先生思想的正當詮釋者。沒有人否認這一點。這些事沒有和你商量，因為你總是從這一前方到那一前方，不斷的移動。你明白這就是原因所在。」

許崇智長函報當年一箭之仇

說到這裡，介石沉默了一陣子。他對孫夫人及她之支持新政府，沒有說什麼反對的話。我看他不講話，就說：

「我們去牯嶺過了兩天歡愉的時光，妳可以想像我們得到這項消息時，是如何的驚訝？那簡直是晴天霹靂。事實上，介石為之目瞪口呆，不知所措。」廖夫人此時便將那張紙遞給介石。

「看這個，」她說，「你一直在移動之中，大概還沒有見到它。」介石雙手拿著它，我瞧見他的手在抖動。那是介石的老長官許崇智將軍寫的一封信。他兩年來沒有講過什麼話，如今看見漢口政府已成事實，他才寫這封信。他說：（照原文直譯）

介石吾弟：

你當能記憶，十年前你和我追隨我們的總理從事革命工作，我們本著不屈不撓的精神，奉獻此生，冀求達致成功。不幸，我們的總理去世了，你曾請我將我的部隊暫時交你統率，俾由你重加編組，我也予以同意。其後你在廣州成立國民政府，將我的軍隊改稱國民革命軍。

自我將全軍交你之後，本黨黨務即陷於混亂分歧，行政工作亦趨於腐敗惡劣。因此，你已將自身變成眾矢之的。過去曾自稱為你的部屬、支持者或朋友的人，已一致起而反對你。依據此次彈劾案的理由，你實無由免除責任。

今漢口政府已成事實，我希望你靜夜深思，行所當為，服從命令，自承錯誤。你當謹責自身之背信，並信守自身之承諾，藉求維持國內和平。為你計，此乃一條榮譽的出路；為我國民計，則為一大幸運。請捫心自問：你現能否脫身於當前四面楚歌的困境？請鎮定而冷靜的反覆思索我這番建言。

許崇智

介石望望客人，又望望我，祇是眨眨眼睛，一語不發。然後，廖夫人又取出另一張紙，遞給他。

徐謙、鄧演達變成反蔣主將

「這是一張傳單。」她說。那傳單上寫著：

「革命若要成功，須先打倒蔣介石！」

她繼續說：「一個反蔣運動現正在進行，主要是國民黨員中自認為比你更革命的分子在推行著。據我了解，此一運動吵得最兇的人不是別個，正是你自己的人，是兩位首長——徐謙和鄧演達，他們是你所賞識提拔的人。此二人現在都參加漢口政府，他們大聲疾呼：『打倒獨裁者蔣介石！』可是，他們不但自己叫，並且像啦啦隊長一樣，帶領大批民眾在群眾大會中叫！兩天以前，他們兩人親身帶領群眾叫個不休，直至聲嘶力竭，猶如當初俄國革命分子一般。鄧、徐兩人都罵你是個新軍閥！」

我望著介石，看見他臉上變得蒼白，很是難看。他盛怒之下，真如七竅冒煙。他忽而握緊拳頭，忽而將手張開，像犯了抽搐毛病似的，我一時驚恐不已。他的兩名親信如今大搞反蔣運動，這種行為就如同給他們餵食的人，反而被他們咬傷自己的手，豈堪忍受？這對他的驕傲，更是重重的一擊。我怕他在這般精神狀態之下，會做出什麼傻事，就從座椅上靜悄的站起來，進入我們的臥室。我從掛在衣架上的槍套中，取出介石的手槍，將它藏在床架頂頭他那雙長統皮馬靴的一隻裡面。我又提醒阿順和瑞昌兩名男僕不要走開，要留意介石的一舉一動。當我回到客廳內之時，廖夫人將另一張紙交給介石，並說：

汪精衛公開信斥介石為叛徒

「這是汪精衛的一封公開信。」那信中說：（照原文直譯）

當我們的領袖孫中山先生目睹我國快速衰落之時，他就依據革命政策，提倡各項原則。這些政策與原則之制訂，乃是為要掃除國家的一切障礙。孫先生於北伐宣言中所揭示的目標，不但要摧毀軍閥，並要確保這些軍閥之後，不會有人繼之而起。但現在一個狡徒卻奪取權力，以求自我擴張。

蔣介石自以為他能追求其私人利益，因他現手握最高權威。他的專制野心正在橫行無阻。他破壞黨規，中斥黨代表大會。他為爭取支持，正以重要公職分許其友人。他視國家如私產，人民的性命全賴其一己之私念。在他之下，生命低賤，無安全可言。我們的同志，或為曾多年追隨我們領袖的先進，或為篤信民主之志士，現在都自誓為黨為國，不惜犧牲一己生命。他們皆視蔣介石為我們的公敵，決心將其剷除。此一宣言公告同胞之後，希即武裝起義，掃除此一叛徒，以免過遲之憾！非如此，不足以救我國於覆亡，救人民於奴役。　汪精衛

廖夫人以柔緩的聲調，耐心的解釋說：

「鮑羅廷認為漢口是較為適宜的政府所在地，於是國民黨已予核可。現在有若干改革工作正在推行。國民政府委員會及中央執行委員會已組成了聯席會議。事實上，這個聯席會議已於一九二六年十二月十三日舉行第一次會議，會中表決通過以此聯席會議為漢口政府之上的臨時最高黨權機關，鮑羅廷及許多同志時均在場。汪精衛獲選擔任主席。由於武漢三鎮正有偌多反蔣運動展開，而且活動日趨積極，所有國民黨員無不將你視為一個新軍閥。從前你的玉照到處掛在牆上和旗下，將你尊為人民救星；而現在你的玉照旁增加了兩位同伴，就是一邊加上德國皇帝，另一邊加上墨索里尼。由於你已大失人心，漢口政府已下令撤除你的所有公職，並將你開除黨籍！不消說，這些都是合法而經一致通過的，我們的同志集中了力量，在所有決議中，都獲得多數。」

鮑羅廷藉機攻擊介石為獨裁者

介石駁斥道：「這兩個會議，我都是委員，但竟沒有接到通知。他們怎可將我完全摒除於外？妳是說，我所有的職務均遭褫奪，但除了總司令一職嗎？」

「是的，但是即使這個總司令職務，將來你的權柄也將大為削減。漢口政府所通過的幾項決議之一，就是總司令祇是軍事委員會委員之一，動員命令必須先經軍事委員會過半數通過，再經中央執行委員會核准，始能交到總司令手中，此時總司令方可發佈該項命令。文件在此。」她即將一個正式文件交給介石。那文件說：（照原文直譯）

致國民黨全體黨員之命令：

自北伐發動以來，所有軍政事務及黨務均集中於蔣介石一人之手。此即謂本黨已不能指揮政治行政事宜，而僅由軍事機構指揮之。此項體制缺失甚多，不但所有本黨之墮落無用分子能藉以獲得保障，且更將諸多官僚及狡詐之投機分子引進本黨，因而竟自此產生出一獨裁者及一軍事專制者。吾人對此已無法再多容忍一日。

汪精衛　鮑羅廷

介石看完這項文件時，他失魂落魄似的站起來。

那麼，漢口政府以為可以不要我了？笑話！

第二十八章　自殺獲救重整旗鼓

介石盛怒擬覓槍自殺未遂

他看得出他已大難臨頭，他看得出他的地位、前途、名譽在迅速滑落，離他而去。原本，他還以為國家如果沒有他，絕對搞不下去。他是繼承孫先生衣缽之人，本黨本國需要靠他領導，以求實現孫先生的主義。而如今呢？他就如一隻舊鞋子一樣，橫遭拋棄。一切都完了！他走向我們的臥室，我感覺到他萬念俱灰、絕望透頂。如我剛才所慮，他進去找他那支手槍，但它卻不在平常放置的地方。他像一個夢遊人似的，將抽屜一個個拉開，又搜查衣櫃，仍找不到那支槍。

如此飽受折磨，他全身迸發強烈的恨與怒，已經完全亂了分寸。他魂不守舍，怒氣沖霄，把兩只旅行箱從椅子上拉下來，將箱內東西統統倒在地板上，然而還是沒有槍。廖夫人和我立在門前，身子顫抖不已。他狂吼起來：

「我的手槍呢？」

我看見他雙眼正射出一股奇特之光。這時，我已在哭泣，廖夫人則在設法使他鎮靜下來。

「我的手槍哪裡去了？」他失望的再說一遍。這時我看見他的臉像豬肝一樣紅，他的手在抖。

「它應該在平常放的地方。你把它放在哪裡？」「我最親愛的，你沒有把槍交給我呀！」

此時，他真的發瘋了。他把桌上的東西統統掃落地上，打爛椅子，推翻桌子，大吵大鬧起來。

廖夫人拉他臂膀，想制止他。她厲聲的喊叫：

「不要像個寵壞的孩子！祇有耐心和容忍才能使你轉敗為勝。這裡不是你的家！你怎可毀壞別人的財產？不要失去理性！」

他經此訓斥，就像個嬰孩一般，整個崩潰了，嚎啕大哭起來。

恢復冷靜，感謝我救了他一命

那天整個下午和晚上，他不肯進食，也不說話。他手上的所有軍務都告停頓，也不接見訪客。甚至僕人們也不得進入我們房內。

晚間，我堅持要他躺在床上。

「你變得太容易難過了。事情還是可以好好談出個結果，讓你完全滿意的。」我同情的說。但是，他仍然拒絕聽我講，或同我說話。他祇呆視空中。幾個鐘點過去了，我打電話請張靜江老先生及藍衣隊首腦陳果夫過來安慰他。廖仲愷夫人既已達成使命，便去搭夜間江輪，返回漢口。

第二天，介石比較能適應原先的震驚，顯得鎮靜得多，但面上仍然很蒼白憔悴。

「可是，我最親愛的，你到底怎麼啦？你簡直失去了理智和控制。」我溫婉的問他，「你可以對我說說原因嗎？」

「我不知道。憤怒使我視而不見，腦袋一片空白。我當時想自殺，以緩和周身的緊張。」

「哦，親愛的，你真是難過至極了。那班人真太荒謬了！你可別再想要自殺嘛。你千萬不可再發脾氣，你的脾氣就是你最大的敵人！」

「其實我並不想死。我在盛怒之下，變成盲目了，這也是消解怒氣的唯一方法。」他握著我的手，帶有悔意的自承。

我可以感覺到他的聲音還欠平定，知道他仍很激動，於是溫柔的擁抱他，吻他的面頰。

「謝謝妳救了我這條命！」他終於低聲說，「在那怒不可遏的情況下，我真的可能舉槍自殺。我總是常常受制於自己的脾氣。恐怕果真是天意使妳想到藏起我的手槍，因而救我一命。妳對我真太好了！我有生之年，不會忘記這件事。我如今已是一個重生之人。」

「你的臉色真把我嚇死了，從灰綠變成可怕的慘白。唉，你竟受到這般痛苦！不要再想自殺了，你答應我嗎？請說不會！」

「我希望再沒有任何情況逼使我這樣做。」他虛弱的說，「不過，無論生或死，我將同樣愛妳，死了也許更愛……。」

對漢口政府虛與委蛇，志在南京

他闔目躺著，我替他抹掉流下面頰的淚水。他看起來疲憊不堪，但我知道他的心靈仍然機敏，他陷入沉思之中。他避開了我要他不再嘗試自殺的懇求。他的漢口政敵們這次竟然出賣他，我知道他會策劃報復。他可以靜待報復時機。我太了解他了，我曉得他會想出辦法，以智取勝。這點我深深自信。在性格上，他本是一個睚眥必報之人，又是出色的策略專家。他擔待得起時機來臨前的鵠候。

漢口政府的正式命令到來時，介石嗤之以鼻。他看不出他以當今公認領袖的地位，何以要被迫屈服於他目中的一個偽政權之下，因為他認定如果沒有他參與，不可能組成一個合法的政府。況且，他自認為孫先生的真正繼承人，他已計畫好一俟佔領南京市，就在那裡建立起他自己的政府。雖然如此，他為權宜之計，對漢口的命令，表面上仍虛與委蛇，以等待適於推行他自己計畫的時機。他檢討自己的力量，知道由於他的先見之明，廣州仍在他控制之下，安若磐石。他在廣東全省，早已安插自己的人掌控所有重要職位，而這些人祇聽命於他。為求鞏固他新近征服的地盤，即九江、南昌兩地，他也正進行加強控制。因此，他為擴增實力，便加緊部署，以使此二城市屹立不搖，無懈可擊。

與陳誠、白崇禧、何應欽商對策

他從九江做起。他在我們客廳中，召開一項緊急軍事會議，會中他顯得非常緊張激奮。會議自上午八時開始，持續全天，直至深夜。除去三餐三小時，另加他自己午睡半小時之外，實際討論時間幾達十六個小時。

參加會議的人都是介石最信任的將級軍官，其中有陳誠將軍、白崇禧將軍、何應欽將軍，還有統率各軍的其他十二名高級軍官。

討論要點是如何加強九江和南昌的防務，如果漢口政府派軍前來突襲，當採何種方法應付。這問題的每一角度都經研討。事實上，在策略方面，介石已胸有成竹，但他為集思廣益起見，仍然召開此一重要會議，以聽取其他意見。

一上午時間都用於報告當前的情勢和鮑羅廷及其徒眾的欺騙行徑，以及他那兩名已歸附漢口偽政權的部屬之奸詐作為，還討論保衛江西省邊境與九江、南昌兩市的作法。

午餐後，介石說：

「今早，我已向大家詳細報告當前實況，並請大家提出建議。你們現在可以向我提出意見嗎？你們有何建議？」

說來奇怪，所有這些將軍提出的建議竟與介石心中已有的腹案不謀而合，他也很高興得知他們的想法竟與他自己的如出一轍。他隨即發佈命令，照此分派他手下最忠實將領們的任務。

介石接著又集中討論南昌的事。他命令加強那邊的防禦工事，使其更具效用，俾期防守人員於漢口突來包圍之時，可以抵抗。

我與介石移居南昌以觀動靜

介石非常顧慮漢口方面的突襲，因而密遣他的藍衣隊員去漢口偵察內幕情報。而他和我則準備行裝，乘火車自九江去南昌，準備在那裡停留相當時日。

我滿喜歡南昌這座與眾不同的城市。它有很好的城牆環繞，周圍達二十二哩。介石說：自城牆於九百年前築成之後，從無敵人攀越過。它是當年太平天國太平軍未克攻佔的華中唯一大城。其後歷經革命及內戰，它所受到的損壞也很少。此一可觀紀錄當歸功於這座城的偉大守護神，就是許青陽。他於公元後二百年時，曾拯救全省免於洪水之禍，因此人民敬之如神明。

我覺得南昌這座城饒富趣味，非常迷人。它僅次於九江，是附近景德鎮一帶名產中國瓷器的重要集散地。當地的草蓆也是著名土產。最吸引我的是那些藏量豐富的骨董和藝品，它們在此或許比其他多數城市更多，因為這城從來未受劫掠，亦未被外國人蒐羅盜取。這座具有歷史趣味的城市位於曩昔的「使臣之路」上，此路所以有此稱呼，因為南昌地處廣州向北，經過廣東、江西兩省，以至九江的直接路線上，而一七九三年英國使臣馬戛爾尼（Mac Cartney）就是經由此路，前往北京的。

南昌是一個很保守、自豪而富庶的地方。人民對外國人帶來的新鮮事物，仍以懷疑眼光視之，西風洋俗還沒有滲入此地，達於可以辨識的地步。外國貨品極為稀少，西方做事的方式也未被本地商家採用。

加強防禦，重組軍隊準備應變

介石和我住在袁宅，主人夫婦對我們待如上賓。他們是具有傳統的謙恭態度的中年夫婦，對我們生活的照料，無微不至。使我們覺得好像是他們家中的親人一般。

既然漢口要行使其「最高的黨權」──雖然這仍是依照莫斯科的秘密指示而行──我就告訴介石：

「不可以落入他們的圈套。如果你違抗命令，那個政府就會找你麻煩，指控你意圖分裂本黨。你必須放聰明些，設法敷衍他們，而不可對他們挑戰。你應佯作接受所有的政令指示，縱使你不得不使出最大的自制。」

介石一方面照我的建議去做，一方面積極地將他的軍隊及黃埔學生們重加編組，在南昌、九江掘壕固守，更加緊他對江西全省的控制，同時也在策劃下一步對抗漢口政府的行動。幸好他獲得了廣州國民黨保守派及所有一貫堅決反共人士的支持。

他的另一個力量來源，是透過他的藍衣隊獲得的。這些人在國民黨黨員中下工夫，應允他們在南京政府擔任高職。在這種利誘下，老幹部們大量離開漢口，前往上海，住在公共租界，以待機投奔介石及他的政府。

現在，南昌防禦工事的加強，已密集進行了一整個星期，未嘗鬆懈，但漢口方面又看似不太像要發動進攻九江或南昌。介石像一隻蜜蜂似的，在我陪同之下，穿梭往來於這兩個城市之間，實地勘察，以確保他的命令都經嚴格執行。

母親告訴我鄭三發子的故事

一天，南昌市郵差送來一封我母親給我的信。這是對我前此查詢介石父親之事的答覆。她信中附有調查員提送給她的報告。報告說：

關於蔣介石之第一次報告：

在名義上，蔣介石為浙江奉化縣溪口故蔣肅菴之子，但經更澈底之調查後，發現蔣肅菴老先生實為蔣介石之繼父。緣由如下：

蔣介石原姓鄭，人稱三發子，與其生父母居於河南省許州。他生於清光緒十三年九月十五日（一八八七年十月三十一日），為其生父母之第三子。其長兄較之年長七歲，名鄭紹發。次兄較之年長四歲，人稱二發子。其父業農，擁有十二畝耕地。其母本姓王，為一能幹婦人，精於裁縫手藝。其人身材高瘦，人稱「鄭瘦媽」。此一五口小家庭尚可維生裕如。三發子為幼子，體質較弱，故其母不免溺縱之。

光緒二十年，河南省大部分地區遭受嚴重飢荒，數千里土地上竟不生寸草。此乃因黃河及淮河氾濫而引發洪患所致。人稱黃河為中國之憂患。誠然，此次死於洪害者多達數千人，生還者亦受饑饉之苦。許州之富裕農民迅即遷往較大城市。較貧農民則設法耐苦度日。然若干時日後，三發子之父決心亦將其小家庭遷往洛陽。渠告其妻謂：

「如果我們繼續住在此地，全家遲早要餓死。我們獲得清廷衙門賑糧之希望非常渺茫。我們家中餘存的樹根、樹皮及米糠不久即將吃光。看看街邊路上，比比皆是死屍。我們繼續在此住下去，將無法活命。趁我們體力尚可走動之時，大家離開吧！」

但鄭母說：「如此艱苦的長途跋涉，三發子和我必然無法熬得過去，怎麼辦呢？」

鄭父勸說：「我可以揹著妳走。我們離開這裡，至少有希望活在一起；留下來，全家必死無疑。」

鄭母辯說：「我們怎能不帶點東西就走？我們需要暖身的衣服和被蓋。假如你揹三發子，那誰來揹我們的行李呢？」

鄭父不耐煩的說：「我們不得不丟下那些東西，人命總是比衣服被蓋寶貴呀！」

鄭母直截了當的說：「如果我們要死，我寧願死在自己家中、自己的土地上。我這雙小裹腳，不能熬過那條遠路。你帶著孩子們走也好，我要留在這兒等待朝廷賑濟。」

「鄭父就走向他的妻子，委婉的懇求說：「我怎能把你們扔下不顧?那豈非失去人性。我們一道走吧。不要仰賴朝廷賑災。這裡，我向妳跪下，求妳講個道理，同我們一起走吧！」

但是，鄭母意志堅決，不肯轉圜。

鄭父長嘆不已，因為他知道想說動一位固執的妻子，終歸徒勞無益。於是，他靦腆的站立起來，向他三個兒子說道：

「我的兒子呀！你們三個都是懂事的孩子，既然你們母親不肯跟我一道走，我也不能勉強她，可是我自己已經決心離開。因此，你們三個都要自己拿定主意，自行決定。想留下來的，就跟媽媽在一起，要跟我走的，現在就要下定決心。」

兩位大兒子，紹發和二發，說他們要跟爸爸走。於是，這父子三人含淚辭別後，就上路了。

日子一天天過去，鄭母和三發子把家裡剩下來的僅有食物，如樹皮、樹根和米糠，都吃光了。不久他們發現最後幾個留下的鄰居也正要離開。這時，鄭母不願繼續留守，就向他們說：「讓我和小兒子跟你們一起走吧。」說完，就匆匆撿好一個衣服包袱，掛在她的肩膀上，跟著徐徐前進的隊伍，向河南古都開封前進。

到了村外，他們這一小撮人看見越來越多的人群，大家匯集起來，加入大路上的逃難行列。許多人已餓得羸弱不堪，無力前進，就倒在路邊死去。每發生這種事情，死者的家人都悲傷痛哭，不肯再走，直至將死者草草掩埋為止。

經過三天的痛苦跋涉，鄭母和兒子離開人群，到一座殘破的小廟中暫棲。一位老者正在廟裡朝拜，鄭母看他焚燒香火冥紙，跪著禱告。她和兒子也拜禱一番。禱告過後，那人對她說：「我知道妳是一位難民，但是這裡不會給妳任何施捨。妳須去距此五十里外的城內相國寺，那邊每天兩次施粥給難民。那寺辦了許多幫助窮人的慈善義舉。妳應該到那裡去。」

於是，鄭母和兒子就去了此寺。他們得到粥飯及一些豆餅。夜間，他們同其他幾百名難民，都睡在寺院中寬敞的草蓆上。他們這樣生活了一個星期。

一天，鄭母在縫補三發子的破爛上衣時，一位老僧人從旁走過。鄭母從草蓆上站起來，向僧人鞠躬，問道：「師父啊！我想打工謀生，在這陌生的城中，要去哪裡找工作呢？」

那位僧人看看她，答說：

「妳的縫工做得滿好。我聽說有一位姓蔣的商人正在徵求一位奶媽，以照顧他的一個無母嬰兒。他是否已找到，我不知道，但妳可去那兒問問。」他並且告訴她如何去那地方。

鄭母向僧人連聲稱謝，捲起她的草蓆，捆好背包，一齊掛在肩上，就拉著兒子，照那位僧人給她的地址走去。

找了一陣子，母子二人抵達一座富人宅第門前。那高大莊嚴的大門塗有濃厚的黑漆，其質地之精美，是她前所未見的。她抬頭向上觀望，看見屋簷下掛著一對白色及藍色的大燈籠，她馬上曉得這家人正在守喪之中，因為普通的燈籠總是漆成紅色的。

鄭母鼓起勇氣，整整衣服頭髮，便敲敲大門。裡面一隻狗聞聲猛吠，使來人為之一顫。一會兒，一個男僕人出來應門，鄭母便告知來意。那僕人說：

「我家老爺蔣老先生是一位經營鹽號的商人。他的第二任妻子徐氏產後去世，他非常擔心恐難覓得一位合適的奶媽，以照顧這個產後失母的嬰兒。雖然他已另有三個孩子，一男二女，但這幾個孩子都太年幼，太愛玩耍，無法負起保母的責任。而且，他除經營鹽業外，還有許多其他活動。他還要以一部分時間，用於替捲入訴訟的不幸人士代書訴狀。蔣老先生確實很忙，因此他有意捎信回家鄉本村，設法徵求一位鄉親老婦來照顧這個新生嬰兒，兼作管家工作。祇是他還沒有來得及進行此事。」

鄭母被帶進來之時，蔣老爺一時沒有注意到她的寒酸衣著，而祇覺得她是一個高秀氣的女人，身體似頗健壯，走路步伐俐落。他喜歡她的容貌舉止，就請問她的姓名。

她恭敬的答道：「我娘家姓王，夫家姓鄭。」她隨即講出落難原委，又說：「我如今不知丈夫死活。」

「既然妳已無家可歸，那妳就留在此做工，擔任我那失母嬰兒的奶媽，同時做我其他孩子的管家。我們會稱妳為王媽。我已見過不少應徵的人，但妳是其中最好的一位。妳既帶著一個自己的兒子，可要嚴加管束，不要讓我的幾個孩子同妳這兒子打架吵架。」

她滿懷感激的說：「你既然這麼好心，願意收容我和小兒，我當然會遵命辦到這些。我這兒子很敏感，而且偶爾還會顯出有些病態，但他會乖乖聽我的話。」

不久之後，王媽就知道蔣老先生的本籍是浙江省奉化縣溪口鎮。五十年前，他陪侍其父蔣玉表到河南做食鹽生意。這位蔣老先生於其父過世之後，就繼承了其父的鹽生意和華麗宅第。王媽是一位能幹的女人，在蔣家工作勤勞，照顧幾位孩子，直是視如己出。幾年轉眼過去，蔣老先生年事已高，又念鄉情切，就想賣掉生意，舉家遷回浙江溪口本籍家中。此時，他對王媽說：

「落葉歸根，我現在渴盼返回老家，此乃人之常情。」他愛慕似的看著她，又說：「自從妳來我家做工，妳很勤勞、忠實、和善。我對妳的勞心勞力，衷心感激。妳願意嫁給我，去浙江做我那些孩子們的繼母嗎？」

她打探似的問：「但我那親生兒子呢？他姓鄭啊！」

「那就給他改姓蔣好啦。」

王媽如釋重負的說：「那麼問題就解決了。」當夜，蔣老先生就納王媽為繼室。

以上即為蔣介石身世之大概經過。

不論確實與否，我母親寄給我的那份報告是這樣寫的。（譯者按：此處有關蔣介石身世一節，與唐人所著《金陵春夢》一書所述者大同小異，不悉唐人係根據陳潔如，抑陳潔如根據唐人？一九四九年以後，據說周恩來對此甚感興趣，曾派邵力子等往溪口及嵊縣調查，結果證明此說純係子虛烏有，而蔣母王太夫人係蔣父帳房祖籍嵊縣王賢東之堂妹。鄭三發子傳說緣於抗戰時期一河南籍鄭姓男子在重慶聲言蔣介石係其失散之胞弟而來。）

遭漢口譴責，介石情緒陷入低潮

漢口政府為要羈縻介石，便拒絕再供應他軍火及軍餉。每天都有譴責他抗命的文件到來。因為鮑羅廷精通心理學，很清楚介石的心理趨向。在恁般折磨之下，介石陷入情緒低潮，他問我：

「漢口方面為什麼要中傷我？我知道鮑羅廷要看到我被推翻！我敢說這是出於他的嫉妒及他憎惡我的直言批評。他背著我設立這個政府，現在他想要我去奉承他。但這種事我是不會做的。他錯了。」

「你工作過勞，疲倦了。」我溫柔的說，「做你認為當做之事，犯不著擔心漢口方面。你現在身心感覺如何？」

「不太好。」他答，「事實上，我覺得像一匹利矛穿身的馬，像是前有猛虎，後有追狼。唉，今天我的處境竟是如此危急！」然後，完全出乎我的意料，他大叫：「哦，我的總理和本黨烈士們的在天之靈啊！你們會憐憫我，保佑我嗎？我做的是正當之事，懇求你們阻止我陷入失望的深淵。」我驚惶起來，憂心如焚，問他：

「你心中覺得怎樣？」

介石以釋迦牟尼修道自況

「我真悲慘得無以言狀。」他帶著痛苦的表情答道，「我祇能說：我正在感受的痛苦，猶如當年釋迦牟尼修行時，面對敵人、橫遭無情試煉時的境況。」

「那麼，你必須拿出毅力。」我說，「要堅忍不拔，如同釋迦牟尼！他經歷七年，才修練得道呀！」

「我知道我是對的，我做的事是正當的。如果我不照我的決心貫徹始終，我又怎能救黨救國呢？」

「別人在爭奪權力的時候，也說過同樣的話。」我大膽的說。但我不想點出，陳炯明將軍和吳佩孚將軍也曾公開宣稱，他們熱切的願望按照他們自己的愛國方式，拯救中國。而這班人都是他的仇敵，所以我如提起這些名字，他就會怒不可遏。因而為了不觸怒他，他每每說到別人，我都保持緘默，這樣才能應付。

「別人和我之間，是大不相同的。」介石反駁我，「我是為了實踐我們總理孫先生救中國的遺志，而其他人則是為了他們的自我擴張而已。」

第二十九章　孔夫人江輪中陰謀獻計

孔夫人在江輪中陰謀獻計

為確保他終得成功，介石想到另一個策略，就是：如要搞垮敵人，根本的策略應是剷除對方的實力，而這些重要實力之一就是財源。目前，他本身沒有財力可言。因此，他想盡力設法，使漢口政府失去其財政部長宋子文。這件事如要做得精細巧妙，最好假手宋子文的姊姊孔夫人，因為她對大局的想法與他自己的一致，而且也正想與他會面。心意既定，他就寫信給她，邀請她去九江磋商要事，以便藉機爭取她的助力。

孔夫人接信後，便搭乘中國銀行的汽輪，火速湍來。抵達時，她沒有下船，反而留在船上，叫人請介石登輪。兩人作了二十四小時的長談，討論當前政治情勢，他也趁機將自己的想法密告於她。她之所以不上岸來，是因為這次九江之行，有我陪同介石，所以，她有理由要避開我。

如他所料，介石又親見孔夫人施展其長才。她是宋家三姊妹中最有辦法的，是一位意志堅強、精力充沛、醉心權勢、靈活狡詐，又野心勃勃的女人。他深知她最熱衷的就是金錢，因為她在交易市場大搞投機，在操縱工商業和各種企業方面，都興致盎然，樂此不疲。眾所周知，她前在美國喬治亞州梅森市衛斯里女子學院讀書，回國後，擔任孫先生的秘書。孫先生最初約會的女友是她，而不是孫夫人，因而孫先生聘她為秘書。但她遇到東京青年會幹事孔祥熙後，她嫁給孔，轉而介紹她的妹妹慶齡繼任孫先生秘書的職務。

同意娶宋美齡可得財政支援

他們二人在船上作二十四小時會談之後，孔夫人就逕自返回漢口。介石回家後，將經過情形一五一十告訴我，他說：

「我從未將我的任何秘密隱瞞於妳，當然現在也不會，尤其如今我需要妳的協助。孔夫人告訴我：

『你是一顆明日之星。你要讓你這顆明星殞落與升起時一樣快嗎？你要讓共產黨人按照他們共黨的奸詐陰謀把你掃地出門嗎？今天，鮑羅廷的意旨是要接收你的權力，交給加倫將軍。你定會被他們消滅殆盡，祇是時間遲早罷了，這點無可置疑。難道你怯於鬥爭，乖乖接受失敗嗎？我要老實告訴你：你如單槍匹馬，為國民黨的目標奮鬥，我可以說，你縱使有此精神，但卻無足夠的性格足以推動你的工作。但是，精神並非一切。這個解放並重建中國，制定國家憲法的重責大任，需要很大很多影響力、金錢、性格與威望。照目前情形，這些你一樣都沒有。環繞在你周圍的，盡是些無能懦夫，其興趣所在，無非私利而已矣。他們所汲汲營求的，無非一己的私利私益，並非你的目的。你當知這些都是真話。不過，局勢也並非絕望。我願與你作成一項交易。是這樣的：我不但要如你所願，慫恿我的弟弟子文，脫離漢口政府，而且還要更進一步；他和我並將盡力號召上海具有帶頭作用的大銀行家們，以必要的款項支持你，用以購買你所需要的軍火，俾得繼續北伐。我們擁有所有的關係和門路。你自己知道，你不會再從漢口獲得任何經費或支援。而作為交換條件，你要同意娶我的妹妹美齡，也要答應一俟南京政府成立，就派我丈夫孔祥熙擔任閣揆，我弟弟子文作你的財政部長。』」

介石不顧夫妻情，要我自動退讓

介石看著我說：

「我已走投無路。她開出很凶狠的交換條件，但她說的話卻有道理。我不能期望漢口方面再給我任何金錢、軍火或補給，所以，如果我要繼續貫徹我那統一中國的計畫，她的提議乃是唯一解困之道。我現在請妳幫助我，懇求妳不要反對。真正的愛情，究竟是要以一個人甘願做多大的犧牲來衡量的！」

「你要我做什麼呢？」我問。

「避開五年，讓我娶宋美齡，獲得不理漢口、繼續推進北伐所需要的協助。這祇是一樁政治婚姻。」

我的心跳幾乎停止。自從我們結婚之後，我的生命已牢繫在他的身上，而如今竟要我避開一旁，好像我們的婚姻只是個兒戲。

我的最初反應是想告訴他給我滾開，任何有尊嚴的妻子都會這麼說。但是，我沉浸於國家的政治，已有偌久時間，對我而言，中國的統一大業是高於一切的，因而我也可以清楚的了解他已走投無路的困境。這是他抵制漢口，而仍能獨自前進的唯一機會。他未得我的同意，是無法與宋美齡結婚的，而沒有這項婚姻，介石又無法自上海銀行家手中拿到哪怕祇有一分錢的支援。我知道孔夫人的態度，對她而言，凡事都是買賣交易。

我驚得靜立發呆，答不出話。但在我內心深處，我還是想與他一致看待他的問題，因為我認為他的問題就是我的。

介石以催詢的眼光看著我，盼我作答，但我無語可答。我悄然轉身欲去，他抓住我的臂膀，委婉的說：

「我還沒有答應宋藹齡什麼。我要先同妳談談。」

我那女人的敏感倏忽間閃過腦際，我知道這不是真話。我知道事情已經決定了。他勉強自己對我微笑，那不是真情的笑。

我將臂膀掙出他的掌握，獨自忖量。廖仲愷夫人從前講過的話終於靈驗了！孔夫人居然成功的挑撥了他對我的情愛。他此時仍懇求著說：

花言巧語說什麼安排我赴美進修

「妳可否聽聽我所要講的話？當我們成立南京政府後，我們將需要合格的人來管理政府。致此之道就是要開辦一個行政督察人員養成所，以提供男女青年行政督察訓練的課程，俾便於政府成立之時，他們能擔負起各自的職責。」我木然聽著，默不吭聲。然後，他繼續說：

「據我了解，美國的大學在我們這些需要方面，備有最佳的課程。它們提供很多專門課程，如政治學等，內容包括市政管理、政府行政及國際關係。這一切都將極為有用。不過，要研究這些，必須出國去。」我仍然祇聽不答。

「當然，」他再說下去，「我國固有文化基本上是美好的，但還不足以幫助我們與當今現代國家成功的抗衡。我們的需求在於最新的技術及經濟方面，這點妳是明白的。在我們與西方接觸過程中，我們了解到我們本身文化體系的缺失。甚至孫先生在他的三民主義中，也說我們急切需要一點洋味，以振興我們這多苦多難國家的命運。我們需要新的觀念、新的精神力量。若欲獲得這些新玩意，祇有求教於國外一途。」他仍看著我，擠出一絲微笑。他又說：

「妳願意去美國攻讀五年嗎？妳不會感覺孤獨，我將安排張家的黛瑞莎和海倫陪伴妳去。這祇是短短五年而已。妳返國時，南京政府將已成立，那時我們恢復共同生活，我們的愛情將始終如一，我可發誓信守不渝。妳知道除妳之外，我不會愛上別的女人。將來我們仍將並肩努力，正如我們至今所計畫的一樣。妳可以同意這個誓約嗎？」

我哽咽著說：「五年是一段長時間，你用不著許什麼願，發什麼誓！這些，我已聽夠了。我仍然記得，你在上海法國公園裡，對我說的那些永愛不渝的海誓山盟，甚至你要切斷一根手指，以證明你的誠心。我也記得你在溪口龍脈上所做的誓言。到現在，你的一切許諾都已一文不值！因此，你用不著再發什麼誓，反正你不能信守誓言。」

介石眨眨他烏黑的眼睛，竟轉變了他的策略。他不再露出笑容，而變成嚴肅凝重，一頓一頓的說：

第三十章　介石以死相威脅逼我退讓

介石以死相威脅逼我離開

「我的處境不穩，妳是知道的。我必須在妳協助之下，採取決定性的行動。北伐工作是要對一個重大使命負責的，那個使命就是拯救中國。如果我能幹下去，中國就會有救，我自己也可存活下去；否則，我將死去，因失敗或失望而亡。妳不要我這樣，是吧？」

我站在那兒，雙眼紅腫，他的這幾句話竟在我腦海中燃燒起來。他再向我解釋說：

「現在正是我實踐願望的大好機會，我必須把握這個機會。我有野心，我要登峰造極，而且留在顛峰。我要實現我們總理的主義，而這件事對我，比生命中任何其他事都更具意義！不如此，我寧願死去。」

我望著他，牢記他的話。突然間，我對那個搶奪丈夫的女人，湧起痛恨之心。我祇能啞口無言，喪氣搖頭而已。

他再說：「孫先生在生前曾親口對我說過，希望我對國家目標，像宋朝忠臣陸秀夫一樣忠誠勇敢。我希望妳幫助我，使我得以完成北伐大業，這樣，妳就有如一位女性的陸秀夫，為北伐之成功做出舖路的工作。我求妳幫助我，出國去，僅僅五年。妳要求什麼，我都會給妳。祇求妳在我最需要幫助的時刻，答應予我援手。」

「如果我同意讓開，那祇是為了中國的統一，而不是為你，更不是為了宋藹齡。」我含怒的說。

此後的時日，是可怕的悲慘日子。我感覺似乎我的心靈在遭受拷打。此時，介石則變得極端和藹，對我體貼備至，總是誇獎我這個那個。我仍然保持沉靜，祇有情況逼我時，才冷冷的說話。我在能以採取最後步驟——永遠離開他——以前，仍須澈底的想想這件事情。有幾次，他伸出臂膀，好像要擁抱我——從前這是常事——但我祇將頭轉過去，他看情形不對，就又縮回了。那真是一種令人難以忍受的情景。

故示給藹齡美齡的信，令我難堪

一九二七年三月十九日，他對我說：

「我明天要去安慶視察前線，我們在那裡進展很大。這裡是我寫的兩封信，請妳看過後，交給阿順去寄發。這祇是公事，不牽涉愛情之事。我想把正在進行的事情和所有新近發展情形，都讓妳知道。因此，請——請不要生我的氣。」

這兩封信如下：（照原文直譯）

致孔祥熙夫人函

親愛的大姊：

敬請陪同令堂、孫夫人、令妹三小姐（美齡）、令公子令侃及令嬡等前來牯嶺居住。無論如何，請勿續留漢口。今夜我將離開九江，明日抵達安慶。我已悉美齡前此未來牯嶺的原因（由於我的妻子）。

妳回到漢口之後，請詢明三妹（美齡）的態度。妳如來函，盼交專差逕送安慶。嗣後每週我們均可派專差遞送信件，以免有所遺失。妳贊同此議嗎？

中正 一九二七年三月十九日

致宋美齡女士函

美齡女士：

我料想令姊已代轉我給妳的專函。今夜，我將離開九江向前進發，途中將在安慶停留數日，以等待妳的回信。我收到妳的信後，將上前線。

妳的態度如何？請來函詳示。妳可否贈我一幀最近的玉照，以使我得以經常見到妳的芳影？我的想法是：令堂、孫夫人、孔夫人暨男女公子，以及妳自己應當即速離開漢口，赴牯嶺定居，如此較為妥適。妳因我仍在江西，以為不便來與我晤面（由於我的妻子）。但我今已離開江西，妳大可不必再存此種令妳不安的疑慮。

中正 一九二七年三月十九日

決定隻身出走回到母親身邊

這兩封信促使我下定離開南昌的決心。就我而言，事情已至無法挽回的地步。幾天來，我心中都在盤算究應採取何種步驟，而事到如今，情況已無可為了。於是，我整理好我的四個箱子，搭火車赴九江，再由九江乘輪船去上海。行前，我將介石幾隻大箱的一串鑰匙及一封短信交給阿順轉交介石。我向這位一直如此忠誠得力為我服務的僕從道別，也感到情緒激動不已。

回到上海，我唯有依賴自己，別無出路。後來，我決定回到親愛的母親家中，也不是一件容易做到的事。天下所有母親都愛女兒，盼望她們幸福，每有差錯，也總是為之憂心。所以，我如今回到娘家長住，就是自承情況不妙。

當我告訴母親我已離介石而去的時候，她驚訝不已。她失望之餘，懇求我說：

「唉，我的乖女兒呀，回去，回到妳所愛的丈夫身邊去。妳的責任就是跟他在一起！」

「我已不再愛他。」我反駁母親。

「妳愛他，這點我知道。妳知道他也愛妳。無人不知妳是他唯一無二的愛人。」

母親不了解真實的情況，我也不忍心告訴她詳情。我既不要談到那個介入別人夫妻之間的卑鄙女人，更不想提起那個一手導演這齣奪夫大陰謀的姊姊。這真是開了基督教一個大玩笑，因為這些「高尚」人竟躲在宗教外衣之後，以遂行其目的，同時也自宗教汲取其利益。

「噢，回到妳丈夫身邊去。他屬於妳，妳也屬於他。」母親又重複老話，「不論你們年齡相差多少，你們兩人是理想的佳偶。妳以後再不會碰上這樣的愛情。他正飛快竄升而成為一位大領袖，因此，妳不要拋棄妳的機會！」

我滿懷悲痛愁苦，走到母親坐處，想安慰她：

為安慰母親，強顏歡笑應付親友

「好吧，好吧，親愛的媽媽！我願意告訴妳真實的情況，但是妳要答應我不告訴任何人。介石也不要宣揚這事，因為那會傷害我們國家的大事。」

我就將宋藹齡的陰謀，及我已答應介石自行退讓，以使他得以實現他的夢想種種內情告訴母親。說完後，母親抱著我，崩潰了，哭泣起來！

「唉！我的乖女兒呀！妳真是一位如此善良的妻子。有一天，中國歷史會記錄下妳為國家做出的犧牲！」

我既已回到家中，很多親友都來探望。家中擠滿了客人，都想見我，問起我那「幸福美滿」婚姻生活的種種。對我有些諷刺意味的是，他們為我丈夫連連奏捷，向我頻致賀忱。家中雖已很擠，但來訪者仍是絡繹不絕。他們說笑、戲謔，並留下用茶、吃飯。他們幾無例外都談到介石如何勇敢及他的策略如何，他的前程如何無量，以及我是如何一個幸運兒。他們預期一俟北方各省光復，介石將會統治全中國。

這種談論祇會越來越刺痛我那已受創的心。但是，我祇得隱藏內心的悲傷，裝做愉快模樣，謝謝他們的祝福。要適應這種異樣的氣氛，自非易事，每次答覆有關我那幸福婚姻生活的問題時，我都覺得自己是個偽君子。

第三十一章　底定南京介石偽裝下野

介石底定南京，共黨從中破壞

我住在上海母親家中，仍然熱切關注介石的軍事行動。他已經鞏固了九江、南昌兩地，他的部隊都在警戒待命之中。他了解他的生存發展契機在於迅即佔領南京，並在該地成立一個對抗漢口的政府。於是，他鼓足氣力，為此目標而努力，不曾稍有懈怠。

一九二七年三月二十四日，他指揮手下官兵向目標進攻，南京居然出乎意料的，被摧枯拉朽般克復了。但是，在他尚未到達當地接管之前，共產黨人已搶先一步到達南京，鼓動成千上萬的流氓，四處暴動，縱火焚燒英美人士的住宅，以石頭攻擊外國人，並在市內到處橫行，趁機劫掠，焚燒汽車。市郊山上的外人屋宅也是他們的主要目標。這些襲擊都頗有組織，住宅、醫院、教堂、學校都遭劫掠，而又劫掠得似頗有章法，室內人民也慘遭虐待。這就是給介石對抗漢口政府權威的一個警告。這是蓄意而為的陰謀伎倆，期使介石在全世界的心目中，遭受唾棄。暴民都自稱為布爾什維克分子，以身為布黨自傲，而其行徑也酷似布黨分子。

幸好泊在江中的幾艘美國軍艦派出的武裝部隊，此時對城內發射數枚砲彈，暴民為之喪膽潰散，等到武裝部隊上岸後，竟未遇到任何暴民。英國水兵加入鎮暴行列。所有外國居民，除九人喪生外，其餘均安然無恙。如無那陣砲彈，破壞及傷亡當更慘重。

次日介石抵達之後，迅即發佈聲明，呼籲外籍人士保持鎮靜，並宣示他對外人財產所遭受的一切損失，將擔負完全責任。此一聲明對南京所有外籍人士，產生了安定的效果。宣言中說：

「在一切涉及對外關係事務方面，如各國絕無妨礙國民革命之舉動，則新成立之南京政府將願以公允誠信之態度處理之。」此外，他並聲明如下：

甲、一切商討須經由國民政府發起，始得進行，不得有外力威脅，亦不得提出無理條件之要求。

乙、所有關於解決個案之問題，必須依平等精神進行討論。

他迅速的組成他的南京政府，因而這次暴亂反而使漢口政府自身受到傷害。他們想藉此誣衊介石的陰謀，反而轉為對介石有利。一般人民大多對介石的領導，表示頌揚，並譴責漢口方面的奸詐手段。

驅逐鮑羅廷，禁止共黨一切活動

漢口政府遭此挫折，並未輕易讓步。事實上，他們的宣傳人員仍到處散佈對介石的諸般指控，譴責他已淪為新軍閥；並且儘量利用機會，繼續在華南各省農民、工人和學生中間，大肆散播共產主義。這些宣傳人員告訴群眾，介石正瘋狂的奪取權力，已將孫先生的遺教棄而不顧，出賣了他們的大目標。換句話說，如今出現了一個新的軍閥！

但是，介石馬不停蹄，他率領大軍，佔領了上海。藍衣隊員們煽動大罷工，以表示人們擁護國民革命的目標。共黨又想在這種情勢中，渾水摸魚，便組成上海勞工的抗議隊伍，並提供大批武器，意圖發起暴動，以便他們在城中成立一個工人政府，或至少在西方各國和新來到的革命軍中間，製造衝突。

到了一九二七年三月二十六日，介石親自接掌上海華界的統制大權，以保護此一國際都會，並防阻類似南京事件的重演。為防止共黨陰謀，革命軍與當地工會、商會合作，將共黨的勞工抗議隊伍繳械，並將共黨破壞分子予以監管。這樣才控制住上海的情勢。介石在他慷慨激昂的演說中大聲疾呼：

「打倒共產主義！」「驅逐赤色分子！」「鮑羅廷滾回家去！」

情況仍是高度緊張。從前那些口號，如「打倒帝國主義者」、「趕走一切外國資本家」、「蘇俄是我們的導師」等，已叫得太多、太響、太久了，一時還無法戛然而止。這種自打嘴巴的現象，令人不無諷刺之感。當共黨遭受如此打擊，他們所糾合的勞工團體亟欲在各租界中傷害外籍商民，作孤注一擲，藉以報復。好在英、美、法各國護僑部隊嚴密防守各租界，四處堆置的沙袋後面，機槍密佈，還有鐵絲網、路障比比皆是。當時，一般人都預期巷戰及炸彈爆炸一類狀況隨時可能爆發，但仍然無何大事發生，上海租界一帶得以幸保安寧。

介石與孔夫人間的協議已告達成，他的藍衣隊員們就奉命以共黨之道還治共黨之身。在這些隊員鼓動之下，漢口財政部大樓受到一次暴力襲擊，其目的在使宋子文得有出走保命的藉口。事成之後，介石在南昌發表聲明，宣佈其立場。聲明中說：（照原文直譯）

有人說我已不再信任共產黨，並說我甚至禁止將共黨分子納入國民黨。事實上，我一開始就沒有支持過共產黨。如我去年在黃埔軍校所說，我僅曾邀請其他較小的革命組織，在革命運動中，與我們攜手合作，其條件是，我須保留權力，對任何超越範圍，意圖危害國民革命大業的團體，予以取締。為保障國民黨的權益，現在我取締共產運動，因其已超越範圍。　蔣介石

介石以南京國民政府首長的身分，要求漢口方面鮑羅廷及其手下的所有共產黨人必須離開中國。這項要求沒有下文，雙方進行談判，終歸徒勞無功。

「如你們不離開，我將統率軍隊前往征討，粉碎漢口政府。」介石這樣威脅。

鮑羅廷和他的妻子眼見繼續抗拒已無效益，而又別無選擇，祇得於一九二七年七月十五日黯然離開漢口，從此這位共黨領導人及他的隨從們便從中國政治舞臺消失。隨之清黨工作展開，不僅共產主義已遭宣告非法，甚至中、俄外交關係也告終止。

共產主義現在已遭禁止，介石接掌大權，比從前所操控的權柄尤大。他成為公認的軍事領袖，也是南京政府中國民黨孫總理的接班人。他最大的勢力，來自軍校不斷供應的訓練精良的學員。他掌握了總數達五十萬人的官兵。

宋子文任財長，大量印發紙幣

我們可以說，他之崛起竄升，來勢猶如一場海嘯，而這海嘯又源於中國大洋海底的動盪不安。

海嘯的驚濤駭浪，以排山倒海之勢，洶湧奔騰，橫掃華中全境，並捲向遙遠的華北平原。北方的軍閥們如今也首度深感不安，心知他們如不附和南京，則來日已無多了。

現在，介石身為他自己政府的首腦，他立即想到金錢，亦即銀彈。原有的造幣廠經過倉促改組，印刷機開動了，在財政部長宋子文的監督之下，印製一種新貨幣，稱為法幣。機器每天二十四小時，不停印製鈔票。

過去曾在各方面協助介石的人們，都被授以要職，作為報償。例如過去幾年介石拮据清苦之時，曾予他私人借款的兩人，是張靜江老先生及葉琢堂。前者受任為浙江省主席，後者則出任寧波四明銀行經理。這位葉先生幾乎根本不懂銀行業務，時人將此引為笑話。

其他也大獲酬庸的暴發人士，則坐在閃閃發亮的新汽車中，在南京招搖過市，炫示成堆成疊的新鈔票，所到之處，無不睥睨傲人。他們晉身南京的新統治階級。

消滅殘餘共產黨，定都南京

政府所採取的重要措施之一，就是廓清共產毒素，對於剩餘的共產分子，須予剷除。所有工會、同業公會及會社，均予澈底關閉。迫害事例層出不窮，所採手段頗為殘酷不仁。介石並不是不贊同那些人的理論思想，而實因共產主義的效忠對象基本上是蘇俄，而蘇俄的利益現在已與國民黨的利益相衝突。因此，上海市舊區的街道上，到處流著被砍頭者的鮮血。五千多名工人慘遭殺害，另有至少五千人鋃鐺入獄。其餘的共黨分子為求保命，就轉入地下。但是，孫夫人失去她的漢口政府後，則回到上海，住在法租界莫里愛路二十九號自宅中。

國民黨所以要定都南京，是因為孫先生生前有此願望。從前，南京於公元一三六三至一六四四年期間，曾是明朝歷代的京城，而明朝是一個烜赫的漢人朝代，這是孫先生所要仿效之處。介石在一次緊急會議中，告訴國民黨員說：

「在我們的新政府中，我們要維護一個正確適當的原則。憲政的形式已在中國試驗過了，但由於我國人民缺乏政治意識，試驗終歸失敗，目前再度試驗，實無益可言。我已決定中國將實施訓政。我也提議透過本黨，統治中國，而目前國民黨就是中國的唯一政黨。我們當前的需要，在於加緊我們的情報工作，以肅清殘餘的共黨分子，並將一切稅捐統一於中央政府財政部長宋子文所主持的國庫之下。

收購一張照片不惜百萬代價

「我所耿耿於懷的，是將我們偉大的總理孫先生尊為『中華民國國父』。如我前此迭次所言，此事有其堅強理由。孫先生於四十年間，努力不懈，領導國人從事國民革命大業，我們不能容許其他人士僭居此一榮耀地位。」此時，他看著陳果夫，問道：

「上次交代你辦的那張照片怎麼樣了？你買到手了嗎？應該立即把它毀掉。」

陳果夫起立報告：

「我已遵照指示與我們的香港代理人聯繫過了，已獲得那張照片。它是一張團體照，照片中坐著的人是楊衢雲和他的革命黨人；楊以在日本的那個團體的領袖身分，出現在那張照片中，而孫先生則以楊的秘書身分，站在照片後方。」

陳果夫將那張照片呈給介石。介石看過後說：「儘快把這張照片及其底片買過來。」

陳果夫說：「但那張底片是不出售的。」

「出一個高價，我相信我們會得到它。」介石說，「我們必須將這張照片自歷史紀錄中完全抹掉。」陳果夫就解釋說：

「楊衢雲和我們的總理孫先生於拍攝那張照片時，都在日本。照片中，除了他們兩人之外，還有日本方面的同情者及友人。楊衢雲是當時革命黨的魁首，所以坐著，而我們的總理孫先生當時是楊的秘書，則立於後面。此一照片於一八九五年至一八九八年間拍攝。站在孫先生身旁的是犬養毅（後任日本首相），就是後來被日本狂熱愛國分子暗殺的那個人。他是我們中國革命運動的熱衷支持者。」（譯者按：原照片並無犬養毅，所指係清藤幸七郎。照片中另有宮崎寅藏等，連同楊衢雲、孫中山共十一人。）

「給他一百萬！」介石不耐煩的大聲說，「本黨必須取得這張照片及其底片，不計任何代價。儘早把它們銷毀。如果給人看見我們堂堂中華民國的國父竟居於隨從的地位，那才真叫人難堪。」

國民黨大員多不滿意介石行徑

雖然各方已將介石視為中國新興的領導人，但他也機敏的意識到，許多新近發生的抗議行動，不僅是為了反對共產主義，且也快速的蔚成反對他那明目張膽、跋扈自雄的許多獨裁的措施與其他怨憤之宣洩管道。其中鬧得最凶的是一群國民黨老黨員，這些人都是當初獻身革命，曾獲孫先生尊重嘉許，而如今卻被新領袖忽視冷藏者。

一個主要的抗爭議題就是反對介石驅逐鮑羅廷時所採用的高壓手段。這位俄共代表原是孫先生邀請來華的，如今介石基於個人仇恨，未經國民黨開會通過，逕予驅逐。因此，鮑羅廷雖已離開漢口政府，國民黨的大員們仍氣憤填膺，說介石這般行徑，實在與他們所要驅逐的北方軍閥，幾無軒輊。

漢口政府對於他們當初自甘接受共黨操縱，數月來淪為共黨傀儡這一點，業已承認錯誤，可是他們仍然不願對南京驟然就範，接受妥協。漢口方面人士，在汪精衛領導之下，繼續疾呼：「打倒獨裁者蔣介石！」汪精衛的說法是：漢口政府正「掙扎於兩個敵人之間」。他說的兩個敵人，是指共產黨與蔣介石。他公開表示，這兩個敵人比軍閥還糟！

為緩和國內軍閥威脅偽裝下野

介石了解，這種指控並非全無憑據。他想：如果他自行引退，那麼別人就不必再大喊什麼「打倒蔣介石」了。在此情況下，有一個事實依然存在，就是如果他繼續擔任總司令，那麼北伐就無成功希望。因為漢口方面的軍隊威脅要東征討蔣，不願先打北方，而介石指揮下的部隊，現已不得不準備抵禦漢口方面可能的進攻，也無力單獨與北方作戰。

在這一切情況以外，介石自己控制的地區內，若干懷有歧見的派系也有爆發內戰的威脅。首先，湘軍不服南京；另外，廣州有暴動的危機。而南昌方面竟也發出抗議之聲，揚言不惜內戰。

凡此危機都是介石一意孤行、獨裁專制所造成的。他手下不少人對當前情況表示不滿，認為較之軍閥時代尤為惡劣，因此對介石漸失敬意，不甘臣服。

雖然表面上局勢險惡，但實際上，這種亂象祇是茶壺中的風暴而已，因為介石的心腹仍牢牢掌握著這些地區的一切關鍵職位。然而，這仍使介石焦慮不已。

事情越變越糟，一九二七年八月十三日，介石終於宣佈「下野」，報紙稱之為「挽回顏面之舉措」。介石之下野猶如大老闆出去休假一、二月，因為他掌心之中，依舊緊握軍隊的控馭大權。他如準備好自退隱中復出，隨時即可恢復掌權。但是，對外間人士而言，介石的「下野」卻是一件驚人消息，因為他們望文生義，以為他當真「下野」了。

第三十二章　佛壇發重誓強迫我出國

介石忽然駕臨寒舍，強迫我出國

一九二七年八月一日，烈日當空，暑氣逼人。這天早晨，介石駕臨上海母親家中。他單獨進入宅內，將衛士和藍衣偵探留在院中佇候。在正常情形下，一位大人物惠臨家中，當然是件令人興奮的事情，但事已至此，我竟然不屑請這位不速之客就坐。這種情形，無論如何，都顯得有違待客之道。我望著他，以譏諷的口氣說：

「大駕光臨，有何貴幹？俗話說：『無事不登三寶殿』，那麼，你今天突然來，一定是有所求嘍？」

「妳猜對了，我親愛的潔如，」他以關愛的神態說，「我是來同妳談談赴美之行。我已跟張家的黛瑞莎和海倫談好，請她們兩人一路陪伴照料妳。妳祇要離開五年。這是妳的船票。」我沒有理他那雙伸出的手，答道：

「我已經讓開，讓你去實現你的雄心，你還要怎樣？你常說我容易受別人的左右！你是存心要逼我流亡嗎？」

「別這麼說！」他走近我，作懇求狀，「這次出國旅行對妳自身有益。我要妳去進修，增加妳的知識。以後，妳回國之時，可為政府工作。妳曾經答應與我並肩工作，記得嗎？」

我不出國，全盤政治交易將告吹

「過去已成過去。」我意興闌珊的說，「我同母親一起住在此地，已很心滿意足了。」我望著他，感覺好笑。而今這位偉人蔣介石又來求我出國去，我知道其中緣由。我在政治圈中已小有名氣，祇要我以蔣介石夫人的身分住在上海，宋美齡必然寢食難安。她要於成婚前，把我攆走。我的自尊心叫我不可輕易同意。我就無精打采的說：

「我不想聽你那些花言巧語，好像什麼事都是為了我好。我已經為了你的方便，默然讓賢了，因為你說過，『愛情是要以一個人所願承擔的犧牲之大小來衡量』。我之如此做，是一心為了中國的統一。換了別個女人，會把宋藹齡的眼睛都給挖出來。」

「但是，妳不了解，」他緊張兮兮的懇訴，「妳之必須遠走美國，是宋藹齡的條件之一。潔如，我明知請妳這樣做，是過分了，但我也是完完全全為了中國之統一，才敢請妳拿出妳的愛國心來幫助國家。妳如留在上海，這全盤交易就會告吹。妳還不了解我的苦楚嗎？」

我輕蔑的望著他，心中對他卻油然生出惻隱之情。他臉色非常蒼白、緊張、憔悴。氣色既壞，表情也狼狽不堪。這樣熬了一陣子，我不理睬他，走到神壇那邊，在懸掛佛像前面的燈中，加些燈油，點燃幾炷香，插在香爐中。此時，母親和阿本採買歸來，看見來客，不免一驚。

母親請他坐下，阿本端給他一杯茶，阿本另拿了一壺茶和幾個杯子到院中，請衛士和藍衣隊員們飲用。

母親了不起，緩和緊張氣氛

介石先和母親禮貌的談了幾分鐘，談及全國形勢的複雜情形。然後，他鼓起勇氣，向母親解釋說，要我出國五年，研究政治學和公共行政，以便回國後，可以為南京政府服務。

「這裡有三張船票，一張是潔如的，另兩張是給張家兩姊妹的。」他一邊看船票，一邊這樣說。他那拿著船票的雙手好像有點畏縮不穩，然後將票遞給母親。預訂的船是傑克遜總統號，是一艘四萬噸級的巨大豪華客輪。

母親望著我，問道：

「女兒呀，妳有意出國嗎？」

「我不要去。」我急急的說，「為什麼要我去那麼遠？那就像是流亡異域似的！」

「祇要五年。」他輕快的大聲說。

「你所有的承諾都一文不值！」我也大聲說，「你還記得你要切斷手指頭，以使我相信你對我之愛嗎？而現在呢，竟連這種事都會發生！你怎可期待我再相信你的任何話！」

母親是一位了不起的婦人。她坐著傾聽，很明白我的處境，認為我應對得宜。她也了解介石的困境。她轉身向他，一語道破的問道：

「你說五年，是真心話呢？還是說來騙我女兒的？」

「我當然講的真心話！」他懇切的說。

「不要口是心非，」我以嚴肅的聲調說，「我們不習慣你那套搞政治的敷衍說詞。」

介石佛壇前發重誓，決履行諾言

「我發誓！」他急急的說，「我說五年，就是五年！」

「你知不知道，發誓就是祈求神明見證你的誓詞？但是，如果你故意說謊，那就當心天打雷劈！」母親說。

「當然，我心口如一，我可以為此發誓！妳還不相信我嗎？」他爭辯似的問。

「好，那麼我們聽你在佛前立誓！」母親說，同時走向佛壇。她拿起三炷香、一對蠟燭，點燃它們，插在香爐中。香燭發出閃亮的光。介石毫不猶豫，走往佛壇，在佛像前立正站著，起誓說：

「我發誓：自今日起五年之內，必定恢復與潔如的婚姻關係。如果違反誓言，沒有將她接回，祈求我佛將我殛斃，將我的南京政府打成粉碎。如果十年二十年之內，我不對她履行我的責任，祈求我佛推翻我的政府，將我放逐於中國之外，永不許回來。」誓畢，他看著母親，問道：

「您現在相信我了嗎？」

「好，」母親悽愴的嘆一聲氣，「我相信你。」

然後，他從桌上拿起那三張船票，交給母親，又說：

「潔如不會感覺孤獨的。她的一切費用都將由政府給付。她有兩位同伴，會照料她。您必須切記：她此行出國，是為了增廣她的知識，使她更趨成熟，而不是如她所說的去流亡。所以，請不要為此事如此傷感。」

介石離開我家之後，我那股悲楚之感仍然綿延不去，一股椎心刺痛襲上心頭。我哭泣起來，說道：

「哦！母親，我再也不相信他。我知道這就是我的婚姻終點！」我靠近她坐著，她雙臂抱住我，安慰我說：

「他起了一個重誓。如果他不守誓言，就讓他終生承受咒詛吧！」

我無助的倒在她身上，就像一個被遺棄的孩子。我們這樣坐了很久，望著那香柱上燒過的香灰和那投影在佛像面上的曳曳燭光。

第三十三章 兩「宮女」陪同黯然告別老母

兩個「宮女」陪我黯然離開上海

一九二七年八月十九日，在張家黛瑞莎和海倫的陪同下，我們搭乘傑克遜總統號輪離開上海，前往美國。朋友們戲稱我的同伴為我的兩個「宮女」。這次離家，前去一個陌生的國度，而又要離去相當長久的歲月，這誠然是一個充滿悲哀的際遇。我的家已破碎了，留下來的，祇有我的慈母、阿本和幾位朋友，他們給我的至情至愛，是我此生僅有的光輝。我為人之妻，遭受失敗悲劇，又要和他們分離，尤其叩別母親，那真是一個痛苦至極的悲哀，幾乎令我無法承受。因為介石的願望是要我離開，而我也曾許願為中國之統一而作出犧牲，如今果然到了離別的時刻，心中那種強烈的悲慘無依的感受，真非筆墨所能形容。向我那趨於老邁的慈母道別，尤其難堪，此後好幾年間，我將不能再見到她的慈容。母親和阿本已登上輪船為我送行，我們都心痛如絞，因為我們都知道至少要等待五年之久，才能重逢。這場劫難真太使我痛徹心脾，以致我的感覺竟如放逐遠洋一樣。

船上的鑼聲響了，告知送行客人離船上岸，我終得勉強的與這些心愛的人分手。那艘巨輪當時停在黃浦江中，母親在離船之前，以她的雙臂親熱的擁抱我的身軀，虔敬的求佛保佑。幾分鐘後，他們所搭的那隻小船緩緩移動，漸漸離開我們這艘大船，大船小船上的人群都揮舞手臂手帕，相互道別。小船一經駛離，我們的船就起錨，開始駛動，將黃浦江的黃水攪滾得翻騰不已。我仍倚在船邊欄杆上，揮舞手帕，直至小船上人們的面孔早已無法辨認。

現在，輪船正向大海行進，我依然遠眺上海的海岸線上，可以看見外灘那些著名的高樓大廈，但是它們怎麼好像為一團迷霧所包圍。那團迷霧竟是我佈滿眼中的淚水。然後，我們經過吳淞砲臺，我凝視欄杆外邊的滾滾黃泥水正不斷衝擊船身。逐漸的，海水開始變成黃綠色，這就表示黃泥水已至盡頭，而在此處與海洋匯合。上海市已自視界中完全消失了。於是，我懷著一顆創痛的心，悄悄進入我的艙房，仍讓黛瑞莎和海倫留在甲板上。

日報登載「蔣介石夫人搭輪赴美」

經過兩天半非常安穩的航行，船抵神戶。黛瑞莎將她剛才買到的一份日文報紙拿給我看。其中有一則報導說：

蔣介石夫人搭輪起程赴美

美聯社一九二七年八月十九日倫敦電訊——據每日郵報所收到之上海電訊稱，前南京國民革命軍總司令之妻蔣介石夫人，今日搭乘傑克遜總統號輪起程前往美國。據其友人所述，她擬於抵達紐約前，遊歷美國各地。

該電訊繼稱：據今日所獲消息，蔣介石將於星期一起程前往德國。

另據路透社上海電訊稱：蔣氏已發表一項聲明，宣稱對他辭卸總司令職務之舉，應予接受，並稱應將其嚴重瀆職事件，交付調查。

一個包括三十名軍事將領之代表團近曾造訪蔣氏，籲其撤銷下野之意。該電訊謂：此二項動作均被認為「挽回顏面之舉」。

據每日郵報收到之上海電訊稱：鑒於因北方進襲而造成之南京方面士氣愈趨低落，英國駐華海軍司令戴威特（Tyrwhitt）海軍少將今日率領一百五十名陸戰隊員，乘其旗艦霍金斯（Hawkins）號，離此前赴南京。

我對這則令人不快的報導，感覺驚訝，這也把我原想瀏覽神戶風光的計畫給打消了。但是，黛瑞莎和海倫仍然前往，並坐火車去東京一行。她們整個白天都在東京度過，然後在我們輪船的次一停靠港口橫濱回到船上。由於我們在這兩個港口的停泊時間各僅幾小時，我便留在船上，在甲板上來回踱步，觀賞周遭景色。我沒有上岸，因為我無法克制我的自我意識及那控制我心靈的屈辱情結。

離開橫濱，直到火奴魯魯，其間歷經十三個無聊日子。船在火奴魯魯預定停靠六小時。然後，我們又往美國大陸前進，經過五天漫長的時光，到達舊金山。

介石否認「蔣介石夫人」在美

如果我在神戶曾感驚訝，那麼在這海灣都會得到的，則是一個更大的震驚。報紙上說：

蔣氏對結婚之事保持緘默

否認其妻在美，但不談再婚事

美聯社一九二七年九月十九日上海電訊——據引述，前國民革命軍總司令蔣介石將軍於新近在奉化之一次記者訪問中，宣稱本月稍早自中國搭乘傑克遜總統號前往舊金山之婦人並非其妻。蔣對指述此婦即為其妻之訊息，認之為「政敵之虛構」，旨在以任何手段，使其難堪。蔣並稱，他不認識該電訊中所述及之「蔣介石夫人」。

為避免再被人宣揚，黛瑞莎、海倫和我商定，以後在各城市邂逅新聞記者時，如何規避他們。我們決定答以「無可奉告」，以迴避所有的詢問，無論他們如何糾纏。我們之間達成了這個決定，大家都大鬆一口氣。

我們從舊金山坐鐵路快車去紐約。抵達紐約時，大出意料之外，我們三個人被一大群記者層層包圍，緊纏不休。每個記者都想使我們說點話，照相機的閃光此起彼落，場面非常混亂，我們的路都被堵塞了。大約有三十位男女記者，圍著我們團團轉。但是，我們仍按照計畫，堅定不移，對他們的問題，祇答「無可奉告」。

「祇要給我們說一句話嘛，拜託！」「噢！女士們，客氣點嘛！」「請不要排斥新聞界嘛！」「大方點嘛！」

但是，我們匆匆跳上計程車，讓記者們在那裡乾瞪眼。

《紐約時報》刊出蔣、宋結婚計畫

第二天，《紐約時報》報導如下：

蔣氏指責政敵揑造其已有妻室之謠傳

渠正計畫與宋女士結婚之時　此事再度盛傳　渠表憤慨

婚事尚未確定　宋女士須獲其母親同意　否則將不出嫁——蔣氏將赴日徵求同意

（亨利．朱蘇維茨報導。版權者：紐約時報公司，一九二七年，紐約時報無線電訊。）

九月二十四日上海電訊——蔣介石對於外間所傳現在美國之某位年輕婦女係其妻室之報導，指控此乃虛構，並為此指責其政敵。

這位已引退之國民黨領袖昨日已自寧波返回上海，但其此次返滬，係以愛神，而非戰神，為其守護神靈。正如前所宣佈，彼希望與宋美齡女士結婚，並即將前往日本神戶拜見宋女士之母，以徵求女方家長同意此一計議中之婚姻。如能結婚，新人夫婦計畫在美國度其蜜月，在華府至少停留一年。

蔣氏今日下午，身著寬適之中國長袍，在法租界閒適的品茗。彼對前述報導所引致之其未婚妻處境，較之對其本身所可能因此遭受之政治傷害，尤感憤慨。彼對余之若干陳述足以顯示當今中國之兩方面情況——政治陰謀及其所引起之枝節，及中國新舊習俗間之鬥爭。

彼稱：「有關本人第一位妻室及近時赴美之某一年輕婦人之報導，被人廣為宣揚之目的，不但在於誣陷本人，且欲玷辱本人與宋女士擬議中之婚姻。本人欲澄清此事：此種報導係由政敵鼓動而來，意在儘可能令本人難堪，並阻止本人返回革命工作，亦欲獲取其個人利益。本人於一九二一年與第一位妻子離婚。其後，本人又曾離異兩位侍妾。本人獲悉此二位侍妾之一以本人妻室身分前往美國，感覺詫異。

「唯有懦夫始欲利用宋女士以對本人施予打擊。渠等隱身於一位婦人之裙後，此乃男子之最怯懦行為。

「本人與宋女士之婚姻尚未確定。本人認識宋女士已有五年。我等結合以前，必須徵得宋母之同意。因此，本人將於近期內遄往日本拜見正在養病之宋夫人，並請其允許本人與其女結婚。如宋女士首肯，則我等將儘早結婚，可能在上海舉行。婚後，我等計畫前往美國。

「本人不擬於數年內返回政界。本人希望南京新政府將獲成功，但仍覺本人必須迴避之。本人擬在美停留一年，在歐洲停留兩年，在美擬研究政治財政事務，並參觀海軍及軍事學校，俾資進修。本人之首要興趣在於統一後中國之前途，並欲研究美國政府及軍事科學與策略。」

余詢蔣氏擬居住何處。彼答謂：「宋女士擬居何處，我等即在何處居住。」

其後，余晤及宋女士。伊云：如其母許其結婚，彼等在美停留之大多數時日中，將住在華盛頓。

伊云：「蔣將軍欲研究政府事務，故本人之想法為我等將在華府居住。當然，此事仍須視家母之同意與否。如家母反對此一婚姻，本人將順從其意。但如其並非十分反對，則本人以為可望促其同意。無論如何，本人如此希望。」

宋女士為美以美會教徒。伊云，婚禮將依照美以美會之儀式舉行。

今日下午，余在外交部親睹一份該位被蔣將軍否認為其妻室之女士所提送之護照申請表。

該女士在表上以蔣潔如之名簽字，未敘明為小姐或太太，伊填明其職業為學生，現年二十歲，並謂出國目的為旅行。

核發此一護照之官員否認其核發該本護照，係基於伊為蔣介石妻室之了解。

第三十四章　我是因迎娶宋美齡而遭遺棄的人

張家姊妹慫恿我向介石報復

這樣說來，我竟不再是蔣介石夫人了！對我而言，這個名稱已成為笑柄。我知道現在我已被完全抹煞——我心十分痛苦，直如遭受拷刑。我悶悶不樂，無法平靜。我走路時，猶如腿上銬著鐵鍊，頸上掛著一塊告示，標明我是何人——下堂之妻、被遺棄的女人、騙子！我不得不迴避他人，見人即轉頭他顧，猶如我是一名痲瘋病患。任何時間遇見任何人，我就被那種生怕被人認出的恐懼感所控制。這樣可怕的自卑感深深嵌入我的心靈，無法化除。我的前途一片黯淡陰霾，我十分清楚還要面臨所有種種難堪之事。沒有任何事物能夠消解我的憂傷悲愁。沒有任何事物足以治癒我那已遭重創的驕傲。

於是，我到達紐約之後的前幾天，比之我先前所能想像的情形，更遠為可悲。黛瑞莎和海倫要去拜訪她們自己的朋友，雖然她們勸我陪她們出去，但我感覺太難過了，我的自尊心也太強了，我不能跟她們同去任何地方。

這兩位女郎確實善解人意。自從我們離開上海那天起，這姊妹倆就使用各種花招，想使我愉快起來。她們說笑話，講滑稽逗趣的故事，但她們這一切努力都不幸落空，因為我已陷入失望的深淵，哪能作熱切的回應。我必須承認，我已成為一個最煞風景的聽眾，一定使她們難以消受。但，她們對我太體貼了，不願當面告訴她們實話。

黛瑞莎鄭重的勸我說：

「噢！親愛的，以不義還不義，以欺騙還欺騙，就是不要哭啼，我知道妳已被欺侮到毫無正義可言的地步。他們欺人太甚，簡直是魔鬼伎倆。要掙脫這一切，索性以其人之道還治其人之身！」

她在等我一道出去，但我仍留在我們的公寓中。我自從看過報上那篇報導後，真太憤怒、迷亂、心神不得安寧了。

「哦，黛瑞莎，請讓我想一下吧。」我懇求她。

她望著我，眉頭緊皺，好像說犯不著去想什麼。

「不要等待，親親，」她說，「妳尚未離婚！使出妳的權利，打電報給介石，把心頭的話老實說給他聽，罵他一頓！妳可以從這裡給他煎熬，讓他難受！」

我沒有將我與介石的協議或我離開上海的真正意義，告知黛瑞莎或海倫。我沒有說出，我這次讓路避開，是具有何等的重要性，要這樣才可使介石經由娶進宋三妹，獲得宋家的協助，從而透過宋子文及孔夫人，取得上海銀行家們的財援。

因此，黛瑞莎和海倫無法了解我所忍受的椎心痛苦、怨愁和不仁不義。她們僅將我的陰鬱不樂視作無可理解，令人困惑。一星期後，她們各奔前程了：海倫去從事服裝裁製工作，黛瑞莎去攻讀師範課程。她們各有自己的計畫，我獨自留下來，面對我自己的命運。

中國領事奉命翻臉不認人

我在紐約的第十天，很想得到母親的消息，於是去中國領事館取信。一位副領事江先生冷漠的接見我，請我進入他的辦公室，對我解釋說：

「請不要讓妳的私人信件寄由領事館轉交。我們祇辦公事，希望妳了解我們的處境。」我聞言吃驚，便憤怒的問：

「你們這算什麼？我是一個中國女子，獨自在美國，你竟這樣對我說話！我離開上海時，還沒有在紐約的住址，我母親給我的信，除了寄給這裡領事館轉交之外，怎會知道應寄何處？我以為領事館就是為國民服務的地方！」

「妳不必擔心，」他相當有禮貌的答道，「令堂已經收到通知。她將把妳的補助費和信件直接寄到妳的私人地址，河邊大道三一〇號，這個地址對嗎？我很抱歉，我們沒有時間處理妳的任何私人事物或問題。我們在領事館無法為妳做什麼。我們是奉命行事。」

「奉誰之命？」我要求告知。

「南京來的命令。」

「啊！原來如此！」我激昂的說，「告訴我，南京何人的命令？是蔣介石下的嗎？」

「我奉命不能說。」

「那麼，是那個女人的命令嘍！」

「那不是我說的，」他帶著恐懼的答道，「請——請不要錯引我的話！我懇求妳！」

在激動的談話中，我和他的聲音都提高起來，當我走出那間辦公室時，看見領事館那些職員都以好奇的眼光睇視我，好像我是一個齷齪的人。見狀如此，我就立定一分鐘不走，以一種無限輕視的表情瞧著他們。令我非常驚奇的，是他們竟都如受驚的鳥兒，分頭散去。我告訴自己：脅肩阿諛之輩，通常都知曉麵包的那一面是抹有牛油的。我對這類人的感觸，反倒是憐憫大於憤怒。

我付出了全部生命，卻被一腳踢開

我走路回家，淚流滿面，視線模糊。我究竟犯了什麼錯，竟而受到這般的侮辱？我當要求如何的補償，以彌補我所受到的冤屈？我自問自答：不可能有任何補償。我已遭貶斥，他則沒有。通常男女之間的事，總是這樣子的。我付出了我的一生──他接收它──使用它──弄壞它，而如今竟把我一腳踢走。甚至在這遙遠的紐約，我仍可感覺到那迫害之手伸出來把我擊倒。我已是一名被棄之人！他們不要與我再有任何關聯──甚至於我的信件也不例外！那一整夜，我坐在室內沉思冥想，因為我不能成眠。我這一生的種種悲劇，在腦際不斷縈迴，竟至於千變萬化的幻影出現眼前。

搶人家的丈夫，這在世間不算什麼新鮮事。我從前曾在中國、美國的雜誌上，看過許多這類的故事，有些名人甚至為此告上法庭。但我從來做夢也沒有想到，這種事居然發生在自己身上。一個男人或女人得到財富或權勢之後，時常將原來的另一半棄如敝屣。我問自己：我是否應卑賤的彎腰陪笑，以讓出我的丈夫？作為一個中國國民，我甚至在自己的領事館中，也成為不受歡迎的人物！

祇有親身承受過這種貶黜的人，才能體會那種恥辱、內心遭受鞭撻，和徹骨劇痛的滋味。我孤坐房中，悶思徹夜。曙光初現之時，我果真失魄發瘋了，我站在堆滿各種未曾動用的食品的桌子旁邊，兩手對桌揮舞，瘋狂的揮舞。我將嗓門提到最高點，大吼：

我的失常舉動驚動公寓房客

「我本來就不要嫁給他！但他曾對我發誓永愛不渝，甚至為要使我動心，要切斷一根手指。我那時太年輕了，太幼稚了，不知道他那善變無常的性格。但我父親能看透他，所以不許他來我們家中煩我。啊！我竟是這般盲目！好愚蠢啊！我早應該知道！」我在屋內跑來跑去，兩手亂抓頭髮，瘋言瘋語，嘶喊狂叫。

我這瘋狂的舉動驚動了公寓的所有房客，他們叫來公寓管理員。管理員小心翼翼的走到我門口，問這位中國女士發生了什麼事情。我開門時，看見他那驚惶不已的眼神和張得大大的嘴巴。他滿懷恐懼的問道：

「有什麼事不對勁嗎？」

「沒有，」我扯個謊，「我剛才做了一個恐怖的惡夢。對不起打攪了大家，請原諒我！」

我懷著一顆抑鬱的心，在屋內坐了一整天整夜。又到黎明時分了。我走出房間，到了街上，不經心的走著，不知所往。最後，我發現自己在七十九街上走來走去，然後行行復行行，漫步繞了一個圓圈。最後又回頭走上河邊大道。這時，我已很疲累，隨即穿越大道，到了河邊，渾身無力的望著哈得遜河中。河水正在徐徐流動，看起來頗為寧靜安詳。它使我陶醉，雖然清晨時車流不息。

「菩薩呀！我求求祢！」我在哀泣，但我不能說那句話。這時，我的歇斯底里已經退掉一些，代之而起的，卻是一股深深的、無法言喻的迷惘抑鬱之情，這又使我心中油然而生一種生命空虛之感。凡事都是無聊，再無價值可言。心煩體虛之餘，我靠著鐵欄杆旁，俯瞰河水徐流。一陣涼爽的微風從北方襲來，將我的頭髮吹上額頭。這陣風似乎向我強烈提示那幾個字：「棄婦——下堂妻——她是一個騙子！」

紐約投河自殺被一老者攔阻

心亂如麻，頭暈腦脹，我望著迷人的水流，暗自訴說：

「從妳的沉重悲痛中自我解脫吧！」隨後，一股無可抗拒的衝動籠罩了整個的我，要我跳下去，從此一了百了。生命已不值得再活下去。到處的人們都伸出手指，對我冷嘲熱諷！突然間，我大叫：「啊！親愛的母親和阿本啊！請寬恕我，我的苦難再也無法忍受，我們來生再見吧！」

我的一隻腳已踏上欄杆的低層，挺起了身軀，正想爬過欄杆。但身軀尚未挺上，一隻有力的手臂忽然從後面抓住我的肩膀。我吃了一驚，轉過頭看。那是一位灰髮的老爺爺，他訓勉我說：

「別做傻事！自殺是一條懦弱的解決之道！妳應當知道不可以將妳年輕的生命如此拋棄！回家去吧，學著過有用的生活。不要自悲自憐。」

我從頭到足，都在顫抖。幾分鐘後，我稍為鎮定了下來，這位和善的老者陪我步行到我公寓門口。

「不要再做這種事，」他勸我，「在此生中，我們都會遭遇問題，而這些問題一天一天，一樁一樁，不斷的增長。但是如果我們保持希望和信心，我們終會成功。妳還年輕，真是這般年輕，妳看起來靈活健康。世界上還為妳儲存著無限的機會及生命中的一切美好事物。再也不可做那種傻事了，妳答應嗎？」

我點點頭，惘然呆立在那裡。他轉身快快走回街上。

回到我的房間，我坐在椅上，思索那位善良老者的話。他已救我一命，我甚至沒有向他說聲謝謝。他是對的。如果我毀掉自己，我的身體會浮在水面，也許會漂入大洋，餵作魚食，然後呢？我自己的悲傷痛苦會從此了結，但最親愛的母親和阿本呢？他們會為我之死而悲慟欲絕。母親給予我生命，而我將它毀棄，豈非大不孝？

我跪在地板上，喃喃自語：

「親愛的母親，我終此餘生將儘量使妳快樂。我不會死去，因為這樣反會令妳悲傷。」我懷著憂戚的心，低頭問道：

「啊，菩薩呀！蒙祢的大慈大悲，請幫助我，導引我，去做正當的事……。」我又低頭虔誠的禱告，竟聽到我那顆滴血的心砰砰在跳。

我是因迎娶宋美齡而遭遺棄的人

自從那個可紀念的日子以後，如今三十六年已匆匆過去了。雖然中國全境已於一九二九年由介石予以統一，然而他既完全沒有作出任何嘗試，以履踐我們前此的約定，也沒有維持我的生活。對他而言，我是一個他素未相識的女人。為其自身方便，他一直忘卻：他曾按照合法的中國儀式，與我結婚，後來我也曾悄然走避，以使他得以實現其完成北伐、統一中國的雄心。但是，我當時不知：我為了幫助他，不得不無休無止的付出，以承受他所強加於我心靈深處的那個烙傷。在所有這許多苦澀歲月中，我未曾再婚，而過著一種困窘、隱避和自我抑制的生活。為了謀生度日，我擔任私人家教，教授中文、英文。我在路上被那些知道我過去的人認出的時候，他們總是好奇的瞪眼看我，指說那個女人就是蔣介石為迎娶宋美齡而遺棄的可憐人！

〔譯者按：原稿到此為止，似有未盡之意。從作者「如今三十六年已匆匆過去了」推測，本稿應寫於或完成於一九六三年。作者一九六一年奉周恩來核准自滬移居香港。一九七一年春在港寓逝世。〕

國家圖書館出版品預行編目資料

陳潔如回憶錄：蔣介石陳潔如的婚姻故事
／陳潔如 著. －－ 再版. －－新北市：傳記文學,
民100. 06
面；　公分. －－（傳記系列；130）
ISBN 978-957-8506-73-2 （平裝）
1. 陳潔如 2. 台灣傳記
782.886　　100011200

傳記文學叢刊130

陳潔如回憶錄

蔣介石陳潔如的婚姻故事

著　者：陳潔如
出版者：傳記文學出版社股份有限公司

社　　長：成嘉玲
特約編輯：林伶蓁
封面設計：林伶蓁
責任編輯：邱慶麟

地　　址：11670台北市文山區羅斯福路六段85號7樓
客服部電話：(02) 8935-1983
編輯部電話：(02) 2935-2579
傳　　真：(02) 2935-1993
E-mail：nice.book@msa.hinet.net；biogra-phies@umail.hinet.net
郵 政 劃 撥：00036910・傳記文學出版社股份有限公司
登 記 證：局版臺業字第〇七一九號
定　　價：新台幣四〇〇元
出 版 日 期：中華民國一〇〇年六月二十日再版
中華民國一〇九年六月（新印）

ISBN　978-957-8506-73-2